RÉSUMÉ

DE

LÉGISLATION ANGLAISE.

RÉSUMÉ

DE

LÉGISLATION ANGLAISE

EN MATIÈRE CIVILE ET COMMERCIALE,

A L'USAGE

DES ÉTRANGERS;

PAR W. A. S. WESTOBY,

Avocat du Barreau de Londres, Membre du Sénat de l'Université de Cambridge,
Auteur de " *The Laws of Belgium which affect British Subjects* " etc.

Deuxième Édition.

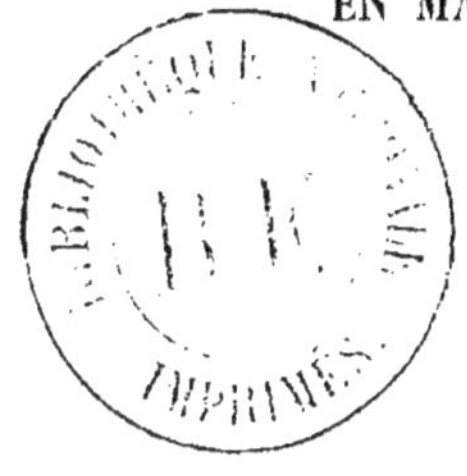

BRUXELLES.

LIBRAIRIE POLYTECHNIQUE	LIBRAIRIE SCIENTIFIQUE
D'AUGUSTE DECQ,	**DE J. B. TIRCHER,**
Rue de la Madelaine, 9.	Rue de l'Étuve, 20.

PARIS.

A. DURAND, RUE DES GRÈS-SORBONNE, 5.

LONDRES.

ROBERT BALDOCK, 85, HIGH HOLBORN.

1854

A

S. M. LÉOPOLD 1ER,

ROI DES BELGES.

—

SIRE,

J'ai l'honneur de soumettre à Votre Majesté l'ouvrage qu'elle m'a si gracieusement permis de lui dédier.

La connaissance du Droit anglais, si importante à tous ceux qui ont des relations avec la Grande-Bretagne, est trop peu répandue chez les peuples du continent. C'est dans l'intention de combler la lacune qui existe à cet égard, et plus particulièrement dans le but d'être utile aux habitants du pays où règne Votre Majesté, que cet ouvrage a été écrit.

J'aurais vivement désiré que mon œuvre eût été plus digne de l'honneur que Votre Majesté a bien voulu lui faire; mais, tout imparfaite qu'elle est, si quelques questions sont éclairées, quelques procès prévenus, en un mot, si elle peut être de quelque avantage pour les relations commerciales entre le continent et la Grande-Bretagne, je n'aurai pas travaillé en vain.

Daignez, Sire, agréer les remerciments du
très-humble et très-obéissant serviteur
de Votre Majesté,

WILLIAM A. S. WESTOBY.

Bruxelles, le 15 août 1855.

PRÉFACE.

—

L'objet de cet ouvrage est de donner un aperçu clair et succinct des points les plus saillants de la législation anglaise, dont la connaissance doit intéresser les étrangers qui résident en Angleterre ou qui ont des relations avec ce pays. L'auteur a voulu rendre son ouvrage le moins volumineux possible, tout en apportant la plus grande attention à éviter les termes techniques, ou, s'il ne pouvait les éviter, à les rendre intelligibles aux lecteurs français et belges. Son but principal a été de populariser la connaissance du Droit anglais, science trop peu étudiée par les peuples du continent, et de signaler les grands principes moteurs du droit plutôt que de descendre à de minutieux détails.

Les rapports intimes qui existent entre le continent européen et la Grande-Bretagne, résultant de l'échange journalier des productions du sol, des fabricats industriels et des découvertes faites dans les sciences, donnent à l'auteur l'espoir de voir son œuvre réussir ; d'un autre côté, l'imperfection de tous les ouvrages français publiés jusqu'à ce jour sur le Droit anglais, semble être un gage suffisant de succès pour une œuvre plus complète.

L'édition de Paris des *Commentaires de Blackstone*, publiée en 1822, est le livre le plus utile et le plus étendu sur les principes généraux du Droit anglais ; mais cet ouvrage est devenu insuffisant depuis les modifications récentes apportées à la loi, et puis Blackstone n'a pas traité, ou a traité fort sommairement, plusieurs des points les plus importants de la législation commerciale.

Le « *Droit anglais,* » par Laya, est emprunté en partie à Blackstone et en partie à une édition, publiée en 1840, d'un ouvrage intitulé : « *The Cabinet Lawyer,* » ouvrage très-superficiel et qui a joui d'un succès assez considérable auprès de ceux qui n'avaient pas fait une étude spéciale du droit. De plus, on peut se convaincre que, dans bien des circonstances, la traduction est loin d'être fidèle.

Les ouvrages les plus corrects sont : « *Le Code des étran-* » *gers en Angleterre,* » par Le Baron, et « *Les Droits, Pri-* » *viléges et Obligations des étrangers dans la Grande-Bre-* » *tagne,* » par Okey ; mais ces deux ouvrages se bornent à traiter des droits et des obligations des étrangers en Angleterre, et ne parlent pas des lois commerciales.

La législation sur les effets de commerce a été heureusement traitée par Fœlix, dans son ouvrage : « *Des Lettres*

» *de change et Billets à ordre d'Angleterre, d'Écosse et*
» *d'Irlande.* » Le quatrième chapitre de cet ouvrage est
en grande partie emprunté au savant « *Traité du Droit*
» *international privé,* » du même auteur.

Mais, parmi tous ces ouvrages, il n'en est pas un seul qui
aujourd'hui ne soit suranné dans bien des parties. Depuis
vingt ans, de grandes et importantes modifications ont
été apportées à la législation anglaise. Les réclamations
nombreuses pour la révision des lois, étouffées pendant le
règne de Georges III, éclatèrent de nouveau et avec plus de
force vers la fin du règne de Georges IV. Ainsi, pendant
le règne de Guillaume IV, les immeubles laissés par le défunt
furent donnés en garantie pour les dettes de la succession;
les règles de la prescription furent établies législativement ;
les parents consanguins et utérins furent admis à succéder
aux immeubles de la même manière que les germains, etc.
L'œuvre de révision fut continuée pendant le règne de la
Reine actuelle; on adoucit la loi sur l'emprisonnement pour
dettes ; on fit de nouvelles dispositions sur les débiteurs
insolvables; la loi sur les testaments fut modifiée; les lois
à l'égard de l'admission des étrangers à la jouissance des
droits civils et politiques furent changées; les lois à l'égard
des sociétés par actions furent révisées par suite de la manie
des spéculations qui s'emparait des esprits en 1845 et 1846 ;
la législation sur les faillites, déjà modifiée pendant et depuis
le règne de Georges IV, fut établie sur des bases nouvelles ;

la vigueur donnée à l'industrie par la Grande Exposition nécessita un changement des lois à l'égard des brevets d'invention; et enfin, en 1852, de grandes et importantes réformes furent introduites dans la procédure des Cours du droit coutumier et des Cours d'équité.

Le présent ouvrage embrasse toutes les modifications apportées jusqu'à ce jour à la législation anglaise en matière civile et commerciale. Il ne reste plus à l'auteur qu'à réclamer l'indulgence du public pour les erreurs qui auraient pu lui échapper en écrivant dans une langue qui n'est pas la sienne.

ABRÉVIATIONS

DES TITRES DES *RECUEILS DES ARRÊTS*

CITÉS DANS CET OUVRAGE.

A

A. et E. ou Ad. et Ell.	Adolphus and Ellis.
Amb.	Ambler.
Anst.	Anstruther.
Atk.	Atkyns.

B

B. et A.	Barnewall and Alderson.
B. et Ad.	Barnewall and Adolphus.
B. et B.	Broderip and Bingham.
B. et C.	Barnewall and Creswell.
Barn.	Barnard.
Bing.	Bingham.
Bing. N. C.	Bingham's New Cases.
Bl. ou W. Bl.	William Blackstone's Reports.
Bligh, N. S.	Bligh, New Series.
Bos. et Pull. ou B. et P.	Bosanquet and Puller.
Bro. C. C.	Brown's Chancery Cases.
Bro. P. C.	Brown's Parliamentary Cases.
Bull. N. P.	Buller's Nisi Prius.
Burr.	Burrow.

C

Camp.	Campbell.
Carr. et P. ou C. et P.	Carrington and Payne.
Carth.	Carthew.
Chit.	Chitty.
Cl. et Fin.	Clark and Finelly.
Co.	Coke.
Cowp.	Cowper.
Cox.	Cox.
Cro. Jac.	Croke, temp. Jacobi.
Cr. et J.	Crompton and Jervis.
Cr. et M.	Crompton and Meeson.
C. M. et R.	Crompton, Meeson and Roscoe.

D

Dav. P. C.	Davies's Patent Cases.
Doug.	Douglas.

Dowl.	Dowling.
Dowl. N. S.	Dowling's New Series.
D. et R. ou Dowl. et R.	Dowling and Ryland.
Dy.	Dyer.

E

East,	East.
Esp.	Espinasse.

F

Fitz.	Fitzherbert.
Fost. C. L.	Foster.

H

H. Bl.	Henry Blackstone.
Holt,	Holt's Reports.

J

Jac.	Jacob.
Jac. et W.	Jacob and Walker.
Jur.	Jurist.

L

Law Journ. L. C.	Law Journal, Chancery.
Law Journ. Q. B.	Law Journal, Queen's Bench.
Law Journ. C. P.	Law Journal, Common Pleas.
Law Journ. Exch.	Law Journal, Exchequer.
Lev.	Levinge.
Ld. Raym.	Lord Raymond.

M

M. et C.	Mylne and Craig.
M. et Gr.	Manning and Grainger.
M. et M.	Moody and Malkin.
M. et R.	Moody and Robinson.
M. et S.	Maule and Selwyn.
M. et W. ou Mee. et W.	Meeson and Welsby.
Mer.	Merivale.
Mod.	Modern Reports.
Moore,	Moore's Reports.
Moo. P. C. Rep.	Moore's Privy Council Reports.
Moo. et S.	Moore and Scott.
Mylne et K. ou M. et K.	Mylne and Keen.

N

N. et M.	Neville and Manning.
N. et P.	Neville and Perry.
N. R.	Bosanquet and Puller's New Reports

P

Pea. ou Peake,	Peake.
Plowd.	Plowden.
Price,	Price's Reports.
P. Wms.	Peere Williams.

Q

Q. B.	Queen's Bench.

R

Rob. Adm. Rep.	Robinson's Admiralty Reports.
R. et M. ou Ry. et M.	Ryland and Manning.
Rose,	Rose's Bankruptcy Reports.
Russ.	Russell.
Russ. et M.	Russell and Mylne.
Russ. et Ry.	Russell and Ryan.

S

S. et S.	Simon and Stuart.
Salk.	Salkeld.
Sch. et Lef.	Schoales and Lefroy.
Scott,	Scott's New Reports.
Sel. Ca. Ch.	Selwyn's Cases in Chancery.
Show.	Shower.
Sim.	Simons.
Stark.	Starkie.
Str.	Strange.
Swanst.	Swanston.

T

Taunt.	Taunton.
T. R.	Term Reports.
Tyrwh.	Tyrwhitt.

V

Vent.	Ventris.
Vern.	Vernon.
Ves.	Vesey, junior.
Ves. sen.	Vesey, senior.
Ves. et B.	Vesey and Beames.

W

Willes,	Willes.
Wils.	Wilson.

Y

Y. et C. ou Y. et Coll.	Younge and Collyer.
Y. et J.	Younge and Jervis.

TABLE DES STATUTS

CITÉS DANS CET OUVRAGE.

——

H

J

V

RÉSUMÉ

DE

LÉGISLATION ANGLAISE.

INTRODUCTION.

Section I. — *Des lois de l'Angleterre.*

Chaque État indépendant possède et exerce seul et exclusivement la souveraineté et la juridiction dans toute l'étendue de son territoire. De ce principe, il résulte que les lois de chaque État affectent, obligent et régissent, de plein droit, tous les biens situés dans l'étendue de son territoire, aussi bien que toutes les personnes qui l'habitent, qu'elles y soient nées ou non. Le système des lois qui sert à régler ces intérêts est appelé par les jurisconsultes anglais, *droit municipal* (1) de l'État, et peut être défini *la règle de conduite civile, prescrite par le pouvoir suprême de l'État* (2).

Le droit municipal est divisé en deux espèces: les lois non écrites (*lex non scripta*), qui forment *le droit coutumier ;* et les lois écrites (*lex scripta*), c'est-à-dire les lois ordonnées par le pouvoir législatif.

---

(1) Nous avons conservé l'expression, *droit municipal* (*municipal law*), mais elle paraît être peu heureuse. Elle présente l'idée d'une collection de lois applicables plutôt à un district particulier qu'à une nation. Nous pensons que *droit national* serait une expression plus correcte.

(2) Blackstone, *Commentaries on the laws of England*, 1. 44.

1

Le droit coutumier se compose : — 1° des coutumes générales, qui régissent tout le royaume et qui forment le droit coutumier dans son acception la plus stricte; — 2° des coutumes spéciales qui ne sont applicables qu'aux habitants de districts particuliers; — 5° de certaines lois spéciales que la coutume fait adopter et sanctionner par quelques cours particulières.

1° Le droit coutumier, dans son acception la plus stricte, sert de règle à presque toutes les cours de justice dans le royaume. Ce droit règle principalement la manière et les formes d'acquérir et de transmettre les biens ; les formalités et les obligations des contrats ; il détermine également les règles à suivre pour l'interprétation des testaments, des actes (1) et des statuts du Parlement. D'après ce droit, les règles suivantes se sont introduites : il y a quatre cours supérieures, la Cour d'Équité, la Cour du Banc de la Reine, la Cour des Plaids Communs, et la Cour de l'Échiquier; — le fils aîné est le seul héritier de son père;— les biens peuvent être acquis et transférés par écrit; — un acte n'est pas valable s'il n'est scellé et délivré; — les testaments doivent être interprétés avec plus d'indulgence que les actes; etc. : — tous ces préceptes ne se trouvent dans aucun statut ou ordonnance, mais sont uniquement appuyés sur la coutume immémoriale, c'est-à-dire sur le droit coutumier.

Mais ici s'élève une question fort importante. Comment ces préceptes peuvent-ils être connus, et par qui leur force peut-elle être déterminée? Voici la réponse : Cette mission est confiée aux juges de toutes les cours de justice. La connaissance de ce droit vient de leur expérience, de leurs études, et de

____

(1) D'après la jurisprudence anglaise, on n'appelle actes (*deeds*) que les conventions non-seulement *signées* mais *scellées*. Voyez ci-après chapitre V.

leur longue habitude, fondée elle-même sur la pratique de leurs prédécesseurs : les décisions judiciaires sont en effet la sanction la plus solennelle qui puisse faire entrer une coutume dans les préceptes du droit coutumier. Les jugements, et toute la procédure usitée avant que les jugements ne soient rendus, ont été enregistrés et conservés pendant plusieurs siècles dans les archives des cours, et l'on y a fréquemment recours lorsqu'une question délicate s'élève, et que les décisions antérieures peuvent aider à la résoudre ; car on a pour maxime de s'en tenir aux précédents quand une question analogue est contestée ; les précédents et les préceptes doivent toujours être suivis, hors le cas d'absurdité ou d'injustice manifeste.

2. La seconde partie des lois non écrites se compose des coutumes spéciales, ou des lois qui ne concernent que les habitants d'un district particulier. Ces coutumes sont, sans doute, ce qui reste de cette multitude de coutumes locales, d'où est tiré le droit coutumier tel qu'il existe aujourd'hui. Telle est la coutume existant dans quelques parties du royaume, et d'après laquelle la succession est déférée à tous les fils du père ; telles sont les coutumes spéciales de certaines seigneuries et de certaines villes.

3. La troisième partie des lois non écrites se compose de ces lois particulières dont on fait usage seulement dans certaines cours ou dans certaines juridictions. Ces lois sont le *droit civil* et le *droit canon*. Elles sont rangées parmi les lois non écrites, parce qu'elles ne tirent pas leur force de leur propre autorité comme les lois écrites proprement dites ; mais toute leur importance leur vient de ce que quelques dispositions de ces lois ont été admises et sont passées en coutume, de temps immémorial, dans quelques cas particuliers et dans le ressort de certaines cours.

Par l'expression « droit civil », on entend le droit civil de l'empire romain, contenu dans les *Institutes*, les *Pandectes*, le *Code* et les *Novelles* de l'empereur Justinien.

Le droit canon est une collection de lois ecclésiastiques relatives à des matières sur lesquelles l'Église romaine a, ou prétend avoir une juridiction spéciale. Outre ce recueil de jurisprudence pontificale, il y a le droit canon national, dont les dispositions sont exclusivement adaptées aux besoins de l'Église anglicane et du royaume.

Il existe quatre cours dans le ressort desquelles le droit civil et le droit canon sont en usage, sous quelques modifications, ce sont : les Cours ecclésiastiques, les Cours militaires, la Cour de l'amirauté, et les Cours des deux universités d'Oxford et de Cambridge.

Parlons maintenant des lois écrites. Ce sont les statuts ou les ordonnances faits par le Roi avec l'avis et l'assentiment des lords spirituels (1) et temporels et des communes assemblés en parlement. Ces statuts forment un corps immense de législation, qui consiste en plus de vingt mille statuts distincts. Ils datent de la célèbre grande Charte telle que l'a confirmée le Parlement dans la 9me année du règne de Henri III.

Les statuts sont de deux espèces : les statuts généraux et les statuts particuliers.

Les statuts généraux sont ceux qui prescrivent une règle universelle de conduite pour tous les habitants du royaume, et les cours de justice sont tenues de les appliquer *ex officio*, sans qu'il soit nécessaire que l'individu en réclame expressément le bénéfice.

Les statuts particuliers sont *locaux et personnels* ou *personnels* seulement. Les statuts locaux et personnels sont ceux

____

(1) On appelle lords spirituels, les évêques qui siégent dans la Chambre des Pairs.

qui ne concernent que les habitants d'une partie du royaume, ou les biens d'un individu. Tels sont les statuts relatifs aux chemins de fer, aux canaux, aux clôtures, aux marchés, etc. Tous ces statuts sont imprimés et déclarés avoir force de loi comme les statuts publics, et les cours de justice sont tenues d'en prendre connaissance, si l'individu en réclame le bénéfice. Les statuts personnels seulement, sont ceux qui sont applicables exclusivement à un individu déterminé. Tels sont les statuts relatifs à la naturalisation ou au divorce. Ces statuts ne sont pas imprimés; on se borne à les transcrire sur les registres du Parlement.

Il faut observer que la preuve d'un statut devant une cour de justice s'établit par la production d'un exemplaire publié par l'imprimerie officielle.

Dans l'application des statuts, il est de règle que les statuts répressifs reçoivent une interprétation plus rigoureuse que les statuts purement déclaratifs de la loi. Le mode le plus efficace et le plus direct de découvrir la vraie signification d'une loi, est d'en étudier l'esprit et la raison, c'est-à-dire les causes qui ont inspiré le législateur lorsqu'il l'a faite; et ce mode d'interpréter la loi a donné naissance à ce qu'on appelle *l'équité*, qui sert à corriger ce que la loi écrite dans un but général pourrait avoir d'excessif dans son application à un cas spécial. En conséquence, l'équité dépend essentiellement des circonstances particulières de chaque affaire; on ne peut en formuler les règles ni les préceptes, ni la réduire aux termes stricts de la loi.

Pour éviter le danger de laisser, dans l'interprétation des lois, trop de latitude aux juges des cours du droit coutumier, les cours d'équité furent établies. Elles ont pour but de découvrir les fraudes que les cours du droit coutumier ne peuvent atteindre; d'assurer l'exécution des obligations contractées.

de bonne foi, qui n'enchaînent que la conscience et dont les cours du droit coutumier ne peuvent connaître; et de protéger les citoyens d'une manière plus spéciale que la généralité du droit coutumier ne le permettrait.

Section 2. — *De l'organisation judiciaire.*

Dans tous les pays civilisés, on a établi une autorité devant laquelle les habitants doivent porter leur action, chaque fois qu'ils sont lésés dans leurs personnes ou leurs biens; cette autorité est le *pouvoir judiciaire.* Ce pouvoir est exercé, au nom du souverain, par les juges des cours établies par la loi. Nous nous occuperons de l'organisation de ces cours, telle qu'elle existe aujourd'hui en Angleterre, et nous indiquerons en même temps les degrés de leur juridiction.

Ces cours peuvent être divisées en quatre espèces : — 1º les Cours de loi et d'équité; — 2º les Cours ecclésiastiques, militaires et maritimes; — 3º les Cours criminelles; — 4º les Cours d'une juridiction spéciale.

I. On distingue les Cours de loi ou, comme on les appelle, les Cours de droit coutumier, en Cours inférieures et en Cours supérieures. Les premières sont celles dont la juridiction ne s'étend que sur quelque partie ou district du royaume; telles sont les *Cours de comté* devant lesquelles peuvent être portées les actions purement personnelles, jusqu'à concurrence de 50 livres sterling (1250 fr.), et certaines actions réelles jusqu'à la même somme, pourvu que le titre ne soit pas contesté. D'un autre côté, les Cours supérieures sont celles dont la juridiction s'étend sur tout le royaume; telles sont les Cours du Banc de la Reine, des Plaids Communs et de l'Échiquier.

La *Cour du Banc de la Reine* est le tribunal suprême du droit coutumier et se compose d'un président et de quatre juges inférieurs, qu'on appelle les juges *puisnés* (1). Les attributions de cette cour sont très-étendues. Toutes les cours inférieures du royaume y ressortissent ; tous les corps communaux (2) du royaume sont soumis à son contrôle ; quand il y a lieu elle ordonne aux magistrats et aux juges des cours inférieures de remplir leurs fonctions ; elle veille à la liberté des citoyens et prend connaissance de toutes les affaires civiles et criminelles.

La *Cour des Plaids communs* ne connaît pas des matières criminelles, mais sa juridiction s'étend particulièrement sur les actions relatives aux biens réels et sur les actions personnelles et mixtes (3). Elle se compose également d'un président et de quatre juges inférieurs.

La juridiction de la *Cour de l'Échiquier* ne s'étendait autrefois que sur les affaires relatives au revenu public, et sur les droits et les dettes payables au Roi ; mais à présent, elle prend en outre connaissance des mêmes affaires que la Cour des Plaids Communs. Elle se compose d'un président

(1) Puisné, en jurisprudence anglaise, est synonyme de petit, inférieur.

(2) La vérification des pouvoirs des membres des corps communaux est du ressort de la Cour du Banc de la Reine, et cette cour juge les contestations qui s'élèvent à ce sujet.

(3) Les *actions personnelles* sont celles par lesquelles un individu réclame une dette ou l'exécution d'une obligation personnelle, ou des dommages-intérêts en cas d'inexécution ; ce sont celles encore par lesquelles un individu réclame des dommages-intérêts pour atteintes portées à sa personne ou à ses biens. Les *actions réelles* qui ne concernent que les biens réels seulement sont celles par lesquelles le demandeur réclame des droits à la propriété des biens réels à titre de franc-fief. Les *actions mixtes* sont celles qui participent à la fois des actions personnelles et des actions réelles, par lesquelles le demandeur réclame à la fois des droits à la propriété des biens réels et des dommages-intérêts pour un tort qui lui a été fait.

et de quatre juges inférieurs; on les appelle le *Chief-baron*
et les quatre *barons* de la Cour de l'Échiquier.

Dans les affaires portées devant les Cours de Comté, il y
a faculté de soumettre l'affaire au jury; mais devant les cours
supérieures, toute action civile est soumise à un jury de
douze jurés présidés par un des juges de ces cours. Ces
audiences sont tenues fréquemment à Londres et dans le
comté de Middlesex; elles sont aussi tenues deux fois par
an dans tous les chefs-lieux des autres comtés, à l'époque
de la tournée des juges, pour y tenir les Cours d'assises.

Quand l'affaire est portée devant la Cour composée du
juge et du jury, le juge, après que les parties ont été entendues par leurs avocats, résume le tout devant les jurés.
Il a soin de leur rappeler les faits et les preuves, et au
besoin, de leur expliquer toutes les questions sur lesquelles
le jury devra délibérer. S'il n'y a pas de faits qui puissent
être soumis à l'appréciation du jury, et que l'affaire se
borne à l'examen de questions de droit, la législation sur
ces questions est expliquée au jury par le juge, et leur
déclaration doit être faite conformément à sa direction.

Si, dans son résumé ou dans sa direction au jury, le juge
commet une erreur en donnant à la loi une interprétation
fausse ou inexacte, l'affaire peut être portée devant la Cour
entière, composée généralement de trois ou de plusieurs juges.

La *Cour de la Chambre de l'Échiquier* est établie pour
reviser les jugements émanant des cours supérieures dont
nous avons parlé. Elle se compose de tous les juges de ces
cours, et le jugement rendu par l'une d'elles, est porté devant les juges des deux autres cours réunies.

Les *Cours d'Équité* sont celles du lord-chancelier, des
lords-juges d'appel, du maître des rôles, et des trois vice-
chanceliers. Nous avons vu que les Cours d'Équité ne pren-

nent connaissance que des affaires dont les Cours du droit coutumier ne peuvent connaître. Ces affaires peuvent être portées devant la Cour d'un des vice-chanceliers, ou devant celle du maître des rôles, au moyen d'une requête adressée au lord-chancelier. Le jugement rendu par le vice-chancelier ou par le maître des rôles, peut être attaqué par voie d'appel devant la Cour des lords-juges d'appel, devant la Cour du lord-chancelier, ou devant une Cour composée de la réunion de toutes les deux. Si des questions sur le droit coutumier s'élèvent pendant le débat, le juge de la cour d'équité devant laquelle l'affaire est débattue peut invoquer l'aide d'un juge d'une des cours du droit coutumier. Les Cours du lord-chancelier et des lords-juges d'appel sont aussi chargées de la révision des jugements rendus par la Cour de banqueroute (*Court of bankruptcy*). Bien que les Cours du lord-chancelier et des lords-juges d'appel ne jugent que très-rarement comme juges d'appel, elles possèdent néanmoins une juridiction en premier ressort sur toutes les affaires soumises à la juridiction des cours d'équité, et les affaires relatives aux biens des aliénés (1) sont dans leur ressort exclusif.

Il y a un appel des cours du droit coutumier et d'équité à la *Chambre des Pairs* qui est la cour suprême du royaume. Cet appel est en dernier ressort. Tous les jugements rendus par la Chambre des Pairs sont souverains et définitifs, et ils sont obligatoires pour toutes les autres cours du royaume en matière semblable. Ces jugements sont aussi obligatoires pour la chambre elle-même, et ne peuvent être cassées que par un acte de la Législature entière.

(1) Le lord-chancelier a une juridiction spéciale sur les personnes et sur les biens de tous les individus, qui se trouvent, par suite d'enquête, dans un état d'imbécillité, de démence ou de fureur. En ces cas, la Cour d'Équité se charge de l'administration de leurs biens pendant toute la durée de leur démence.

II. Les *Cours ecclésiastiques* ont une juridiction spéciale sur le clergé. Une de ces cours est attachée au diocèse de chaque évêque, et sa juridiction s'étend sur tout le diocèse. Ces cours sont aussi chargées de la vérification des testaments de toutes les personnes qui viennent à mourir endéans les limites du diocèse et ne laissent que des biens personnels qui se trouvent dans leur ressort. S'ils laissent des biens personnels hors du ressort de la cour ecclésiastique du diocèse, cette vérification doit avoir lieu dans la cour de l'archevêque de la province de Cantorbery ou d'York. On appelle ces cours des deux archevêques les *Cours de prérogative*.

Devant les cours ecclésiastiques, sont aussi portées les demandes en nullité de mariage, et les actions en divorce.

La *Cour des Délégués* est le tribunal ecclésiastique le plus élevé. C'est la cour d'appel de toutes les autres cours ecclésiastiques.

La seule cour maritime qu'il soit nécessaire de mentionner, est la *Cour de l'Amirauté*. Cette cour prend connaissance des délits commis en pleine mer, des droits de sauvetage et des délaissements. Elle se charge aussi de la répartition des prises maritimes faites en temps de guerre.

Les jugements rendus par les cours ecclésiastiques et par la Cour de l'Amirauté sont susceptibles d'appel en dernier ressort devant le *Comité judiciaire du Conseil privé de la Reine*, qui se compose du lord-chancelier, des présidents des cours du droit coutumier, des lords-juges d'appel, des juges de la Cour de l'Amirauté et des cours de prérogative, et de tels autres membres du Conseil privé qu'il plaît à la Reine de nommer. Les habitants des colonies britanniques ou des possessions étrangères de la Grande-Bretagne peuvent également ment porter leur appel devant ce tribunal.

Les tribunaux militaires, devant lesquels sont portés les délits commis par des individus appartenant aux armées de terre et de mer, sont régis par des lois spéciales.

III. Nous avons vu quelles sont les cours devant lesquelles les actions civiles peuvent être portées; examinons maintenant l'organisation judiciaire en matière criminelle.

Le tribunal du *juge de paix* est le premier degré de juridiction en matière criminelle. L'institution des juges de paix est fort ancienne. Leurs fonctions sont purement honorifiques.

Les juges de paix sont chargés expressément de la conservation de la paix et de la sûreté publique dans leur ressort; et leurs attributions, soit comme juges, soit comme administrateurs, sont très-étendues. Comme juges, ils prononcent sommairement sur les contraventions des lois dont la connaissance leur est attribuée. Ils entendent les accusations portées contre les individus prévenus de crimes et de délits que la loi ne permet pas de juger sommairement. Ils peuvent citer des prévenus devant eux et décerner les mandats d'amener, et les renvoyer devant la cour des sessions trimestrielles ou devant la cour d'assises. Comme administrateurs, ils sont chargés de la surveillance des prisons, des dépôts de mendicité, des routes, des ponts et chaussées, etc., dans leur ressort. Ils sont aussi chargés de la révision des listes des jurés; de la concession des autorisations à donner aux aubergistes, etc.

La plupart des affaires qui sont du ressort des tribunaux des juges de paix doivent être portées devant deux juges au moins. Néanmoins, à Londres, un seul magistrat de police (qui est toujours un avocat) peut prendre connaissance de toute affaire dont la loi n'attribue la connaissance qu'à deux juges de paix ordinaires.

Les *Cours des sessions trimestrielles* sont établies dans chaque comté de l'Angleterre. Elles sont tenues tous les trois mois sous la présidence de deux juges de paix au moins, pour juger les délits qui sont de leur compétence, et dont la peine n'excède pas la déportation à temps. Les affaires sont soumises à un jury, de la même manière que les affaires portées devant les cours d'assises. Dans certains cas, on peut appeler des décisions des juges de paix devant la Cour des sessions trimestrielles.

Les *Cours d'assises* sont tenues deux fois par an au moins dans le chef-lieu de chaque comté, sous la présidence d'un des juges des cours supérieures du droit coutumier. Devant cette cour sont renvoyés tous les individus prévenus des crimes et des délits dont les cours des sessions trimestrielles ne peuvent prendre connaissance. Toutes les affaires sont soumises à un jury composé de douze jurés choisis conformément à la loi ; et il faut observer qu'en Angleterre et en Irlande, dans toutes les affaires, soit civiles ou criminelles portées devant un jury, la décision du jury doit toujours se former à l'unanimité ; en Ecosse, il suffit qu'elle se forme à la majorité.

Pour connaître des crimes commis dans la métropole et dans quelques parties des comtés adjacents, on a établi à Londres une cour qu'on appelle la *Cour centrale criminelle*. Cette cour, qui siége douze fois par an remplace la Cour d'assises à l'égard des crimes commis endéans les limites de sa juridiction. Les crimes commis en pleine mer sont aussi du ressort de cette cour.

IV. Enfin, il y a des cours qui n'ont qu'une juridiction spéciale. Telle est la *Cour de banqueroute*, qui connaît de toutes les affaires relatives aux faillites. Telle est aussi la cour devant laquelle les débiteurs insolvables peuvent comparaître, afin d'être admis au bénéfice de la cession des biens. Il y a d'autres cours qui possèdent une juridiction spéciale, mais nous nous bornerons à les énumérer, et nous passerons de suite à l'examen des lois elles-mêmes.

CHAPITRE PREMIER.

DES BIENS ET DES DIFFÉRENTES MODIFICATIONS DE LA PROPRIÉTÉ.

SECTION 1. — *De la distinction des biens.*

« Les objets de la propriété, » dit Blackstone, dans ses *Commentaires sur les lois de l'Angleterre*, « sont les *choses;* et les
» choses, d'après la législation anglaise, se divisent en deux
» espèces : les *choses réelles* et les *choses personnelles.* »
Les choses réelles consistent en *terres*, en *ténements* et en
héritages. Les *terres* comprennent toutes les choses qui sont
d'une nature permanente; les *ténements*, les choses d'une nature permanente susceptibles d'être possédées ou détenues; enfin, les *héritages (hereditaments)* comprennent toutes les choses
transmissibles par voie d'hérédité, et renferment, en conséquence, non-seulement ce qu'on entend par terres et ténements, mais encore tout ce qui est compris sous l'expression
générique de *choses réelles.*

Cette définition des choses réelles n'est pourtant ni la seule
ni même la plus exacte. Une division qui nous semble préférable, est celle-ci : on distingue les choses réelles en héritages
corporels et en héritages *incorporels*. Les héritages corporels
sont ceux qui ont une existence matérielle et qui tombent sous
les sens; les héritages incorporels sont ceux qui ne se manifestent pas sous une forme physique et qui ne tombent pas
sous les sens, quoiqu'ils ne soient autre chose, pour ainsi dire,

que des droits provenant d'une chose corporelle. Ainsi, le droit de présenter à un bénéfice ecclésiastique, les droits de servitude, les dîmes, les rentes foncières, etc., sont des héritages incorporels.

Les choses personnelles ou, comme elles s'appellent dans la législation anglaise, *chattels*, sont aussi divisibles en deux espèces : les *chattels réels* et les *chattels personnels*.

Les *chattels réels* peuvent être définis : certains droits provenant des choses réelles dont ils ne possèdent qu'un seul des éléments, c'est-à-dire l'immobilité ; mais le second élément leur fait défaut : c'est la durée. Ainsi, toutes les choses réelles qui ne sont tenues que pour un terme certain et défini, par exemple par bail, sont comprises sous la dénomination de *chattels réels*.

Les *chattels personnels* sont les choses qui peuvent se transporter d'un lieu à un autre, soit qu'elles se meuvent par elles-mêmes, comme les animaux, soit qu'elles ne puissent changer de place que par l'effet d'une force étrangère, comme les choses inanimées.

En résumé, les *choses*, d'après la jurisprudence anglaise, sont tout ce qu'on peut posséder ; mais elles ne retiennent le nom de *choses* que tant que personne n'en a pris possession ; aussitôt que quelqu'un s'en est emparé, elles prennent le nom de *biens* et, suivant nos définitions, se divisent en *biens réels* et en *biens personnels*.

SECTION 2. — *Des biens réels et des droits de propriété qui y sont attachés.*

Il y a doute sur la question de savoir si, avant la conquête, la féodalité existait en Angleterre pour les terres ; mais il ne peut y avoir de doute pour les personnes. Dans les diverses localités où existait le système des institutions libres, le système des institutions féodales gagna bientôt du terrain, et les juridictions seigneuriales envahirent les juridictions libres, à peu près de la même manière que sur le continent. Mais, après la conquête, les principes du système féodal s'introduisirent en Angleterre et la maxime que voici prit sa place dans la jurisprudence anglaise : « Le Roi est le seigneur suzerain de toutes » les terres dans le royaume, et personne ne possède ni ne peut » posséder quelque partie du sol, excepté ce qui lui est cédé » par le Roi, moyennant les services féodaux. »

Les servitudes ayant été converties en rentes qui s'éteignirent ou furent successivement rachetées, ces biens réels furent, d'après le langage juridique, possédés ou tenus en *socage franc* ou en *socage commun*. Toutefois, quoique ces biens fussent entièrement libérés de toutes ces servitudes, il existe encore aujourd'hui une fiction légale, débris de l'ancienne féodalité, en vertu de laquelle toute personne doit rendre foi et hommage au Roi, seigneur suzerain du sol.

Il y a encore d'autres espèces de tenures (1), par exemple la *tenure par copie* (*copyhold*), en vertu de laquelle le tenancier des terres doit rendre certaines rentes ou autres services au seigneur foncier. On appelle cette espèce de tenure, la *tenure par copie*, parce que tous les titres sont enregistrés et conservés dans les archives de la seigneurie et le tenancier n'a qu'une *copie* de ses propres titres. Toutefois nous n'entrerons pas plus avant dans l'examen de cette espèce de tenures, nous avons hâte d'examiner la propriété des biens réels, c'est-à-dire la mesure et l'étendue des droits que le propriétaire peut exercer.

Le mot *propriété* (*estate*) a deux acceptions : tantôt il exprime le droit en lui-même et en ce sens on l'appelle aussi

____

(1) L'objet de la propriété est appelé un *ténement*, le possesseur, *tenancier*, et le mode de possession, *tenure*.

domaine; tantôt il signifie la chose elle-même, mais nous en ferons usage ici dans son premier sens. Cette propriété peut durer soit à perpétuité, soit pendant la vie d'une personne quelconque, soit pendant une période limitée d'avance. Si la propriété d'une chose est subordonnée à l'expiration du terme fixé, la chose, comme nous l'avons vu, n'est qu'un *chattel* réel, et se range sous le titre des biens personnels. D'où il résulte que les biens réels proprement dits sont ceux dont la propriété peut durer à perpétuité ou pendant la vie d'une personne quelconque; on appelle cette propriété sur les biens réels de tenure franche, la *propriété en franc-fief* (*freehold*).

Les francs-fiefs, c'est-à-dire les biens réels sur lesquels le possesseur a un droit de propriété à perpétuité ou un droit de jouissance pendant la vie d'une personne quelconque, sont divisibles en *francs-fiefs héréditaires* et en *francs-fiefs non héréditaires.*

I. Les francs-fiefs héréditaires sont de deux espèces : les francs-fiefs absolus et les francs-fiefs qualifiés ou conditionnels.

Le propriétaire d'un franc-fief absolu, ou comme on l'appelle en jurisprudence anglaise, *le tenancier en fief simple,* est le possesseur de biens réels qui peut exercer sans aucune restriction le droit de propriété le plus absolu sur ces biens, et qui, en outre, a la possession de ces biens à perpétuité. Pour créer ce droit, il faut que, dans le titre d'investiture, la cession soit faite à l'acquéreur et « à ses héritiers » ; si le transfert a lieu par testament, des termes équivalents doivent y être insérés.

Le franc-fief peut être aussi qualifié ou conditionnel, c'est-à-dire qu'il peut être limité à quelqu'un des héritiers du possesseur à l'exclusion des autres ; par exemple, lorsqu'il est limité « aux héritiers du corps » du possesseur ; en ce cas, la succession sera déférée aux héritiers en ligne directe descendante à l'exclusion de tous les autres héritiers. On appelle un franc-fief de cette espèce, un *fief-mouvant,* ou plutôt un *fief-taillé* (*fee-tail*), parce que le fief est un héritage mutilé, qui a été concédé avec de certaines restrictions et conditions, le terme *talliare* signifiant, dans la basse latinité, *limiter, restreindre.* Pour créer un fief-taillé, il faut que, dans le titre constitutif, la propriété et la possession des biens réels soient limités à l'acquéreur et « aux héritiers de son corps » : en ce cas, on l'appelle *fief-taillé général ;* mais si ces biens ont été limités à l'acquéreur et « aux héritiers de son corps, par N. N. sa femme, » ce sera un *fief-taillé spécial,* parce qu'il faut que les héritiers soient nés d'un mariage particulier. D'un autre côté, si les biens ont été limités à l'acquéreur et « aux héritiers mâles de son corps, » le fief sera qualifié de telle manière qu'il ne pourra descendre qu'aux enfants mâles de l'acquéreur, à l'exclusion des femmes : en ce cas on l'appelle *fief-taillé masculin.*

Quand des biens réels sont limités par le donateur au donataire et aux héritiers en ligne directe descendante, la propriété de ces biens ne dure qu'aussi longtemps que les descendants du donataire peuvent les prendre en succession. A défaut de postérité de donataire, les biens reviennent de plein droit au donateur ou à ses héritiers. On appelle ce droit éventuel, droit de retour (*reversion*).

En Angleterre on n'admet pas les majorats (1), quoiqu'ils soient autorisés en Écosse. C'est une maxime du droit anglais que la perpétuité est opposée à l'esprit des lois. De ce principe a découlé peu à peu la règle du droit coutumier

____

(1) Le majorat est la propriété en fief-taillé masculin à perpétuité.

que : quelles que soient les limitations ou restrictions opposées à l'exercice absolu du droit de propriété, elles ne peuvent durer au delà de vingt et un ans après la mort d'une personne vivante au moment de la donation.

Cette règle que nous venons d'énoncer, fut adoptée dans le but d'éviter les dangers que le principe de la perpétuité entraîne avec lui. En même temps que la règle, s'introduisait le mode de la mettre en pratique. Au moyen d'un acte dit un *common recovery*, le tenancier de biens réels à titre de fief qualifié, c'est-à-dire de fief-taillé, fut autorisé à acquérir ces biens à titre de fief-simple, et de disposer de la propriété absolue de ces biens. Par l'effet de cet acte, toutes les conditions attachées à ces biens par le donateur original étaient annulées, toutes les restrictions, tous les droits de retour s'éteignaient, et la succession qui, avant la passation de l'acte, aurait été déférée aux héritiers en ligne directe descendante, l'était aux héritiers généraux.

Cette ancienne formalité a été abrogée, et aujourd'hui, le tenancier des biens réels à titre de fief-taillé, peut les acquérir à titre de fief-simple au moyen d'un acte passé par lui, et enregistré à la Cour de la Chancellerie suivant les dispositions du statut 3 et 4 Guill. 4, c. 74.

Néanmoins il faut observer, que si le donateur n'a qu'une expectative à titre de fief-taillé sur ces biens, c'est-à-dire s'il n'en doit être possesseur à titre de fief-taillé qu'après le décès d'un autre qui a la jouissance de ces biens pendant sa vie, il ne peut acquérir que du consentement de celui-ci, une expectative à titre de fief-simple sur lesdits biens.

Ainsi, par exemple, le possesseur de biens réels à titre de fief-simple fait une donation de ces biens à Pierre pendant sa vie, et, après le décès de Pierre, à Joseph et aux héritiers de son corps. Pierre a la jouissance à vie de ces biens; Joseph aura ces biens à titre de fief-taillé après le décès de Pierre, et le donateur conserve un droit de retour de manière que les biens réels lui reviendront de plein droit après le décès de Pierre et de Joseph, à défaut de postérité de Joseph en ligne directe descendante. Immédiatement après la mort de Pierre, Joseph, qui n'est que le possesseur des biens réels à titre de fief-taillé, peut les acquérir à titre de fief-simple au moyen d'un acte passé par lui, par lequel le droit de retour du donateur est annulé, même si Joseph a ou n'a pas d'enfants : ainsi les conditions qui, d'après la nature du fief-taillé, limitent le fief aux héritiers en ligne directe descendante, seront anéanties, et les biens seront acquis à titre de fief-simple.

L'incapacité de Joseph d'acquérir les biens à titre de fief-simple d'après la manière que nous venons d'énoncer, ne peut durer que pendant la vie de Pierre, et sa propre minorité, c'est-à-dire vingt et un ans au plus, après le décès de Pierre. En conséquence, afin que l'empêchement, suivant la règle ci-dessus énoncée, ne dure que pendant la vie d'une personne et 21 ans après sa mort, il faut que le donataire à vie soit en existence (*in esse*) au moment où la donation est faite, ou si la donation est faite par testament, au moment où la succession est ouverte. Cependant Joseph, avec le consentement de Pierre, s'il est majeur avant le décès de celui-ci, peut convertir en droit d'expectative à titre de fief-simple son droit d'expectative de fief-taillé.

Voici comment toutes les grandes propriétés en Angleterre sont aujourd'hui transmises. La donation est faite à Pierre (le fils aîné du donateur) pendant la vie de Pierre, et après sa mort, à ses fils successivement à titre de fief-taillé; et si Pierre vient à mourir sans laisser de postérité, à Joseph le second fils du donateur. et aux fils de Joseph à titre de fief-taillé de la même manière, etc. Aussitôt que le fils aîné de Pierre aura atteint sa majorité, il pourra, d'accord avec son père, annuler le fief-taillé et acquérir les biens à titre de fief-simple, et par ces moyens le droit de retour de donateur et le droit d'expectative de Joseph seront anéantis : au même temps, par acte passé immédiatement après, les biens sont limités de nouveau au fils aîné de Pierre pendant sa vie, et aux enfants du fils à titre de fief-taillé, etc. Ainsi l'individu qui est le possesseur actuel de la propriété n'en a généralement qu'une simple jouissance à vie et la règle ci-dessus énoncée qui proscrit la perpétuité, n'est pas violée.

II. Parlons maintenant des francs-fiefs non héréditaires et qui ne durent que pendant la vie d'une personne quelconque. Ils sont soit conventionnels, soit légaux : *conventionnels*, quand ils dépendent de conventions ou d'actes; *légaux*, quand ils résultent de la loi.

1° La propriété à vie constituée par acte, ou le fief à vie conventionnel, est la propriété de biens réels dont la jouissance n'est concédée que pendant la vie de celui qui en est investi, ou pendant la vie de quelques autres personnes.

2° La seconde espèce de propriété à vie, dont nous allons nous occuper, résulte de la loi. C'est la jouissance des biens de sa femme, dont le mari, à la mort de celle-ci, a l'usufruit pendant sa vie, pourvu qu'il ait eu des enfants nés viables du mariage et capables de succéder. On appelle le propriétaire de cette espèce de fief, tenancier par la courtoisie (*tenant by the curtesy*) de l'Angleterre.

3° Une troisième espèce de propriété à vie, qui résulte également de la loi, est le douaire. Si le mari, tenancier de biens réels, vient à mourir du vivant de sa femme, celle-ci aura l'usufruit à vie du tiers de tous les biens réels dont il était saisi pendant le mariage. On a prétendu que si la femme est étrangère, elle n'a pas droit au douaire ; mais nous pensons que cette question n'a pas reçu jusqu'à présent une solution satisfaisante et décisive, et *adhuc sub judice lis est.*

Aujourd'hui, le droit de la femme au douaire peut être anéanti au moyen d'un acte passé par la femme et reçu par l'officier légal nommé à cet effet (1). Si le mari fait des acquisitions de biens réels, soit avant soit pendant le mariage, il peut déclarer, dans l'acte de l'acquisition, que la femme qu'il épouse ou qu'il a épousée n'aura aucun droit de douaire sur les biens ainsi acquis ; et cette déclaration de sa part empêchera le droit de douaire sur ces biens.

Les diverses espèces de propriétés de biens réels ci-dessus mentionnées, composent toutes celles qui sont désignées par le nom de francs-fiefs. La propriété de biens réels qui ne dure que pendant une période déterminée, appartient proprement aux biens personnels dont nous parlerons dans la section suivante.

SECTION 5. — *Des biens personnels.*

Nous avons vu ce que la jurisprudence anglaise entend par choses personnelles, et qu'elles consistent en *chattels réels* et en *chattels personnels.*

Les *chattels réels* sont les choses réelles dont la propriété ne dure que pendant une période déterminée ; cette période peut être limitée à un petit nombre d'années, mais elle peut aussi s'étendre jusqu'à plusieurs siècles. Nous parlerons ci-après, dans le chapitre « du contrat de louage, » des droits qui s'attachent à la propriété à terme.

Les *chattels personnels* sont les meubles proprement dits, c'est-à-dire les objets qui peuvent se transporter d'un lieu à un autre. La propriété qu'on peut en avoir est *en possession* ou *en*

(1) 3 et 4 Guill. 4, c. 105.

action. Elle est *en possession*, quand le propriétaire a non-seulement le titre de jouissance, mais la jouissance en elle-même ; elle est *en action*, quand il n'a que le titre sans la jouissance ou la possession.

I. La propriété en possession peut être ou absolue ou qualifiée. Elle est *absolue*, quand les objets ne peuvent cesser d'appartenir au propriétaire que de son consentement, à moins d'abandon de sa part, par exemple, si les objets consistent en meubles meublants, en argenterie, en pierreries, en habillements ou tous autres objets inanimés. Mais il en est autrement des animaux qui se meuvent par eux-mêmes. Ils sont divisés en deux classes : les animaux domestiques et ceux qui sont d'une nature sauvage, *feræ naturæ*. A l'égard des animaux domestiques, comme les chevaux, le bétail, les moutons, la volaille, etc. (1), le droit de propriété peut être aussi absolu que pour les choses inanimées ; mais relativement aux animaux *feræ naturæ*, on ne peut en avoir qu'un droit *qualifié*. Ils n'appartiennent au propriétaire que tant qu'ils restent en sa possession ou sous sa protection ; s'ils regagnent leur liberté, le droit de propriété cesse, à moins qu'ils n'aient l'habitude de revenir. Telle est la propriété des abeilles, des pigeons, du gibier, des bêtes fauves, etc.

II. La propriété d'une chose personnelle peut être *en action*, c'est-à-dire quand elle ne consiste qu'en une chose personnelle, qui n'est pas dans la possession actuelle du propriétaire, mais dont la possession peut être acquise au moyen d'une action en justice, d'où on l'appelle *chose en action*. Par exemple, la créance en vertu d'un contrat est une *chose en action*, parce que le recouvrement peut en être exigé par une action en justice. Les

____

(1) Voyez les *Institutes de Just.*, lib. 2, tit. I. s. 12 et suivantes. *Code civil*, art. 522, 524 et 564.

dommages-intérêts résultant de la non-exécution d'un contrat sont aussi regardés comme *choses en action*. Enfin, on peut affirmer que toute propriété des *choses en action* naît de contrats dont les termes et les conditions peuvent être soit expresses, soit tacites; ainsi, les dommages-intérêts résultant des quasi-contrats, des délits ou quasi-délits sont aussi regardés comme *choses en action*.

CHAPITRE SECOND.

DES ÉTRANGERS ET DE LEURS DROITS.

SECTION 1. — *Ce que la jurisprudence anglaise entend par « étranger. »*

Avant de traiter des droits des étrangers et de leurs incapacités politiques et civiles d'après la jurisprudence anglaise, il est essentiel de désigner les personnes auxquelles est attribuée la qualité d'*étranger*, ou, comme on l'appelle en langage technique, d'*alien*.

Sous le droit coutumier, il était établi que tout individu né sous la suzeraineté du roi d'Angleterre, était sujet anglais, et, dans le sens inverse, que l'étranger était l'individu né dans un pays étranger hors de la suzeraineté du Roi. Mais, en conséquence de cette définition, quelques doutes s'élevèrent pour savoir si les enfants de sujets anglais, nés hors de la suzeraineté, avaient droit aux avantages appartenant à leurs parents, et, par le statut 25 Édouard III, tous les enfants nés hors de l'allégeance du Roi, de pères et mères soumis à cette allégeance, obtinrent dorénavant, relativement aux héritages situés sous cette allégeance les mêmes priviléges que les autres héritiers, pourvu cependant que les mères de ces enfants n'eussent quitté le sol d'Angleterre que du consentement de leurs maris; et par le statut 7 Anne, c. 5, il fut aussi ordonné que les enfants de tout sujet anglais de naissance, nés hors de l'allégeance du Roi, seraient regardés comme sujets anglais de naissance. Les dispositions de ce statut furent aussi étendues à l'Irlande.

Quoiqu'il ait été déclaré, par deux jugements rendus dans la seizième année du règne de Charles Ier (1), que les enfants nés à l'étranger de pères anglais, étaient sujets anglais, cependant, sous le règne de Georges II, on paraît avoir douté si, en vertu des statuts ci-dessus mentionnés, les droits des sujets de naissance étaient acquis aux enfants nés à l'étranger, mais dont le père ou la mère seulement était sujet anglais, et il fallut encore recourir au Parlement. En conséquence, par le statut Georges 2, c. 21, il fut ordonné que les enfants nés hors de la suzeraineté du Roi ou qui naîtraient dorénavant hors de cette allégeance, et dont les pères étaient sujets anglais de naissance, au moment de la naissance de ces enfants, seraient en vertu dudit statut de 7 Anne, c. 5 et du présent statut, regardés comme sujets anglais de naissance, et ils furent, par ce statut même déclarés tels suivant l'esprit et la lettre de la loi.

Ni le statut de la reine Anne, ni celui de Georges II ne font aucune mention du statut d'Édouard III, qui avait été reconnu par les deux décisions ci-dessus mentionnées, comme naturalisant tous ceux dont les pères étaient anglais, et qui paraît naturaliser également tous ceux dont les mères étaient anglaises. Aussi malgré ce statut, les juges en 1791, dans l'affaire de Doe dem. Duroure v. Jones (2), déclarèrent que la capacité d'hériter était limitée aux enfants de pères anglais seulement. C'est dans ce sens que la loi continua à être généralement appliquée, avant le statut 7 et 8 Vict. c. 66, par lequel les individus, nés à l'étranger d'une mère sujette anglaise

____

(1) King *v.* Eaton, et Bacon *v.* Bacon, *Croke's Reports.*
(2) 4 *Term Reports*, 300.

de naissance, obtinrent les mêmes droits que ceux qui avaient été accordés aux individus nés à l'étranger d'un père sujet anglais. De là il résulte que l'enfant d'une Anglaise qui a épousé un étranger, peut appartenir en même temps au pays de son père et au pays de sa mère; ainsi si celle-ci a épousé un Belge, l'enfant né de ce mariage est en Angleterre, Anglais et Belge : Belge par son père, il a par cela même tous les droits d'un Belge; Anglais par sa mère, il a tous les droits d'un Anglais, sauf toutefois en Belgique, l'application de l'article 17 du Code civil.

SECTION 2. — *Des droits des étrangers en général.*

La loi reconnaît deux espèces d'étrangers : les étrangers amis et les étrangers ennemis, selon que leur pays est en paix ou en hostilité avec l'Angleterre. Nous parlerons ci-après des droits de l'étranger ami. A l'égard de l'étranger ennemi, il y a une suspension de tous ses droits tant que dure la guerre (1); mais lorsque la paix est faite, il redevient étranger ami. L'étranger ennemi ne peut passer aucun contrat (2), ni intenter aucune action; néanmoins, après le retour de la paix, il peut contraindre l'obligé à l'exécution d'un contrat passé avant le commencement de la guerre (3). Si le contrat a été passé pendant la guerre, il ne peut en demander l'exécution après le retour de la paix, pas même s'il est sujet anglais résidant dans un pays ennemi (4). En outre un étranger ennemi, tout le temps qu'il est prisonnier de guerre, ne peut invoquer le statut d'*habeas corpus* (5).

---

(1) Exparte Boussmaker, 13 *Vesey,* 71.
(2) Brandon *v.* Nesbitt 6 *Term Reports,* 23.
(3) Harman *v.* Kingston, 3 *Campbell,* 152.
(4) Willison *v.* Pattison, 7 *Taunt.* 439.
(5) 2 *W. Blackst.* 1324. Par le statut 31 Charles II, c. 2, si

En temps de guerre, toute opération commerciale avec l'ennemi est prohibée, à moins qu'elle n'ait lieu avec l'autorisation du Roi (1) : mais si l'étranger est autorisé à cet effet, il peut passer tous contrats, et intenter toutes actions y ayant trait. Ainsi les cours ont décidé qu'un sujet anglais, et à plus forte raison, un sujet neutre, résidant dans un pays ennemi et y faisant le commerce, est regardé comme un étranger ennemi (2) ; il en est de même s'il s'agit du consul d'un État neutre ou du représentant de la couronne d'Angleterre résidant dans un pays ennemi (3). Toutefois, il en sera autrement s'il réside dans un pays ami et y fait le commerce avec un pays en hostilité avec l'Angleterre, mais en paix avec le pays dans lequel il réside (4).

Celui qui n'a qu'une simple résidence dans un pays ennemi, n'est pas regardé comme étranger ennemi (5). Quand la guerre est déclarée à un pays, les sujets de ce pays résidant en Angleterre sont toujours autorisés à y rester aussi longtemps qu'ils s'y conduisent paisiblement, et ils sont regardés comme étrangers amis de fait.

SECTION 3. — *Des droits de l'étranger en ce qui concerne les biens personnels et réels.*

Avant que le statut 7 et 8 Vict. c. 66, fût passé, un étran-

un citoyen est privé de sa liberté, il peut obtenir un mandat d'*habeas corpus* pour se faire transporter en personne devant les juges des Cours du Banc de la Reine ou des Plaids Communs qui doivent, sans délai, décider si la cause de son arrestation est juste.

(1) Potts *v.* Bell, 8 *T. R.* 548.
(2) M'Connell *v.* Hector, 3 *B. et P.* 113.
(3) Albrecht *v.* Sussmann 3 *Ves. et B.* 323. Exparte Baglehole 18 *Ves.* 525.
(4) Bell *v.* Reid, 1 *M. et S.* 726.
(5) Roberts *v.* Hardy 3 *M. et S.* 533.

ger ami pouvait acquérir et posséder en Angleterre toute espèce de *chattels* personnels, au même titre et de la même
manière qu'un Anglais; et il pouvait aussi les recevoir et les
léguer par testament. Cependant il en était autrement quand
l'étranger se trouvait être étranger ennemi résidant en Angleterre sans l'autorisation du Roi. Aujourd'hui par le statut 7 et
8 Vict. c. 66 s. 2, ces droits des étrangers amis ont été con-
sacrés par la disposition suivante :

« A partir du jour où ce statut sera passé, tout étranger,
» sujet d'un État ami, pourra posséder à titre d'achat, de do-
» nation, de legs, de succession, ou de toute autre manière,
» toute espèce de biens personnels, à l'exception des *chattels*
» réels, et ce, aussi complétement et efficacement, et avec les
» mêmes droits et priviléges que s'il était sujet de naissance
» du Royaume-Uni. »

Mais à l'égard des biens réels, la loi ne veut pas que les
étrangers les possèdent sans l'autorisation spéciale du Roi.
Cette incapacité est fondée sur les principes antisociaux du
système féodal, d'après lesquels, comme nous l'avons dit ci-
dessus, tous les propriétaires des terres sont regardés comme
vassaux du souverain, et tenus de lui rendre hommage et
allégeance : d'où il résulte que si un étranger pouvait acquérir
un intérêt permanent dans les biens réels il devrait aussi
avoir une allégeance également permanente envers le roi
d'Angleterre, ce qui ne peut coexister avec l'allégeance qu'il
doit à son propre souverain. En conséquence, la faculté de
posséder les biens réels est expressément exceptée des dispositions du statut 7 et 8 Vict. c. 66.

Cependant, par l'article 5 de ce statut, il est ordonné que :
« tout étranger, sujet d'un État ami, résidant aujourd'hui ou qui
» viendra dorénavant résider dans une partie du Royaume-Uni,
» pourra, par suite de concession, bail, cession, legs, succession

» ou de toute autre manière, acquérir et posséder des terres
» ou des ténements, dans un but d'y résider ou d'y faire com-
» merce, pour une période qui n'excédera pas vingt et un ans, et
» ce aussi complétement et efficacement et avec les mêmes droits
» et priviléges que s'il était sujet de naissance du Royaume-Uni,
» à l'exception du droit de voter aux élections des membres du
» Parlement. »

Si l'étranger acquiert des terres ou autres biens réels, ces biens ne sont pas dévolus au Roi de plein droit, mais celui-ci n'a qu'un droit éventuel sur ces biens et ne peut en prendre possession que du moment où il y a été autorisé par une enquête, qui le nantit réellement de l'objet sur lequel il n'avait jusqu'alors qu'un simple droit (1). Tant que l'enquête n'a pas eu lieu, l'étranger demeure saisi de la propriété; mais du moment que l'enquête a été faite, le Roi reçoit l'investiture à partir du jour de l'acquisition, et non à partir du jour de l'enquête, car les droits du Roi existent au moment de l'acquisition, et l'enquête ne fait que revêtir le Roi de la possession d'un objet sur lequel il avait des droits antérieurs. Mais s'il s'agit de la succession de biens réels *ab intestat*, l'investiture passe immédiatement au Roi, sans qu'il soit besoin d'une enquête, parce que l'étranger ne peut avoir d'héritiers capables de les acquérir, et, en conséquence, ces biens sont dévolus et appartiennent au Roi par droit d'aubaine.

Pour la même raison, les enfants d'un étranger ne peuvent succéder l'un à l'autre, attendu que pour succéder il faut remonter au père (2).

Un étranger ne peut posséder de biens réels au nom d'un tiers, ni au profit d'un tiers; et, d'après la législation anglaise, il est évident que si un étranger acquiert des terres à titre de franc-fief au nom d'un fidéicommissaire, quoique celui-ci soit

(1) *Voyez* Attorney-general *v.* Duplessis, 5 *Br. P. C.* 91.
(2) 25 Geo. 2, c. 39; 3 et 4 Guill. 4, c. 106.

sujet anglais, elles sont dévolues au Roi après que l'enquête aura été faite (1).

Une contestation s'étant élevée à l'égard des droits d'un étranger aux deniers provenant de la vente d'un legs de biens réels, cette question a été décidée par les jugements rendus dans les affaires de Fourdrin v. Gowdey (2) et de De Hourmelin v. Sheldon (3). Des jugements rendus dans ces deux affaires, il résulte que lorsqu'un testateur a indiqué dans son testament sa volonté expresse que ses exécuteurs testamentaires vendissent ses biens réels après son décès et payassent à des étrangers l'argent provenant de cette vente, ces étrangers seuls, et non la Couronne, ont droit à cet argent; mais, au contraire, si le testateur ne donne à ses exécuteurs que la faculté de vendre ou de ne pas vendre ses biens réels s'il y a lieu, les légataires universels, étant étrangers, seront exclus par la Couronne, parce que, à défaut de la vente, le legs peut être un legs de biens réels.

Il paraît qu'un étranger peut avoir une hypothèque judiciaire sur les biens réels de son débiteur, attendu qu'il est autorisé par les statuts 13 Édouard I, St. 3, et 27 Édouard III, St. 2, c. 9, d'exercer toutes les poursuites nécessaires sur les biens réels de son débiteur; mais la question de savoir s'il peut avoir une hypothèque conventionnelle est au moins fort douteuse.

Par l'article 16 du statut 7 et 8 Vict., c. 66, il est ordonné : « que toute femme mariée ou qui se mariera avec un national » ou avec un individu naturalisé, sera regardée comme étant » naturalisée elle-même et aura tous les droits d'une natio- » nale. » Une Anglaise qui se marie avec un étranger ne perd jamais sa qualité d'Anglaise : d'après la loi d'Angleterre, elle

(1) 1 *Coke's Rep.* 122; Fish *v.* Klein, 2 *Mer.* 451 ; Fourdrin, *v.* Gowdey, 3 *Mylne et Keen*, 383.

(2) 3 *M. et K.* 383.

(3) 4 *M. et C.* 525.

est toujours regardée comme femme libre. Elle reste dès lors maîtresse de ses biens situés en Angleterre, peut ester en justice relativement à ses biens, soit comme demanderesse, soit comme défenderesse, sans le consentement de son mari, et recueillir les successions ou le legs des biens réels qui s'ouvriraient à son profit en Angleterre.

Le mari étranger n'a pas de droits sur les biens réels qui se trouvent dans la succession de sa femme, si celle-ci vient à mourir avant lui.

A l'égard des biens personnels, la loi du domicile du propriétaire est toujours préférée, quant à l'ouverture des successions (1), à la loi du pays où ces biens sont situés. De cette manière, la loi du pays où le propriétaire de biens personnels était domicilié lors de son décès, régit la succession à ces biens, en quelque endroit qu'ils soient situés.

SECTION 4. — *Du droit d'ester en justice accordé à l'étranger.*

D'après le consentement unanime des nations, un étranger résidant et séjournant dans un pays, est soumis aux lois de ce pays, et réciproquement l'étranger a le droit de réclamer la protection de ces lois auxquelles il se soumet.

Le pouvoir judiciaire de chaque État, dit Wheaton (2), peut être étendu à tous les litiges regardant les droits personnels et de propriété de toutes les personnes résidant sur le territoire de l'État, quoique le litige ait pris son origine en pays étranger. Ce principe général est entièrement indépendant de la règle de décision qui doit guider le tribunal. Cette règle peut être la loi du pays où siége le tribunal, ou bien la loi d'un pays étranger dans certains cas; mais cela n'affecte pas la juridic-

(1) *Voyez* ci-après titre « Successions. »
(2) WHEATON, *International law,* vol. 1, p. 144.

tion des tribunaux qui peut être exercée sur toutes les personnes résidant même temporairement dans le pays. Cependant cette juridiction, fondée sur le droit international, peut être limitée par les lois civiles de l'État, et il n'y a pas d'usage constant et uniforme parmi les nations pour l'exercice de cette juridiction. Un État souverain peut refuser, à sa discrétion, de prendre connaissance des contestations nées entre étrangers. Toutes les actions réelles ou possessoires doivent être nécessairement intentées dans le lieu où les biens en question sont situés; mais dans les pays dont la jurisprudence est fondée sur le droit romain, on suit en général la maxime *actor forum rei sequitur;* et il faut que les actions personnelles soient intentées devant les tribunaux du pays où le défendeur a acquis un domicile fixe.

Dans tous les pays civilisés, on admet l'étranger à se porter demandeur devant les tribunaux du pays contre un régnicole, pour réclamer l'exécution des obligations contractées par ce dernier, soit dans sa patrie, soit à l'étranger. Quant aux réclamations qu'un étranger peut avoir à exercer contre un autre étranger, le droit français diffère de celui de presque tous les autres pays civilisés. En effet, dans ceux-ci, tout étranger a le droit d'obtenir justice contre un autre étranger, tandis que la jurisprudence française n'accorde ce droit au demandeur étranger qu'autant que, soit lui-même, soit le défendeur étranger, aurait acquis un domicile en France; il n'y a d'exception que lorsqu'il s'agit de contestations en matière de commerce.

Cette jurisprudence qui refuse à l'étranger non domicilié en France, la faculté d'intenter un procès contre un autre étranger également non domicilié, est considérée par Fœlix (1)

____

(1) Fœlix, *Droit international privé,* § 116.

comme étant en contradiction avec le droit international européen. Le droit romain a reconnu le principe que tous les contrats les plus ordinaires parmi les hommes tirent leur origine du droit des gens, ou, en d'autres termes, que ces contrats sont valides, qu'ils soient faits entre des étrangers et les citoyens, ou entre les citoyens du même État. Ce principe a été inscrit dans le droit des gens moderne, qui reconnaît aux étrangers le droit de contracter des obligations dans les limites territoriales d'un autre État. Or, de ce droit découle nécessairement, pour les tribunaux du pays, celui de contraindre les contractants, qu'ils soient citoyens ou étrangers, à remplir ces obligations.

Parmi les différentes restrictions qu'elles apportent à l'exercice des facultés que le droit des gens accorde aux étrangers, les lois anglaises n'en présentent aucune concernant la faculté de plaider devant les tribunaux du royaume, soit contre un national soit contre un autre étranger. La jurisprudence anglaise considère toutes les actions personnelles, *ex delicto* ou *ex contractu*, comme transitoires, et les attribue au for domestique, n'importe le pays dans lequel ces actions ont pris origine et quelles que soient les parties litigantes. Pour établir la compétence des tribunaux anglais, il suffit que le défendeur se trouve pour le moment sur le territoire de la Grande-Bretagne; on ne fait point de distinction entre le cas où l'obligation de laquelle dérive la demande a été conclue en Angleterre, et celui où elle l'a été en pays étranger.

Mais ce droit de l'étranger d'ester en justice devant les tribunaux anglais, soit comme demandeur, soit comme défendeur, réside tout entier dans la question de savoir en fait s'il est étranger ami ou étranger ennemi; parce que s'il est étranger ennemi, même résidant en Angleterre sans l'autorisation du Roi, il ne peut intenter ni soutenir aucun procès (1). Cependant,

(1) Bacon, *Abridgment*, Tit. « Alien » D.

s'il ne devient étranger ennemi qu'après le contrat d'où dérive la demande, il peut intenter tout procès concernant ce contrat après le retour de la paix, parce que la guerre suspend seulement et ne détruit pas son droit, et toutes ces prohibitions cesseront aussitôt qu'il aura été autorisé par le Roi à résider dans le royaume (1).

L'étranger ami, quoiqu'il ne se trouve jamais en Angleterre, peut se porter demandeur devant tous les tribunaux (2), mais en ce cas il est tenu, sur l'exception faite à cet effet par le défendeur, de donner caution pour le remboursement des frais de justice, *cautio judicatum solvi*. Cette caution doit être fournie également par un national qui se trouve hors du territoire du royaume au moment où le procès commence. Toutefois, si l'étranger réside en Angleterre, il jouit des mêmes droits à cet égard qu'un sujet anglais et n'est pas tenu de fournir cette caution. Le montant de la caution est fixé par le juge de la cour devant laquelle la demande est portée.

Les jugements rendus soit entre un étranger et un régnicole, soit entre deux étrangers, sont exécutés par les mêmes moyens et de la même manière que les jugements rendus entre régnicoles.

En Angleterre, les modes d'exécution des jugements rendus en actions personnelles sont : la contrainte par corps, la saisie des biens personnels, et la saisie des revenus des biens réels et de la propriété que le débiteur possède sur ces biens.

Tout jugement de condamnation emporte l'exécution par tous ces modes, sans en prescrire aucun spécialement, et en les laissant entièrement au choix du demandeur. Le législateur, en autorisant ces modes d'exécution, n'a point déterminé l'ordre dans lequel ils peuvent ou doivent être employés ; l'emploi de

(1) Vanbrynen *v.* Wilson, 9 *East*, 521 ; Flint *v.* Waters, 13 *East*, 260.
(2) Pisani *v.* Lawson, 8 Scott, 182.

l'un d'eux n'exclut pas l'emploi d'un autre, et le créancier a le droit de les employer cumulativement.

La contrainte par corps peut avoir lieu contre un étranger dans les cas où elle est autorisée par les lois anglaises, lors même que, dans la patrie de l'étranger, cette voie d'exécution n'est pas admise.

En Angleterre, tout individu, régnicole ou étranger, peut être arrêté provisoirement (1) avant procès, si le créancier affirme sous serment que ledit individu est son débiteur d'une somme s'élevant au moins à 20 livres sterling (500 fr.), et qu'il a juste sujet de craindre que le débiteur ne se dispose à quitter le pays. Cette arrestation provisoire ne peut être ordonnée que par un des juges des cours supérieures du droit coutumier; et le juge ne délivrera l'ordre d'arrestation qu'après que le créancier aura prouvé d'une manière satisfaisante le motif qu'il a de craindre que son débiteur se dispose à quitter le royaume; après avoir obtenu l'arrestation, le créancier sera tenu de porter sa demande devant la cour sans délai. L'emprisonnement du débiteur durera jusqu'à ce qu'il ait donné caution ou déposé le montant de la dette réclamée, plus 10 livres sterling pour les frais.

Une autre mesure provisoire ayant pour but d'obliger le débiteur à se libérer d'une dette qui est de la compétence des cours d'équité, c'est l'ordonnance du juge qui interdit à ce débiteur de sortir du royaume avant qu'il n'ait désintéressé le créancier. Cette ordonnance, connue sous la dénomination de *ne exeat regno*, n'est accordée que fort rarement.

Quant à l'exécution des jugements rendus en pays étranger, nous en parlerons ci-après.

____

(1) 1 et 2 Vict. c. 110, ss. 3 et 4.

Section 5. — *Des droits spéciaux des étrangers en matière criminelle.*

Autrefois, dans toutes les affaires civiles, commerciales ou criminelles qui étaient portées devant les cours du droit coutumier, pour y être soumises à un jury, les étrangers jouissaient du privilége d'être jugés par leurs compatriotes ou par un jury composé mi-partie d'étrangers, mi-partie de nationaux, coutume connue sous le nom de jury *de medietate linguæ*. Cette coutume, établie pendant le règne d'Édouard III, dura près de cinq cents ans ; mais le statut 6 Georges 4, c. 50, qui règle aujourd'hui la composition du jury, a abrogé les anciens statuts constatant ce droit et a introduit des règles nouvelles dans les lois concernant les jurys et les jurés. Par l'article 3 de ce statut, personne n'a la capacité de siéger comme juré, à l'exception des cas y mentionnés, à moins qu'il ne soit sujet anglais de naissance. Dans l'article 47, ces cas sont spécifiés et, par cet article, il est ordonné qu'aucune disposition du présent statut n'ira jusqu'à priver un étranger prévenu de félonie ou de crime, du droit d'être jugé par un jury *de medietate linguæ* (c'est-à-dire composé de six nationaux et de six étrangers), et, sur la requête de tout étranger ainsi prévenu, le shérif, d'après un ordre du juge, comprendra dans la moitié du jury autant d'étrangers qu'il pourra en trouver. Ces jurés étrangers ne pourront être récusés pour défaut du cens requis ou de toute autre condition exigée par le statut ; mais ils pourront être récusés pour toutes les autres causes.

Ainsi, en matière civile et commerciale, les étrangers ne jouissent plus de leurs anciens priviléges ; mais en matière criminelle, ils peuvent encore les invoquer, en adressant une requête au juge à cet effet.

SECTION 6. — *Du Statut pour l'inscription des étrangers, lors de leur arrivée en Angleterre.*

Dans la dernière partie du règne de Georges III, un statut fut passé pour établir des règles concernant les étrangers arrivant ou venant résider en Angleterre. Ce statut qui fut appelé l'*Alien Act* devait avoir, lorsqu'il fut passé, force de loi pendant deux ans seulement. Après avoir été prorogé à différentes reprises, on l'a laissé expirer dans le courant de 1826 : mais pendant la même année fut passé le statut 7 Georges 4, c. 54, qui est intitulé « acte pour l'enregistrement des étrangers. » Ce statut avait force de loi jusqu'à l'année 1843, quand il fut abrogé par le statut 6 et 7 Guillaume 4, c. 11, qui forme aujourd'hui la loi sur cette matière. Quoique ce statut fût généralement éludé par les étrangers, et que ses dispositions ne soient que rarement appliquées par les autorités du pays, il n'a rien perdu de sa force obligatoire. En conséquence, nous donnons ici un aperçu sommaire de ses dispositions principales.

Tout capitaine de bâtiment arrivant des ports étrangers en Angleterre, est tenu, à son arrivée, de déclarer à l'officier de la douane, au port où il est débarqué, le nom des étrangers qui sont à son bord, ou qui sont débarqués. L'omission de cette formalité ou une déclaration fausse entraînent une amende de 20 livres sterling.

Tout étranger qui arrive en Angleterre d'un pays étranger, est tenu, immédiatement après son arrivée, de remettre à l'officier en chef de la douane au port de débarquement le passe-port dont il est porteur, et de faire à cet officier une déclaration verbale ou par écrit, du jour et du lieu de son embarquement, de son nom, de sa patrie et du pays d'où il vient. Cette déclaration doit être faite et rédigée dans la forme prescrite à cet effet. L'étranger qui refusera ou négligera de remettre son passe-port ou de faire la déclaration prescrite, sera passible d'une amende de deux livres sterling (50 fr.).

La déclaration sera inscrite par l'officier, sur un registre tenu à cet effet. Il y inscrira également en double, dans les colonnes à ce destinées, les différents détails exigés par le statut; un des certificats, faits en double expédition, sera coupé du registre, et remis à l'étranger qui aura fait cette déclaration.

L'officier de la douane est tenu de transmettre, dans les deux jours, une copie exacte de là déclaration de tout capitaine de bâtiment et de chaque certificat à l'un des principaux secrétaires d'État de Sa Majesté, si l'étranger est débarqué dans la Grande-Bretagne, et au secrétaire en chef de l'Irlande, s'il est débarqué dans ce dernier pays.

L'étranger qui voudra quitter le royaume, est tenu, avant son embarquement, de remettre à l'officier de la douane du port de son embarquement le certificat qui lui a été délivré, et celui-ci inscrira sur le certificat le départ de cet étranger et le transmettra immédiatement à un des principaux secrétaires d'État, ou au secrétaire en chef de l'Irlande, selon le cas.

Si le certificat délivré à un étranger se trouve perdu, égaré ou détruit, que l'étranger puisse en établir la preuve devant un juge de paix, et que ce magistrat reconnaisse qu'en effet l'étranger avait rempli les dispositions du statut, le juge de paix est tenu de certifier ce fait par écrit, et alors l'étranger a le droit de recevoir un nouveau certificat de l'un des principaux secrétaires d'État ou du secrétaire de l'Irlande.

Les certificats sont délivrés sans aucuns frais.

La fabrication ou l'altération de la déclaration du capitaine ou du certificat de l'étranger, l'obtention du certificat sous un faux nom et la participation à ces délits, sont punissables d'une amende n'excédant pas 100 livres sterling (2,500 fr.), ou d'un emprisonnement de trois mois au plus.

Ce statut ne s'étend pas aux ambassadeurs, à leurs attachés et serviteurs, ni aux étrangers qui avaient résidé en Angleterre pendant trois ans avant sa passation, ni, enfin, aux enfants des étrangers au-dessous de l'âge de 14 ans.

CHAPITRE TROISIEME.

MODE D'APRÈS LEQUEL L'ÉTRANGER PEUT ÊTRE ADMIS A LA JOUISSANCE
DE DROITS CIVILS ET POLITIQUES.

———

SECTION 1. — *De la dénisation.*

Certains droits civils et politiques peuvent être accordés aux
étrangers en Angleterre, soit par le moyen de la *dénisation*,
soit par celui de la naturalisation. Par la naturalisation,
l'étranger est admis à la jouissance des droits civils et politiques du national; mais la dénisation est une espèce de naturalisation imparfaite, et l'étranger dénisé est placé, pour ainsi
dire, dans un état intermédiaire entre l'étranger et l'étranger
naturalisé. Il ne perd jamais sa propre nationalité (1), mais il

(1) Cette question fut agitée dans l'affaire d'Isaac Bazire qui, s'étant
retiré en Angleterre, y avait obtenu des lettres de dénisation du Roi.
Après son retour en France, il demanda à recueillir sa part dans la
succession de son père. Ses frères et sœurs lui opposèrent sa naturalisation en Angleterre; mais, par arrêt du 8 août 1647, rendu par
le parlement de Normandie en la chambre de l'édit , il fut admis à la
succession de son père. Basnage, qui rapporte cet arrêt sur l'art. 235
de la coutume de Normandie, dit : « qu'on trouva que ces lettres de
dénisation n'étaient pas de véritables lettres de naturalité , parce
qu'elles n'avaient pas été passées au parlement d'Angleterre, sans
laquelle formalité on ne peut devenir naturel anglais. »
La même question s'étant présentée devant la Cour de cassation de
France, dans l'affaire Brunet c. Crew, a reçu une solution semblable
par arrêt du 19 janvier 1819. SIREY, 1819. 1,174.

est investi de quelques-uns des priviléges appartenant au sujet de naissance. Ces priviléges peuvent lui être accordés pour toute sa vie, ou pour une période limitée, ou pour un cas particulier, ou pendant sa résidence et celle de sa postérité en Angleterre ou dans les possessions du royaume. Pendant ce temps, il a la jouissance de presque tous les droits civils du national et de certains droits politiques. Ainsi il peut voter pour l'élection des membres de la Chambre des Communes, s'il réunit d'ailleurs les autres conditions requises à cet effet; mais il ne peut être membre du Conseil privé ni de l'une ou de l'autre chambre du Parlement; il ne peut remplir aucune fonction civile ou militaire, ni recevoir aucune dotation de la Couronne.

La dénisation est accordée par les lettres patentes (1) du Roi, qui spécifient les droits et les priviléges accordés au dénisé. Voici ceux qui le sont le plus communément :

L'étranger obtient la qualité de libre dénisé et de sujet du Roi, et il est regardé et traité entièrement comme sujet de naissance; il peut exercer et intenter toutes demandes et actions, de quelque nature qu'elles soient, et comparaître devant les tribunaux du royaume, soit comme demandeur, soit comme défendeur; il peut légalement acheter et posséder des terres, fonds, rentes, revenus et possessions quelconques dans le royaume, pour lui-même et pour ses héritiers, et les transmettre à toutes personnes de la même manière qu'un sujet de naissance; enfin, il jouit de toutes les libertés, franchises et priviléges du royaume, aussi pleinement qu'un sujet de naissance. Cependant, il est soumis à l'obligation de prêter hommage et allégeance au Roi, de reconnaître et d'observer toutes les ordonnances, actes et statuts du royaume.

(1) Les lettres-patentes sont ainsi nommées parce que l'arrêté royal est rédigé en forme de lettre et porte le sceau de l'Angleterre.

Il faut observer que les lettres de dénisation n'accordent à l'étranger que le droit d'acheter et de posséder des biens réels, et de disposer de ces biens dans certaines limites. L'effet de la dénisation n'est pas rétroactif (1) et, en conséquence, elle n'accorde de droits successifs sur les biens réels du dénisé qu'à ceux de ses enfants nés après l'obtention des lettres de dénisation, et ceux-ci héritent à l'exclusion des enfants nés antérieurement. Le dénisé lui-même ne peut acquérir des biens réels par voie de succession, puisque son père, du chef duquel il doit succéder, étant étranger, ne peut lui transmettre sa succession.

Section 2. — *De la naturalisation.*

Par la naturalisation, l'étranger est admis à la jouissance de tous les droits civils et politiques d'un sujet anglais, à l'exception du droit de siéger au Parlement, ou d'être nommé membre du Conseil-privé. La naturalisation diffère aussi de la dénisation, en ce que la naturalisation a un effet rétroactif, et ne peut être accordée pour un temps limité.

Les étrangers peuvent être naturalisés de trois manières : 1° en se conformant aux dispositions de certains statuts généraux ; — 2° par un certificat délivré suivant les dispositions du statut 7 et 8 Vict. c. 66 ; — 3° par un statut particulier du Parlement.

I. A différentes époques, le Parlement a promulgué des statuts pour encourager les étrangers à entrer dans le service militaire et maritime de la Grande-Bretagne ; ainsi, en vertu de divers statuts des règnes de Georges II et de Geor-

----

(1) Quelquefois les lettres de dénisation contiennent une clause rétroactive ; mais la question de savoir si le Roi peut donner le droit d'hériter à un enfant d'un étranger né avant la date des lettres est douteuse. Cette prérogative paraît appartenir au pouvoir législatif seul.

ges III, tout marin étranger, qui en temps de guerre, et
en vertu d'une proclamation du Roi, a servi pendant deux ans
à bord d'un vaisseau anglais, est naturalisé de plein droit.
Tout protestant étranger qui a servi pendant deux ans
comme militaire dans les colonies anglaises de l'Amérique,
est également naturalisé ; et le même privilége est accordé
aux autres protestants et aux juifs étrangers, après une résidence de sept années consécutives dans les colonies ; cependant, dans tous ces cas, on ne peut jouir des priviléges de
la naturalisation qu'après la prestation des serments d'allégeance et d'abjuration.

II. Avant le statut 7 et 8 Vict. c. 66, le pouvoir d'accorder la naturalisation aux étrangers n'appartenait qu'à la
Législature ; mais, par cet acte, quelques modifications que
nous allons examiner, ont été introduites.

Par l'article 6 de ce statut, il est ordonné, que « sur l'ob-
» tention du certificat et après la prestation du serment ci-
» après prescrit tout étranger, aujourd'hui résidant, ou qui
» viendra dorénavant résider dans quelque partie de la
» Grande-Bretagne ou de l'Irlande, avec l'intention de s'y éta-
» blir, jouira de tous les droits et capacités dont un sujet de
» naissance du Royaume-Uni peut jouir, ou qu'il peut transmet-
» tre ; il ne pourra cependant être membre du Conseil privé
» de Sa Majesté, ni de l'une ou de l'autre chambre du Par-
» lement ; ni jouir d'aucuns autres droits et capacités, s'il en
» existe, hormis ceux spécialement indiqués dans le certificat
» délivré dans la forme ci-après déterminée. »

Par l'article 7, il est ordonné que « il sera loisible à tout
» étranger de présenter à l'un des principaux secrétaires d'État
» de Sa Majesté, un mémoire indiquant l'âge, la profession,
» le métier ou l'occupation du requérant, la durée de sa rési-
» dence en Grande-Bretagne ou en Irlande, et les motifs pour

» lesquels il désire obtenir quelques-uns des droits attachés à
» la qualité de sujet anglais de naissance, en priant ledit
» secrétaire d'État d'accorder au requérant le certificat ci-
» après mentionné. »

Par l'article 8, il est ordonné que « chaque mémoire sera
» pris en considération par ledit secrétaire d'État, qui s'in-
» formera des circonstances de la demande et recevra telles
» preuves qui seront présentées, soit par déposition sous ser-
» ment soit de toute autre manière, ainsi qu'il le jugera néces-
» saire et propre à prouver la vérité des allégations consignées
» dans le mémoire; si ledit secrétaire le juge convenable, il
» pourra délivrer un certificat mentionnant telles allégations du
» mémoire qu'il regardera comme vraies et importantes, et ce
» certificat accordera au requérant (sur la prestation du ser-
» ment ci-après prescrit) tous les droits et capacités d'un sujet
» de naissance à l'exception de la capacité d'être membre du
» Conseil privé ou de l'une ou de l'autre chambre du Parlement,
» et aussi à l'exception des droits et des capacités (le cas
» échéant) spécialement indiqués dans ce certificat. »

Par l'article 9, il est ordonné que « ce certificat sera enregistré
» dans la haute Cour de la Chancellerie. »

Par l'article 10, il est aussi ordonné que « dans les soixante
» jours à partir de la date du certificat, le requérant prêtera
» et souscrira le serment d'allégeance à Sa Majesté devant l'un
» des juges de la Cour du Banc de la Reine, ou de la Cour des
» Plaids Communs ou de la Cour de l'Échiquier, ou devant un
» Maître, ou Maître extraordinaire de la Cour de Chancellerie,
» qui délivrera au requérant un certificat constatant la pres-
» tation et la souscription du serment. »

Les formalités ordonnées par le secrétaire d'État, relativement à
l'obtention de certificats de naturalisation, sont réglées comme
suit :

« 1° Dans toute demande adressée au secrétaire d'État afin
» d'obtenir un certificat de naturalisation, le requérant sera
» tenu de présenter un mémoire à l'un des principaux secrétaires
» d'État de Sa Majesté, en le priant de lui accorder ce certi-
» ficat ; ce mémoire contiendra les mentions suivantes :
» De quelle puissance amie il est sujet ;
» Son âge, sa profession, son métier ou son occupation ;
» S'il est marié, et s'il a des enfants ;
» Le lieu où il a fixé sa résidence, et depuis quel temps il
» réside dans le Royaume-Uni ;
» Si son intention est d'y continuer une résidence perma-
» nente ;
» Et tous les autres motifs sur lesquels il s'appuie pour
» obtenir les droits et capacités d'un sujet anglais de naissance ;
» 2° Le requérant sera tenu de faire constater la vérité de
» toutes les circonstances portées au mémoire, au moyen d'une
» déposition sous serment reçue par une personne autorisée à
» cet effet ;
» 5° Il y joindra une déclaration signée de quatre chefs de
» maison au moins, attestant la loyauté et la probité du re-
» quérant, et la vérité des différents détails du mémoire qui
» servent de base à l'obtention du certificat. Cette déclaration
» sera reçue devant un magistrat ou tout autre officier qualifié
» à recevoir de telles déclarations, conformément au statut 5
» et 6 Guillaume 4, c. 62. »

Il faut observer que les dispositions du statut 7 et 8 Vict.,
c. 66, ne sont pas applicables aux colonies d'Angleterre qui
sont régies par des lois spéciales, rendues par leurs législatures
respectives et consacrées par la Reine en conseil privé.

III. La naturalisation peut être aussi accordée par un statut
particulier passé par la législature ; avant que le statut 7 et 8
Vict., c. 66, fût passé, l'étranger ne pouvait même être natu-

ralisé que par un statut particulier. Aujourd'hui, cette forme de naturalisation n'est appliquée que dans les cas spéciaux, tels que la naturalisation d'un haut personnage.

Le statut 1 Georges 1, c. 4, ordonnait : que nul ne serait naturalisé à moins que, dans le *bill* (1) proposé à cet effet, il ne fût inséré une clause où des termes spéciaux déclarant que le requérant ne devenait pas par cela même capable de faire partie du Conseil privé ou du Parlement, de remplir aucun emploi tant civil que militaire, ou de recevoir de la Couronne, par lui ou par un fidéicommissaire, aucune concession de terres, ténements ou autres héritages. Le statut ajoutait qu'aucun *bill* de naturalisation ne pourrait être à l'avenir porté devant l'une ou l'autre chambre du Parlement, à moins que cette clause ou des termes équivalents n'y fussent préalablement insérés. Cette disposition a été abrogée par l'article 2 du statut 7 et 8 Vict., c. 66, et, en conséquence, il n'est pas nécessaire aujourd'hui que les prohibitions ci-dessus énumérées soient insérées dans les statuts de naturalisation, à moins qu'elles ne soient ordonnées expressément par la législature elle-même.

En résumé, la dénisation peut être comparée à l'autorisation de résider en Belgique, accordée par le Roi à un Anglais; la naturalisation par certificat du secrétaire d'État, à la naturalisation ordinaire, et la naturalisation par statut particulier, à la grande naturalisation.

(1) Dans le langage technique du Parlement, on appelle *bill* un projet de loi.

CHAPITRE QUATRIÈME.

DU CONFLIT DES LOIS.

***

Section 1. — *De l'effet des lois étrangères sur les biens situés dans le territoire de la Grande-Bretagne.*

Les deux principes fondamentaux du droit international sont ainsi énoncés par Fœlix (1) :

1° « Chaque nation possède et exerce seule et exclusivement la souveraineté et la juridiction dans toute l'étendue de son territoire. De ce principe, il résulte que les lois de chaque État affectent, obligent et régissent de plein droit toutes les propriétés immobilières et mobilières qui se trouvent dans son territoire, comme aussi toutes les personnes qui habitent ce territoire, qu'elles y soient nées ou non; enfin, que ces lois affectent et régissent tous les contrats passés, tous les actes consentis dans les limites de ce même territoire.

2° Le second principe général, c'est qu'aucun État ne peut, par ses lois, affecter directement, lier ou régler des objets qui se trouvent hors de son territoire, ou affecter ou obliger les personnes qui n'y résident pas, qu'elles lui soient soumises par le fait de leur naissance ou non.

Des deux principes que nous venons d'énoncer découle une conséquence importante : c'est que tous les effets que les lois étrangères peuvent produire dans le territoire d'un État, dépendent absolument du consentement exprès ou tacite de cet État.

(1) Fœlix, *Droit international privé*, § 9.

Un État n'étant point obligé d'admettre dans son territoire l'application et les effets des lois étrangères, il peut indubitablement leur refuser tout effet dans ce territoire : il peut prononcer cette prohibition à l'égard de quelques-unes seulement, et permettre que d'autres produisent leurs effets en tout ou en partie. Si la législation de l'État est positive à l'un ou à l'autre de ces points de vue, les tribunaux doivent nécessairement s'y conformer. En cas de silence de la loi, et alors seulement, les tribunaux peuvent apprécier, dans les espèces particulières, jusqu'à quel point il y a lieu de suivre les lois étrangères et d'en appliquer les dispositions. »

Les législateurs, les tribunaux et les jurisconsultes, en admettant l'application des lois étrangères, se dirigent, non pas d'après un devoir de nécessité, d'après une obligation dont l'exécution peut être exigée, mais uniquement d'après des considérations d'utilité et de convenance réciproque entre les États. La nécessité du bien public et général des nations a fait accorder dans chaque État, aux lois étrangères, des effets plus ou moins étendus. Chaque nation a trouvé son avantage dans ce mode de procéder. Les sujets de chaque État ont des rapports multipliés avec ceux des autres États ; ils sont intéressés dans les affaires traitées et dans les biens situés à l'étranger. De là découle la nécessité ou du moins l'utilité, pour chaque État et dans le propre intérêt de ses sujets, d'accorder certains effets aux lois étrangères et de reconnaître la validité des actes passés dans les pays étrangers, afin que ses sujets trouvent dans les mêmes pays une protection réciproque de leurs intérêts. C'est ainsi qu'il s'est formé entre les nations une convention tacite sur l'application des lois étrangères fondée sur les besoins réciproques. Cette convention n'est pas la même partout : quelques États ont adopté le principe de la réciprocité complète en traitant les étrangers de la même manière que leurs sujets sont traités dans la patrie de ces étrangers. D'autres États regardent certains droits comme inhérents absolument à la qualité de citoyen, de manière à en exclure les étrangers; ou bien, ils attachent une telle importance à quelques-unes de leurs institutions, qu'ils refusent l'application de toute loi étrangère incompatible avec l'esprit de ces institutions. Mais, ce qu'il y a de certain, c'est qu'aujourd'hui tous les États ont adopté, en principe, l'application dans leurs territoires des lois étrangères, sauf toutefois les restrictions exigées par le droit de souveraineté et l'intérêt de leurs propres sujets. C'est la doctrine proposée par tous les auteurs qui ont écrit sur la matière.

Le corollaire suivant, déduit par Klüber des principes généraux ci-dessus énoncés, a été posé par Wheaton comme suffisant pour déterminer toutes les questions du conflit des lois de divers États quant aux droits de personne et de propriété :

« Tous les actes et tous les contrats passés dans les formes tracées par la législation du pays où ils ont été passés, sont valables même dans les pays régis par des lois différentes, d'après lesquelles ces actes et ces contrats ne seraient pas valables s'ils avaient été passés dans ce dernier pays. D'un autre côté, les actes et contrats passés contrairement aux lois du pays où ils ont été passés, ne sont pas plus valables, par la suite, qu'ils ne l'avaient été dans l'origine. Ceci s'applique non-seulement aux actes et aux contrats passés par des personnes qui ont un domicile fixe dans le lieu où ces actes et ces contrats ont été passés, mais aussi à celles dont la résidence n'est que temporaire, avec cette exception seulement que si, en donnant effet à ces actes ou contrats, préjudice était fait à tout État autre que celui où le contrat a été passé, cet État n'est pas tenu de donner effet à ces actes ou de les considérer comme valables dans les limites de sa juridiction. »

Par suite de cette exception, les dispositions des lois étrangères ne sont pas applicables aux immeubles situés dans le territoire de l'État. Ces immeubles ne dépendent pas de la volonté libre des particuliers; ils ont de certaines qualités indélébiles imprimées par les lois du pays, qualités qui ne peuvent être changées par les lois d'un autre État ou par les actes de ses citoyens, sans une grande confusion et sans lésion des intérêts de l'État où ces biens sont situés. Il en résulte que les immeubles sont exclusivement régis par les lois de l'État où ils sont situés, quant à la succession ou l'aliénation de ces biens.

Cette règle est appliquée par la jurisprudence internationale de la Grande-Bretagne aux actes relatifs à l'aliénation des biens réels. D'après ce principe, un contrat de vente, ou un testament concernant des biens réels, passé dans un pays étranger, doit être soumis aux formalités requises par les lois de l'État où les immeubles sont situés.

Toutefois, cette application de la règle est en désaccord avec le droit international reconnu par les diverses nations du continent de l'Europe. Chez ces dernières, l'acte passé d'après les formes prescrites par la loi du lieu de sa rédaction est valable, non-seulement par rapport aux biens meubles appartenant à l'individu se trouvant au lieu de son domicile, mais encore par rapport aux immeubles en quelque endroit qu'ils soient situés. Cette dernière proposition admet, selon la nature des choses, une exception dans le cas où la loi du lieu de la situation prescrit, à l'égard des actes translatifs de la propriété des immeubles ou qui y affectent des charges réelles, des formes particulières qui ne peuvent être remplies ailleurs que dans ce même lieu : telles sont la rédaction des actes par un notaire du même territoire, la transcription ou l'inscription aux registres tenus dans ce territoire, des actes d'aliénation, d'hypothèque, etc. (1).

A l'égard des biens mobiliers, la loi du domicile du pro-

(1) FOELIX, *Droit international*, § 43.

priétaire est préférée à la loi du pays où ces biens sont situés. Chaque individu étant censé légalement avoir réuni sa fortune au lieu de son domicile, c'est-à-dire au siége principal de ses affaires, on a toujours regardé en droit les meubles comme se trouvant au lieu du domicile de celui à qui ils appartiennent; n'importe, si de fait, ils se trouvent ou non audit lieu. Par une fiction légale, on les considère comme suivant la personne; *mobilia ossibus inhærent, mobilia personam sequuntur*. De cette manière, la loi du pays où le propriétaire des biens personnels était domicilié lors de son décès, régit la succession à ces biens, n'importe où ils sont situés; et ce principe a été consacré par une décision d'une des cours anglaises, portant que le domicile actuel d'un sujet anglais en pays étranger, doit régir exclusivement les dispositions de ses biens personnels comme dans le cas du sujet d'un pays étranger (1).

La loi du pays où un acte quelconque relatif aux biens mobiliers est passé par un individu domicilié dans ce lieu, régit, quant à la forme extérieure, l'interprétation et l'effet de l'acte. De cette manière, un testament relatif à des biens mobiliers, si l'on a observé les formes exigées par la loi du pays où il est passé et où le testateur était domicilié lors de l'acte, est valide partout, et il doit être interprété, et recevoir son effet suivant la loi de ce pays. Ce principe a été reconnu par les tribunaux anglais dans une affaire portée devant la Chambre des Pairs (2).

SECTION 2. — *De l'effet des lois d'un État étranger sur les personnes de ses citoyens qui se trouvent dans le territoire de la Grande-Bretagne.*

Nous avons dit qu'en règle générale, l'effet des lois ne s'étend pas au delà des limites du territoire, et que l'application des lois étrangères n'est que la conséquence de consi-

____

(1) Piper *v.* Piper, *Ambler*, 25.
(2) Preston *v.* Melville, 8 *Cl. et Fin.* 1.

dérations d'utilité et de convenance réciproques des nations.

Un long usage a fait établir en cette matière diverses règles que nous allons exposer.

La première de ces règles est posée de cette manière par Fœlix et Wheaton : « les lois de l'État concernant la condition civile et la capacité personnelle des citoyens suivent la personne partout où elle se trouve; leurs forces et leurs effets s'étendent sur tous les territoires. » De cette nature sont les qualités personnelles universelles qui commencent, dès la naissance, telles que la qualité de citoyen, la légitimité et la non-légitimité; à une époque déterminée après la naissance, telles que la minorité et la majorité; ou à une époque indéterminée, telles que l'imbécilité ou la démence. Les lois de l'État concernant toutes ces qualités personnelles universelles de ses citoyens, les suivent partout, et s'attachent à eux n'importe dans quel pays ils résident.

Mais cette règle générale est soumise dans quelques cas à l'opération de la *lex loci contractûs*.

Le concordat obtenu par un débiteur qui a fait faillite dans le pays où ses dettes ont été contractées, est obligatoire pour les créanciers dans tout autre pays ; mais le concordat obtenu en vertu des lois du propre pays du failli, ne peut pas avoir l'effet de le libérer des dettes qu'il a contractées avec des étrangers en pays étranger. Les conditions personnelles du droit de contracter mariage, telles que le consentement des parents, l'âge, etc., sont généralement réglées par la loi de l'État dont les futurs conjoints font partie; mais les formalités du mariage sont toujours réglées par la loi du lieu où il est célébré. Si le mariage est valide dans ce lieu, il est considéré comme valide partout, sauf les cas où le contrat est fait pour éluder frauduleusement les lois du pays où les parties sont domiciliées (1). Cependant la ju-

(1) Quant aux mariages contractés en pays étranger par le citoyen d'un pays soumis aux dispositions du Code civil français, voyez ci-après chapitre VIII.

risprudence anglaise a consacré la doctrine que les mariages clandestins célébrés en Écosse par des personnes domiciliées en Angleterre, sont valables dans le pays où les parties contractantes ont leur domicile fixe, bien qu'en Angleterre la loi exige le consentement des parents ou curateurs, condition qui n'existe pas en Écosse. Cette jurisprudence a été adoptée afin d'éviter la confusion qui pourrait résulter dans l'ordre social par rapport aux successions, aux questions de légitimité, et à toutes les autres questions de personnes et de propriété, si la validité du contrat de mariage n'était pas déterminée par la loi du pays où il est célébré. De là, ces mariages, connus sous le nom de *Gretna Green* (1), quoiqu'ils ne soient point précédés de publications, ni célébrés par un ministre du culte, sont regardés comme valables en Angleterre (2).

SECTION 3. — *De l'effet des contrats passés et des jugements rendus en pays étranger.*

Nous avons vu que les contrats qui sont dûment et régulièrement passés d'après les lois du pays où ils l'ont été, sont valables même dans un autre pays régi par des lois différentes. La nécessité des relations entre les nations a fait établir cette règle générale que tout ce qui regarde la forme, l'interprétation, la force obligatoire et l'effet du contrat, dépend de la loi du lieu où il a été passé, la *lex loci contractús* (3).

De cette règle générale sont exceptés les cas où il est porté préjudice aux droits et aux intérêts d'autres États ou de leurs citoyens.

____

(1) *Gretna Green* est la localité de l'Écosse la plus rapprochée de l'Angleterre.

(2) *Voyez* ci-après, chapitre VIII.

(3) Trimby v. Vignier; 1 *Bing. N. C.* 151; Huber v. Steiner, 2 *Bing. N. C.* 202; Story, § 202.

1° Elle ne peut être appliquée à des cas qui tombent dans l'application du statut réel ou du statut personnel, c'est-à-dire à des cas qui sont proprement régis par la *lex loci rei sitœ*, tels, par exemple, que l'effet d'un contrat de mariage sur les immeubles situés dans un autre pays, ou par les lois d'un autre État relatives à l'état des personnes et à la capacité de ses citoyens.

2° Elle ne saurait être appliquée dans des cas où elle pourrait se trouver en conflit avec les lois d'un autre État relatives à la police, la santé publique, les revenus de cet État, et en général, à son autorité souveraine sur les droits et intérêts de ses citoyens.

Dans ce cas, la *comitas* sur laquelle repose la force des lois étrangères dans un territoire quelconque, cesse nécessairement. Par exemple, les tribunaux d'un pays étranger refuseront ses effets à une convention par laquelle un individu s'engage à introduire en fraude des objets dans ce pays : il en sera de même de la convention de fournir des objets ou marchandises à l'ennemi en temps de guerre.

3° Dans tous les cas, où, soit d'après la nature du contrat lui-même, soit la loi du pays où il a été passé, soit d'après l'intention expresse des parties, le contrat doit être exécuté dans un autre pays, tout ce qui regarde son exécution doit être déterminé par la loi de ce pays.

A l'égard de cette exception, M. Story dit : « Si les parties ont » arrêté explicitement ou implicitement, que le contrat sera » exécuté dans un autre lieu, on doit présumer l'intention des » parties d'en faire régir la validité, la nature et l'interpréta- » tion par la loi du lieu fixé pour l'exécution (1); » et il rapporte une décision de la Cour du Banc de la Reine, portant que

(1) STORY, *Conflict of laws*, 280, 299, 301.

la loi du lieu du contrat ne peut être appliquée lorsque les parties ont en vue la loi d'un autre pays, et que le contrat est alors régi par cette dernière loi. Néanmoins cette doctrine a été repoussée par la plupart des écrivains (1), et par l'usage généralement approuvé des nations. En ce cas, tout ce qui regarde la nature, la validité et l'interprétation du contrat, doit être déterminé par la *lex loci contractûs*, tandis que son exécution dépend de la loi du pays où il doit être exécuté.

4° Comme chaque État souverain possède le droit exclusif de régler la procédure devant ses tribunaux, la *lex loci contractûs* d'un autre pays ne peut pas s'appliquer aux contestations qui doivent être déterminées d'après la *lex fori* de l'État où les tribunaux sont appelés à prononcer sur le contrat.

Si un contrat fait dans un pays devient l'objet d'un procès devant les tribunaux d'un autre pays, tout ce qui regarde les formalités de procédure, les preuves judiciaires et les règles de prescription doit être déterminé par les lois de l'État où le procès est intenté, et non pas par celles du pays où le contrat a été fait.

Quant à la prescription, les autorités paraissent être en désaccord sur cette question. D'après l'opinion de Story, de Mittermaier, de Huber et d'autres jurisconsultes, la prescription est régie par la loi du lieu où l'action est intentée, et cette doctrine est d'accord avec la jurisprudence anglaise sur cette matière. D'un autre côté, quelques auteurs sont d'avis que la loi du lieu où l'action est née, c'est-à-dire où la convention a été formée, doit être suivie. Cette opinion a été adoptée par la Cour royale de Douai, par la Cour royale de Paris, et par la Cour d'appel de Bruxelles.

« La loi, » dit M. Merlin, « qui déclare une dette prescrite, » n'anéantit pas le droit du créancier en soi; elle ne fait qu'op-

(1) Voyez Fœlix, § 62; Wheaton, v. 1, p. 118.

» poser une barrière à ses poursuites. Or, cette barrière, à
» qui appartient-il de l'établir? C'est sans contredit, à la loi
» qui protége le débiteur, et par conséquent à la loi de son do-
» micile. Ainsi la prescription se règle par la loi du domicile
» qu'a le débiteur au moment de sa demande. »

Cet argument paraît être décisif, et bien qu'il y ait quelque
différence dans les termes employés par Merlin et la jurisprudence anglaise sur cette matière, on voit que l'un et l'autre
aboutissent à cette conclusion : que la prescription s'acquiert
d'après la loi en vigueur au lieu où siége le juge compétent pour
statuer sur les actions personnelles formées contre celui qui
oppose cette défense ; parce que les tribunaux anglais sont com-
pétents pour statuer sur toutes les actions personnelles, toutes
les fois que le défendeur se trouve endéans les limites de leur
juridiction.

En un mot, la règle de la jurisprudence anglaise est celle-ci :
en matière de contrats toutes les dispositions qui sont *decisoriæ
litis* doivent être réglées d'après la *lex loci contractûs*, et
toutes celles qui sont *ordinatoriæ litis* doivent être réglées
d'après la *lex fori* du lieu où le procès est intenté.

Nous résumons les principes généraux que nous venons d'é-
noncer dans les paroles de Wheaton :

L'obligation du contrat consiste dans les éléments suivants :

1° La capacité personnelle de contracter ;

2° La volonté des parties contractantes exprimée, quant aux
termes et conditions du contrat ;

3° La forme extérieure du contrat.

La capacité personnelle des parties contractantes dépend de
ces qualités personnelles, qui sont inhérentes à leur état civil d'a-
près les lois de leur propre pays. Ces qualités universelles personnelles qui, d'après les lois civiles de toutes les nations, sont
essentielles à la capacité de contracter, sont seules réglées par la

lex domicilii. Telles sont les qualités de majeur et de mineur, de femme mariée ou non mariée, etc.

L'interprétation des termes et conditions expresses du contrat, ainsi que les conditions tacites qui sont annexées au contrat par l'usage et les lois du pays où il est passé, dépendent nécessairement de la *lex loci contractûs*.

La forme extérieure du contrat doit être réglée par la *lex loci contractûs*, qui détermine s'il doit être écrit et passé avec certaines formalités. L'omission de ces formalités annule le contrat *ab initio*, et étant nul d'après la loi du pays où il est passé, le contrat ne peut être exécuté par les tribunaux d'un autre pays. Mais les règlements fiscaux d'un État n'ont point d'effet en dehors du territoire, et par conséquent le défaut du timbre exigé par la *lex loci contractûs*, ne peut pas être allégué devant les tribunaux d'un autre pays.

Quant à l'effet des sentences des tribunaux étrangers, c'est un principe généralement reconnu parmi les nations que toute sentence définitive prononcée par le tribunal compétent d'un État, doit être respectée et tenue comme définitive par les tribunaux d'un autre État où la sentence est invoquée comme formant une exception à la chose jugée.

Ce principe a été reconnu par la jurisprudence anglaise. D'après cette jurisprudence, la sentence définitive prononcée par le tribunal compétent d'un État étranger est tenue comme définitive par les tribunaux anglais, lorsqu'il s'élève incidemment une contestation sur la même question et entre les mêmes parties. Le jugement étranger est regardé comme prouvant l'existence d'une demande, à moins que le défendeur ne puisse attaquer le jugement comme étant rendu irrégulièrement. Dans le cas contraire, une nouvelle sentence est rendue par le tribunal anglais, qui confirme la première et la déclare exécutoire contre le débiteur. Mais s'il est constaté par la procédure que la sentence a été prononcée sans qu'une assignation eût été remise personnellement au défendeur, ou que la décision est fondée sur de fausses présomptions ou motivée par des raisons insuffisantes de fait et de droit, l'exécution ne sera pas accordée par les tribunaux anglais.

Les sentences d'arbitres forcés sont également confirmées par les tribunaux anglais qui les rendent exécutoires (1).

La jurisprudence française ne regarde pas les sentences rendues contre des Français devant les tribunaux étrangers comme définitives. Et même si un Français intente un procès devant un tribunal étranger, et est débouté de sa demande, la sentence ne peut pas être invoquée comme une *lis finita* par le défendeur dans un nouveau procès intenté pour la même cause. Mais si la sentence a été prononcée contre un étranger, elle forme une exception *rei judicatæ* contre une nouvelle demande intentée devant les tribunaux français (2). Dans d'autres cas, les jugements rendus en pays étranger, sont examinés de nouveau par les tribunaux français, avant qu'ils soient déclarés exécutoires en France. Cette doctrine a été reconnue aussi par la jurisprudence de la Cour d'appel de Bruxelles et de la Cour de cassation (3); cependant il paraît, d'après des décisions plus récentes (4), que le jugement rendu en pays étranger sera déclaré exécutoire en Belgique, sans révision du fond, et que le tribunal se bornera à un examen extérieur du jugement, de sa sincérité, de son authenticité, et du point de savoir, si dans son exécution il n'aurait pas des résultats contraires à l'ordre public ou aux lois belges.

(1) 4 *Tyrwhitt's Reports*, 751.

(2) Pardessus, *Droit commercial*, part. VI, tit. VII, c. II, § 2, Nº 1488. — Merlin, *Répertoire*, t. VI, tit. *Jugement*.

(3) Chabot c. Verheyden, 5 '*Belg. jud.* 577 et 929.

(4) 6 mars et 26 octobre 1850, 8 *Belg. jud.*, 566, et 1466.

CHAPITRE CINQUIÈME.

On peut acquérir la propriété des héritages corporels et incorporels de trois manières principales : par acte, par testament, ou par succession. Nous allons examiner successivement ces différents modes d'acquisition, et ensuite nous indiquerons quel est l'effet du mariage sur les biens réels et personnels des époux.

Un acte (*deed*) est un écrit signé et scellé par les parties, et tendant à établir une convention quelconque passée entre elles. On l'appelle *deed* (traduction du latin *factum*), parce qu'il est l'acte le plus authentique et le plus solennel qu'un individu puisse faire relativement à la disposition de ses biens; et en conséquence l'acte fait pleine foi de la convention qu'il renferme entre les parties contractantes et leurs héritiers ou ayants cause.

Si la convention est faite entre deux ou plusieurs parties, et si le contrat est synallagmatique, il doit y avoir, selon les règles, autant de copies de l'acte que de parties ayant un intérêt distinct; naguère on exigeait même que chacune de ces copies fût dentelée au bord, de telle sorte que l'une répondît exactement à l'autre; c'est pourquoi on appelait chaque copie une *indenture*; mais aujourd'hui cette formalité n'est plus requise et tous les actes qui sont signés et scellés, s'appellent *deeds*.

Il y a huit conditions principales pour la validité d'un acte :

1° Les parties qui s'obligent doivent avoir la capacité de contracter; et un objet certain doit former la matière du contrat.

2° L'acte doit être fondé sur une cause valable et suffisante. La cause peut aussi consister en une pure libéralité de la part de l'une des parties, mais en ce cas, si l'acte a été fait dans le but de frauder les droits des créanciers, il sera nul à l'égard de ceux-ci; mais il ne peut être nul vis à vis de ceux qui ont contracté, parce qu'on ne peut introduire soi-même une cause de nullité dans l'acte que l'on a fait. La cause doit être une *bonne* cause ou une cause de *valeur*. Une bonne cause est celle de sang ou de parenté; une cause de valeur, celle de l'argent, du mariage, etc. Un acte est nul s'il se fonde sur une cause usuraire, sur une cause prohibée par la loi, ou sur une cause contraire, soit aux bonnes mœurs, soit à l'ordre public.

3° Il doit être écrit ou imprimé sur papier ou sur parchemin. Il doit aussi porter un timbre suffisant, sans quoi il ne pourrait être produit en justice.

4° La matière sur laquelle les parties s'engagent doit être exprimée en termes intelligibles et légaux. Il est d'usage de rédiger les dispositions de l'acte dans l'ordre suivant : — les noms, etc., des parties contractantes et toutes les énonciations qui peuvent tendre à faire connaître l'objet de l'acte; — la cause ; — la description de l'objet du contrat; — la clause *habendum* et *tenendum*, c'est-à-dire la disposition qui limite la mesure de la propriété cédée; par exemple, « à Pierre pour sa vie, » « à Joseph et à ses héritiers; » — les réserves et les conditions, s'il y a lieu; — la garantie; — la conclusion, dans laquelle la date de l'acte doit être insérée.

5° L'acte doit être lu aux parties si elles le requièrent; si la lecture en est inexacte, l'acte sera nul. Si quelqu'une des parties ne peut ou ne sait lire, lecture doit lui en être faite.

6° Il doit être signé et scellé par les parties contractantes, ou par leurs fondés de pouvoir.

7° Il doit être délivré (1) (*delivered*), c'est-à-dire, que la partie par laquelle l'acte est signé et scellé, doit déclarer verbalement que l'acte est dûment passé par lui.

8° Enfin, la dernière condition pour valider un acte, est qu'il soit signé, scellé et délivré en présence de témoins. D'après le droit coutumier, la signature n'est pas nécessaire pour donner force à l'acte; et bien que, suivant les dispositions de divers statuts, et notamment du statut « contre les fraudes » (dont nous parlerons ci-après), la signature soit essentielle à la validité de certains contrats, il existe encore plusieurs cas où cette formalité est moins nécessaire pour donner la force à l'acte que pour constater la preuve de son accomplissement.

Une rédaction incorrecte au point de vue grammatical, n'est pas une cause de nullité ; mais une rature ou une intercalation dans une partie importante de l'acte aura cet effet, à moins que les témoins ne déclarent que ces changements ont été faits avant que l'acte ne fût scellé et signé. Mais si des mots ont été effacés dans l'acte par l'une des parties contractantes après la mise à exécution, quand même cela n'aurait pas été fait dans une partie importante de l'acte, il sera nul.

Il n'existe pas en Angleterre de système général d'enregistrement des actes translatifs des biens. La preuve du droit de possession des biens résulte des titres originaux (2), et

____

(1) On l'appelle « délivré » parce qu'autrefois il était indispensable que la partie passant l'acte le délivrât à la partie au profit de laquelle l'acte était passé. Aujourd'hui par « délivré » on entend plutôt la déclaration comme quoi l'acte a été passé avec toutes les solennités requises.

(2) Il est d'usage, en Angleterre, quand une personne achète des

en cas de perte de ceux-ci application doit être faite à la Cour d'équité qui peut accorder au propriétaire de nouveaux titres.

Nous nous bornerons à indiquer les différentes formes d'actes par lesquels on peut être investi de la propriété des biens ; tels, par exemple, que les actes d'inféodation, de donation, de bail, d'échange, de partage, etc. Mais la forme la plus usuelle de l'acte pour le transport des biens réels est une renonciation (*release*) par laquelle le propriétaire renonce à tous ses droits sur les biens. S'il s'agit de biens personnels l'acte le plus usuel pour leur transport est une cession (*assignment*) (1).

biens réels, que le vendeur envoie à l'acheteur un résumé des titres. Après que l'avocat de l'acheteur a comparé ce résumé avec les titres originaux et qu'il les a trouvés en règle, il dresse l'acte du transport, et le soumet à l'approbation de l'avocat du vendeur. L'acte est ensuite écrit sur parchemin timbré au vœu de la loi, le prix de l'acquisition est payé au moment de la signature de l'acte par les parties, et les titres originaux sont remis à l'acheteur.

(1) Pour les droits de timbre relatifs aux actes du transport de biens, voyez à la fin de l'ouvrage, titre : « *Actes d'acquisition.* »

CHAPITRE SIXIÈME.

DES TESTAMENTS.

SECTION 1. — *Règles générales.*

Lorsque tous les biens d'un individu, tant réels que personnels, se trouvent situés dans le territoire où il a son domicile, et que cet individu ne passe point d'actes hors de ce territoire, la législation de sa patrie exerce seule son empire sur lui; et la distinction entre les statuts personnels et réels, et les lois concernant les actes de l'homme, ne trouve aucune application. Le conflit de ces diverses lois ne se présente qu'autant que l'individu possède soit des biens, soit des droits réels sur des biens situés dans un autre territoire, ou qu'il passe des actes hors du pays de son domicile.

Nous avons vu, dans un chapitre précédent, que le statut personnel qui règle l'état et la capacité de l'individu peut s'étendre au delà des limites du territoire, mais que les biens réels sont exclusivement régis par les lois de l'État où ils sont situés, quant à la succession ou quant à l'aliénation de ces biens.

D'après le droit international privé reconnu par les diverses nations du continent de l'Europe, un testament fait avec les formalités usitées dans le lieu où l'acte sera passé, est valide non-seulement quant aux meubles, mais aussi quant aux immeubles. Il n'en est pas ainsi d'après la jurisprudence anglaise : un testament fait à l'étranger, concernant des biens réels situés dans la Grande-Bretagne, doit être soumis aux formalités

requises par la législation anglaise sur cette matière, et les dis=
positions testamentaires doivent être interprétées, et recevoir
leur effet suivant les lois de ce pays (1). Quant aux biens personnels, la forme du testament, son interprétation et son effet (2)
doivent être régis par la loi du pays où le testateur était domicilié lorsqu'il a rédigé ce testament.

L'état et la capacité de la personne sont régis par le statut personnel, c'est-à-dire par la loi du lieu du domicile. En conséquence, c'est la loi du domicile qui décide la question de savoir si
l'individu qui, en pays étranger, a disposé de ses biens par
testament, ou celui au profit duquel la disposition a été faite,
avait la capacité nécessaire pour disposer ou pour recevoir.

SECTION 2. *De la forme des testaments.*

D'après la législation anglaise, le pouvoir de disposer par testament, s'étend à la totalité des biens soit réels soit personnels
que le testateur possède au moment de sa mort. Cependant, afin
qu'il puisse disposer par testament, il faut qu'il soit capable et
sain d'esprit. Sont incapables : — 1° les mineurs ; — 2° les individus en état d'imbécilité, de démence ou de fureur, et les personnes retombées en enfance; néanmoins le testament d'une
personne saine d'esprit au moment où elle y a apposé sa signature, ne peut être invalidé par l'incapacité survenue depuis cette
époque; 3° — l'individu condamné pour crime, pendant la durée de sa peine ; — 5° l'individu mort civilement.

Une femme mariée ne peut disposer par testament sans l'autorisation de son mari, à l'exception de ceux de ces biens qui ne

(1) Il faut observer encore, qu'un étranger ne peut disposer par
testament des biens réels qu'il possède en Angleterre, à moins qu'il
ne soit dénisé ou naturalisé. Voyez chapitre III.

(2) Preston *v.* Viscount Melville, 8, *Clark et Finelly*, 1.

sont pas tombés dans la communauté, et dont elle a la jouissance exclusive.

Toutes personnes sont capables de recevoir des biens personnels. Même capacité pour les legs de biens réels, à l'exception des étrangers, à moins qu'ils aient été dénisés ou naturalisés ; à l'exception aussi des établissements publics, à l'égard desquels ces lois contiennent quelques dispositions restrictives (1).

Les formalités principales à remplir sont (2) :

1° Le testament doit être fait par écrit (3).

2° Il doit être signé par le testateur, ou, s'il ne sait ou ne peut signer, il doit être paraphé ou marqué avec une plume par le testateur, ou signé par quelque autre personne, en sa présence et à sa demande.

3° La signature doit être faite ou avouée par le testateur en présence de deux témoins au moins. Les témoins doivent constater la signature ou la marque du testateur, et signer le testament en présence du testateur et en présence l'un de l'autre.

Quant à la forme, il est essentiel que les dispositions soient

---

(1) Par les statuts de *Mortmain*, il est défendu, sous peine de nullité, de disposer par testament de biens réels en faveur d'œuvres pieuses et charitables (*piæ causæ*), mais cette prohibition ne s'étend pas aux biens personnels, pourvu que rien n'indique dans le testament que ces biens sont destinés à l'effet de faire des acquisitions de biens réels. Cependant, par le statut 9 George 2, c. 36, il est ordonné qu'on ne pourra ni donner ni hypothéquer, soit terres, soit ténements, ni laisser aucune somme d'argent destinée à l'acquisition de biens réels dans un but charitable, que par un acte passé en présence de deux témoins, douze mois au moins avant la mort du donateur, et enregistré à la Cour de la Chancellerie six mois après la passation de l'acte ; cet acte devra avoir un effet immédiat, et ne contenir aucune clause de révocation sous peine de nullité.

(2) Voyez 1 Vict., c. 26, et 15 Vict., c. 24.

(3) Sur papier libre.

exprimées dans le corps du testament en termes assez clairs et intelligibles pour que la volonté du testateur soit parfaitement saisie. Il n'est pas indispensable qu'une forme sacramentelle d'attestation soit employée; il suffit que les noms des témoins soient écrits au bas de l'acte. Cependant, pour éviter de recourir, le cas échéant, à la preuve testimoniale, mieux vaut de dresser une déclaration au-dessous de la signature du testateur dans la forme suivante :

« Signé et déclaré par ledit testateur comme étant son der-
» nier testament, en présence des soussignés; et nous, les sous-
» signés, en présence du testateur, à sa requête et en présence
» l'un de l'autre, avons souscrit nos noms pour constater sa
» signature. »

Ne pourront être pris pour témoins du testament ni les incapables, ni les légataires, ni l'époux ni l'épouse d'un légataire; car, bien que le testament soit valable, la disposition testamentaire faite au profit du légataire sera caduque.

S'il y a dans le testament quelque rature ou intercalation, il est utile de la faire parapher en marge, par les témoins, afin d'en constater l'existence au moment de la signature.

SECTION 2. — *De la révocation des testaments.*

Le testament est révoqué de plein droit si le testateur vient à se marier après que le testament a été signé. Le testateur lui-même peut aussi révoquer son testament : — s'il détruit l'acte original, on arrache sa signature; — si par un testament postérieur il déclare changer de volonté. Cependant, les testaments postérieurs qui ne révoquent pas d'une manière formelle les précédents, n'annulent dans ceux-ci que celles des dispositions y contenues, qui sont incompatibles ou contraires aux dispositions nouvelles.

Pour être valable, tout acte testamentaire par lequel un testament est révoqué ou modifié, doit être fait avec les mêmes formalités que le testament lui-même; c'est-à-dire qu'il doit être revêtu des signatures du testateur et de deux témoins. On appelle codicille, l'acte testamentaire par lequel quelque disposition du testament est modifiée ou quelque nouvelle disposition y est ajoutée.

Le testament et les codicilles ne forment qu'un seul acte testamentaire; si, dans le testament, un legs d'argent est fait à une personne, et si une autre somme est léguée à la même personne dans un codicille, la dernière est regardée comme étant léguée au lieu de la première, à moins que le testateur n'ait déclaré le contraire.

Section 3. — *Des exécuteurs et des administrateurs testamentaires.*

Si le testateur, dans son testament ou dans un codicille y annexé, a nommé un ou plusieurs exécuteurs testamentaires, il est de leur devoir de veiller à l'exécution des dispositions de dernière volonté. Les exécuteurs ne peuvent être forcés d'accepter la charge, mais celui qui a commencé d'en remplir les fonctions ne peut plus s'en désister; cependant, si quelques difficultés s'élèvent dans l'exercice de leurs fonctions, les exécuteurs peuvent invoquer l'aide de la Cour de Chancellerie. S'il y a plusieurs exécuteurs qui aient accepté cette mission, ils sont responsables solidairement du compte des biens qui leur ont été confiés, mais non de leur gestion réciproque, à moins qu'il n'y ait eu de leur part connivence.

Il faut observer que les pouvoirs et les fonctions des exécuteurs ne s'étendent qu'aux biens personnels laissés par le testateur; quant à ses biens réels, les héritiers légitimes ou les légataires en sont saisis de plein droit, sans qu'il soit besoin de l'intervention des exécuteurs.

Le premier devoir des exécuteurs est de veiller à ce que les derniers devoirs soient rendus au défunt et à ce que les funérailles aient lieu suivant son rang et sa condition. Le testament doit être alors vérifié devant un des officiers de la Cour ecclésiastique, afin d'être enregistré et déposé dans les archives de cette cour. Les exécuteurs prêtent en même temps le serment de faire le partage des biens suivant les dispositions du testament. On appelle les formalités à remplir devant l'officier de cette Cour ecclésiastique, *la preuve* du testament. Si quelques doutes s'élèvent à l'égard de la validité du testament ou de la capacité du testateur, toute personne qui se croira quelques droits, ou qui pourrait succéder en cas d'annulation du testament, aura la faculté d'inscrire un *caveat* (1) contre cette *preuve* ou vérification. L'affaire, en ce cas, sera débattue devant le juge de la Cour ecclésiastique, et avis préalable du débat sera donné à la personne qui a fait inscrire le *caveat*, et à l'audience, elle sera entendue par son avocat.

Après cette vérification du testament, les exécuteurs doivent faire l'inventaire de tous les biens personnels laissés par le testateur, et ils feront faire par des experts une estimation de tous ces biens. Ils doivent payer aussi les droits de timbre sur la totalité du montant de cette estimation (2); mais après qu'ils auront rendu leurs comptes au bureau de timbre et auront produit les quittances pour les dettes du testateur, les droits sur le montant des dettes leur seront remboursés.

(1) On appelle *caveat*, toute défense ou opposition à l'exécution d'un acte quelconque.

(2) Pour les droits de timbre payables sur le montant de l'estimation des biens personnels qui se trouvent dans la succession et pour lesquels *probate* du testament, ou lettres d'administration y jointes, seront accordées, voyez à la fin de l'ouvrage, titre « *Probate*. »

Nous avons dit que le testament original est déposé dans les archives de la cour; une copie officielle est donnée aux exécuteurs, à laquelle est joint un acte (qu'on appelle *probate*), constatant que l'administration des biens personnels du testateur a été confiée aux exécuteurs. Cet acte, revêtu du sceau de la cour, est frappé au timbre exprimant le montant des droits payés d'après l'estimation.

Si le testateur n'a pas nommé d'exécuteurs testamentaires ou si les exécuteurs refusent d'agir, l'administration de ses biens personnels est confiée par la Cour ecclésiastique à l'époux ou à l'épouse ou au plus proche parent du testateur, qu'on appelle l'*administrateur*. Les pouvoirs attachés à la qualité d'administrateur lui sont accordés par la Cour ecclésiastique au moyen d'un acte qu'on appelle *letters of administration* (lettres d'administration), et l'administrateur prête serment de faire la distribution des biens personnels du testateur selon les dispositions du testament. Copie officielle du testament avec les lettres d'administration y annexées est donnée à l'administrateur.

Si le défunt est mort *intestat*, l'administration de ses biens personnels est également confiée à un administrateur qui, en ce cas, prête serment d'en faire la distribution suivant les dispositions de la loi. Les droits à payer d'après le montant de l'estimation des biens d'une personne qui meurt sans avoir fait de testament, ne sont pas les mêmes que ceux qui sont payables pour les biens légués par testament (1).

Les exécuteurs doivent recueillir tous les biens personnels et les dettes actives qui appartiennent au testateur. A défaut

(1) Pour les droits de timbre payables sur le montant de l'estimation des biens personnels qui se trouvent dans la succession *ab intestat*, et pour lesquels les lettres d'administration seront accordées, voyez à la fin de l'ouvrage, titre « *Probate.* »

de deniers suffisants à payer toutes les dettes, et pour acquitter les legs, ils doivent provoquer la vente des biens, et faire le partage de la totalité dans l'ordre suivant ; ils doivent payer :

1° Les frais funéraires du défunt et les dépenses de la preuve du testament ;

2° Les impôts dus ;

3° Les dettes privilégiées par des statuts spéciaux ;

4° Les hypothèques judiciaires ;

5° Les dettes spéciales (1) ;

4° Les dettes simples ;

7° Enfin, les legs.

L'ordre à suivre dans le payement des dettes est important, parce que si les créanciers d'un ordre subséquent étaient payés au préjudice des créanciers qui les priment, l'exécuteur serait tenu personnellement d'acquitter les dettes en cas d'insuffisance des biens de la succession.

Si les dettes actives et les deniers qui se trouvent dans la succession ne suffisent pas au payement des dettes, l'exécuteur devra provoquer la vente des biens personnels non légués ou légués à titre universel ; si l'argent provenant de la vente de ces biens ne suffit pas pour le payement des dettes et des legs, les exécuteurs doivent avoir recours aux biens légués à titre particulier ; mais si l'argent suffit pour le payement des dettes et des legs particuliers, les choses léguées en nature seront délivrées aux légataires par l'exécuteur, et les autres legs particuliers seront acquittés à l'amiable, à moins que les deniers qui restent

______

(1) On appelle *dettes spéciales*, celles dont le payement est garanti par acte ou obligation scellée et signée, telles, par exemple, qu'une dette due sur une hypothèque conventionnelle. Les *dettes simples* sont celles qui sont dues sur contrats, signés ou non signés, sur effets de commerce, sur promesses simples.

après le payement des dettes, ne soient insuffisants pour solder les legs particuliers ; en ce cas, la réduction de tous ces legs aura lieu au *prorata*, à moins que le testateur n'ait expressément déclaré que certains legs doivent être acquittés de préférence aux autres.

Après le payement de toutes les dettes de la succession et la délivrance des legs particuliers, et après que les exécuteurs auront rendu leurs comptes définitifs au bureau du timbre, s'il y a un excédant, il appartient au légataire universel, et s'il n'y a pas de légataire universel, aux héritiers naturels, d'après les dispositions de la loi dont nous parlerons dans le chapitre suivant.

Quand les biens personnels qui se trouvent dans la succession, ne suffisent pas au payement des dettes, les créanciers auront leur recours sur les biens réels, si ces biens ont été expressément destinés par le testateur au payement du surplus des dettes de la succession ; à cet effet, dans l'éventualité de l'insuffisance des biens personnels, une somme suffisante sera prélevée par la vente ou par l'hypothèque de ces biens. Mais si ces biens ont été légués sans que le testateur ait pourvu au payement de tous les créanciers, la Cour de la Chancellerie, sur requête présentée à cet effet, ordonnera qu'une somme suffisante soit prélevée en vendant ou en hypothéquant les biens réels qui se trouvent dans la succession. La Cour elle-même se chargera de la distribution des deniers ainsi prélevés, suivant l'ordre ci-dessus énoncé.

Une année est accordée aux exécuteurs pour payer le legs, à défaut de quoi les légataires ont le droit d'en réclamer les intérêts à partir de cette époque. En cas de refus de la part des exécuteurs, ils ne pourront être poursuivis que par-devant la Cour de la Chancellerie, où toutes les réclamations en matière de legs doivent être portées.

Section 4. — *Des légataires.*

Si le légataire vient à mourir avant le testateur, le legs sera caduc et tombera dans l'universalité des biens de la succession, à moins que le testateur n'ait ordonné expressément que le legs sera payé aux enfants ou aux représentants du légataire, en cas de prédécès de celui-ci. Lorsqu'une chose est léguée sous une condition, comme, par exemple, *si* le légataire atteint sa majorité, ou *quand* il atteindra cet âge, le legs devient caduc si le légataire vient à mourir avant l'époque fixée. Cependant, si le testateur déclare que le légataire n'aura pas la jouissance de la chose léguée jusqu'à ce qu'il ait atteint un âge déterminé, ou, quand il s'agit du legs d'une somme d'argent, s'il ordonne que le legs ne sera point payable avant cet âge en cas de décès du légataire endéans le temps déterminé, le legs ne sera pas caduc, parce qu'il n'est qu'un *donum in presenti, solvendum in futuro.*

Les legs aux témoins du testament sont nuls.

A défaut de dispositions contraires contenues dans le testament, les droits du timbre payables sur la valeur des legs doivent être supportés par les légataires. Tous les legs particuliers de biens personnels inférieurs à vingt livres sterling (500 fr.), sont exempts de ces droits; il en est de même de tous les legs universels ou à titre universel, si l'universalité des biens ou la portion de chaque légataire dans l'universalité se trouve être inférieure à 20 livres sterling, déduction faite de toutes les dettes, des frais funéraires et des legs particuliers (1).

(1) Pour le montant de ces droits, voyez à la fin de l'ouvrage, titre « *legs.* »

CHAPITRE SEPTIÈME.

———

Quoique, d'après la jurisprudence anglaise, un individu puisse disposer par testament de la totalité de ses biens, soit réels, soit personnels, cependant, s'il ne fait qu'une disposition partielle de ces biens, ou s'il ne fait aucune disposition, il meurt *intestat* à l'égard des biens dont il n'a pas disposé; en conséquence, il faut que nous indiquions comment la loi fait le partage de ces biens entre les parents du défunt.

Nous avons déjà donné à entendre que la loi fait une distinction à l'égard de la nature des biens pour en régler la succession, et que la succession aux biens réels d'une personne décédée n'est pas déférée aux mêmes héritiers que la succession aux biens personnels. Nous indiquerons d'abord l'ordre que trace la loi quant à la succession aux biens réels, et ensuite nous parlerons de l'ordre de succession relatif aux biens personnels; toutefois, il faut observer que la succession aux biens réels est régie par le statut réel, et que l'étranger n'est pas capable de succéder aux biens réels situés dans le territoire de la Grande-Bretagne, à moins qu'il soit dénisé ou naturalisé.

SECTION 1. — *Des divers ordres de succession aux biens réels.*

D'après la législation anglaise, on considère toujours l'origine des biens réels pour en régler la succession. De cette manière la loi veut que les biens provenant de la ligne paternelle, *ex parte paternâ*, retournent à cette ligne, et ceux provenant de la ligne maternelle, *ex parte maternâ*, à cette dernière ligne : *paterna paternis, materna maternis*. Toutefois ce principe est assujetti à la règle VIII ci-dessous énoncée.

Il y a quelques années à peine que la législation anglaise a été modifiée à l'égard de la succession aux biens réels ; suivant la législation ancienne, ni les parents du défunt en ligne ascendante, ni les utérins ou les consanguins n'étaient admis à succéder ; mais aujourd'hui par le statut 3 et 4 Guillaume 4, c. 106, ces parents ne sont plus exclus.

On ne connaît en Angleterre que deux modes par lesquels un individu peut acquérir des biens réels, par acquisition ou par succession ; on nomme *acquéreur* d'un bien, l'individu qui en devient le propriétaire autrement que par succession. Cependant l'individu qui se trouvait saisi en dernier lieu des biens réels dépendant d'une succession, est présumé en être l'acquéreur, à moins que le contraire ne soit prouvé. La succession est déférée aux héritiers de l'acquéreur, et on regarde celui-ci comme le *terminus* duquel la succession se transmet et les degrés se comptent. En conséquence, si le dernier propriétaire n'est pas l'acquéreur, quand la succession est ouverte par son décès, il faut rechercher quel était l'acquéreur et partager le bien provenant de celui-ci entre ses héritiers naturels. De cette manière, si Charles vient à succéder aux biens réels de Pierre son frère, l'acquéreur, et qu'ensuite Charles vienne à mourir *intestat*, l'héritier ayant qualité sera celui qui réclamera la succession du chef de Pierre l'acquéreur.

Les successions aux biens réels sont déférées aux enfants et descendants de l'individu saisi de ces biens en dernier lieu, à ses ascendants et à ses parents collatéraux dans l'ordre et conformément aux règles suivantes :

I. *Première règle.* — La succession est déférée aux enfants ou aux descendants à l'infini de l'individu saisi en dernier lieu des biens réels qui se trouvent dans la succession.

Afin que cette règle et les règles subséquentes puissent être rendues plus intelligibles, il faut d'abord observer que la succession s'ouvre par la mort naturelle de l'individu saisi en dernier lieu des biens réels qui s'y trouvent. *Nemo est hæres viventis.* Avant l'époque du décès, l'héritier désigné par la loi est appelé héritier *apparent* ou héritier *présomptif.* L'héritier apparent est celui qui possède le droit irrévocable d'être appelé à la succession au décès de son parent; tel est, par exemple, le fils aîné ou ses descendants, qui doivent nécessairement succéder à la mort du père. D'un autre côté, l'héritier présomptif est celui qui doit succéder si son parent vient à mourir immédiatement, mais dont le droit de succéder peut être anéanti par la naissance d'un héritier plus proche; comme, par exemple, un frère ou un neveu dont l'expectative peut être détruite par la naissance d'un enfant. L'héritier apparent ou l'héritier présomptif, à qui la succession est déférée au moment de son ouverture, est appelé héritier *par la force de la loi,* ou plus simplement héritier *légal* (*the heir at law*).

II. *Seconde règle.* — Les héritiers masculins sont toujours préférés aux héritiers féminins.

III. *Troisième règle.* — Lorsque deux ou plusieurs héritiers masculins du même degré sont en concours, le plus âgé doit toujours succéder à l'exclusion des autres; mais les héritiers féminins au même degré succèdent par portions égales.

Voici la conséquence des règles déjà énoncées : Pierre a deux fils, Joseph et Charles, et deux filles, Louise et Mathilde. Au décès de Pierre, la succession doit être déférée d'abord à Joseph, le fils aîné, à l'exclusion de tous les autres enfants; si Joseph vient à mourir sans postérité du vivant de Pierre, la succession sera déférée à Charles le second fils. Si Charles est mort également sans postérité à l'ouverture de la succession, la succession sera déférée à Louise et à Mathilde comme cohéritières (1).

IV. *Quatrième règle.* — La représentation a lieu à l'infini dans la ligne directe descendante.

Ainsi les descendants du fils aîné sont toujours appelés à la succession du père à l'exclusion du fils cadet. Mais si le père ne laisse que des filles, la représentation a lieu, soit que les filles concourent avec l'héritier d'une fille prédécédée, soit que, toutes les filles du défunt étant mortes avant lui, les descendants desdites filles se trouvent entre eux en degrés égaux ou inégaux. Dans tous les cas où la représentation a lieu, le partage s'opère par souches, *per stirpes;* et la portion dans la succession qui appartient à chaque souche est déférée aux héritiers dans cette souche, d'après les règles ci-dessus énoncées.

V. *Cinquième règle.* — Si le défunt n'a laissé ni enfants ni descendants, la succession est déférée aux ascendants; et l'ascendant qui se trouve au degré le plus proche en recueille la totalité.

VI. *Sixième règle.* — Si le défunt n'a laissé ni descendants ni ascendants en ligne directe, la succession sera déférée à ses parents collatéraux; cette règle est assujettie à l'application des règles précédentes.

De ces deux dernières règles, il résulte que si l'acquéreur des biens réels vient à mourir *intestat* et sans postérité, mais laissant un aïeul et un frère ou les descendants d'un frère, la succession sera déférée à l'aïeul. Mais si l'aïeul est mort,

(1) Les cohéritières peuvent faire le partage des biens-fonds ainsi dévolus; mais si elles sont restées dans l'indivision, la moitié afférente à chacune d'elles passe à ses héritiers, et non pas à l'autre cohéritière du chef de survivance.

la succession sera déférée au frère ou à ses descendants.

VII. *Septième règle.* — Les parents consanguins de l'auteur commun mâle peuvent succéder immédiatement après les parents germains du même degré et les descendants de ces parents germains; mais si l'auteur commun est une femme, les parents utérins ne peuvent succéder qu'après l'auteur commun.

De cette manière, le frère consanguin peut succéder aux biens de son père en cas de décès de ses frères germains. Le frère utérin ne peut succéder que si la succession est dévolue à la ligne maternelle à défaut d'héritiers de la ligne paternelle.

VIII. *Huitième et dernière règle.* — Dans les successions collatérales, à moins que la succession ne soit d'origine maternelle, les agnats sont toujours préférés aux cognats, c'est-à-dire que les parents de la ligne paternelle, quelque éloignés qu'ils soient, sont toujours appelés à succéder aux biens réels provenant de cette ligne, avant les parents de la ligne maternelle, quelque proches que ceux-ci puissent être.

Les règles ci-dessus énoncées comprennent toutes celles qui sont nécessaires pour déterminer l'ordre de succession de biens réels. La jurisprudence anglaise n'admet pas de successions irrégulières, et par conséquent les enfants naturels ne peuvent succéder aux biens de leur père ou de leur mère (1). De la même manière, le père ou la mère d'un enfant naturel décédé *intestat* et sans postérité, n'a pas de droits sur les biens de cet enfant.

---

(1) Les enfants naturels ne peuvent être légitimés que par statut spécial du Parlement. L'enfant naturel n'a d'autres droits que ceux qu'il peut acquérir lui-même; car, aux yeux de la loi, il n'est l'enfant de personne, *nullius filius*. En conséquence, il ne peut être l'héritier de personne, ni avoir d'autres héritiers que ceux qui sont issus de lui. Enfin il n'a, dit la loi, qu'un nom d'emprunt.

SECTION 2. — *Des ordres de succession aux biens personnels.*

Les statuts 22 et 23 Charles 2, c. 10, et 29 Charles 2, c. 30, règlent l'ordre de succession des biens personnels de toute personne qui vient à mourir *intestat*, à l'exception des biens personnels appartenant à une femme mariée, qui sont encore régis par le droit coutumier. Les biens personnels d'une femme mariée, qui sont de la nature de *chattels* personnels, sont dévolus au mari de plein droit; mais les *chattels* réels de la femme n'appartiennent à son mari qu'en cas de survivance (1).

Lorsqu'un individu, mort *intestat*, a laissé une veuve et des enfants ou descendants d'eux, la succession aux biens personnels se divise en trois parts égales, dont une part est déférée à la veuve, et les deux autres parts aux enfants ou à leurs descendants.

S'il n'y a pas d'enfants ou descendants d'eux, la succession se divise en deux parts égales, dont une moitié appartient à la veuve, et l'autre moitié aux parents du défunt les plus proches du même degré, ou à leurs représentants.

Si le défunt ne laisse pas de veuve, la totalité des biens personnels appartiendra aux enfants; mais s'il n'y a ni veuve ni enfants ni descendants d'eux, la totalité sera déférée aux parents du défunt les plus proches ou à leurs représentants.

La représentation a lieu à l'infini dans la ligne directe descendante, mais en ligne collatérale elle n'est admise qu'en faveur des enfants des frères et sœurs du défunt. Dans tous les cas où la représentation est admise, le partage s'opère par souches; si une souche a produit plusieurs branches, la subdivision se fait aussi par souches dans chaque branche, et les membres de chaque branche partagent entre eux par tête.

(1) Le mari peut, pendant le mariage, disposer des *chattels* réels de sa femme, même sans le consentement de celle-ci.

Les parents consanguins et utérins ne sont pas exclus par les germains, mais ils partagent également avec ces derniers.

Les enfants du défunt, à l'exception de son héritier *légal* (le fils aîné), auxquels le défunt a fait des dons pendant sa vie, ne peuvent partager, si les dons qui leur ont été faits sont égaux ou supérieurs à leur portion dans la succession ; mais si ces dons sont inférieurs à leur portion, ils doivent en faire rapport à la masse, afin qu'il puisse y être suppléé jusqu'à concurrence de la part afférente à chacun des cohéritiers.

D'après les statuts ci-dessus mentionnés, la mère ainsi que le père étaient admis, à l'exclusion des frères et des sœurs du défunt, à succéder aux biens personnels de leurs enfants morts *intestat* sans laisser soit une veuve, soit des enfants ou des descendants d'eux ; mais par le statut 1 Jacques 2, c. 17, si le père est mort, et qu'un des enfants vienne à mourir *intestat* sans postérité et sans laisser de veuve, la mère et les frères et sœurs du défunt ou les représentants des frères ou des sœurs, partagent en portions égales.

Les droits perçus à charge des parents qui succèdent *ab intestat* aux biens du défunt, sont les mêmes que ceux qui sont perçus à titre de droits de legs.

CHAPITRE HUITIÈME.

DU MARIAGE.

SECTION 1. *Des conditions requises pour pouvoir contracter le mariage.*

Nous avons dit que, en vertu des principes généraux des lois des nations, le contrat du mariage doit être réglé d'après les lois du pays où le mariage est célébré; mais que la capacité personnelle de contracter un mariage, telle que le consentement des parents quant à l'âge, etc., est généralement réglée par la loi de l'État auquel appartiennent les futurs conjoints, et que les formalités du mariage sont toujours réglées par la loi du lieu où le mariage est célébré (1). Si le mariage est valide dans ce lieu, il est valide partout (2), sauf les cas où l'on a eu pour but d'éluder frauduleusement les lois du pays dont les parties sont sujets domiciliés.

Ce principe a été reconnu presque généralement par la jurisprudence anglaise, mais à l'égard des mariages contractés en Angleterre par les sujets des États étrangers soumis aux dispositions du Code civil, nous nous arrêterons un moment pour examiner les conséquences de ces dispositions, et à cet effet nous emprunterons les paroles de M. Fœlix (3).

(1) Lacon *v.* Higgins, 3 *Starkie*, 178.
(2) Herbert *v.* Herbert.
(3) FOELIX, *Des mariages contractés en pays étranger*, § 2 (Revue étrangère et française).

L'art. 170 du Code civil est ainsi conçu : « Le mariage con-
» tracté en pays étranger entre Français, et entre Français et
» étrangers, sera valable s'il a été célébré dans les formes usitées
» par l'art. 63 au titre des actes de l'État civil, et que le Fran-
» çais n'ait pas contrevenu aux dispositions contenues au cha-
» pitre précédent. »

Cet article comme on voit, renferme trois dispositions, dont
la première concerne la *forme;* les deux autres sont relatives au
fond.

1° Le mariage est valable s'il a été célébré suivant les *formes*
usitées dans le pays : c'est une application du principe que la
forme des actes se règle par la loi du lieu où ils sont passés,
locus regit actum.

Le mariage de deux Français peut aussi, quant à la forme,
être célébré à l'étranger par les agents diplomatiques ou par les
consuls français; il en est autrement du mariage entre un
Français et un étranger, parce que ces agents ou consuls sont
dépourvus de toute autorité sur les étrangers.

2° Le mariage doit, pour sa *validité intrinsèque,* être précédé
des publications prescrites par l'art. 63, c'est-à-dire de deux
publications faites en France, par l'officier de l'état civil, à
huit jours d'intervalle, un jour de dimanche, devant la porte de
la maison communale. La maison communale dont parle l'art.
63, est celle du domicile que le Français, futur époux, a en
France, depuis au moins six mois; dans le cas où ce Français
est, relativement au mariage, sous la puissance d'autrui, les publications devront encore être faites devant la porte de la maison communale du domicile des personnes sous la puissance
desquelles il se trouve (1).

---

(1) Dans une affaire récente portée devant le tribunal de Gand,
le tribunal a statué qu'un mariage contracté par deux Belges en

Du reste, le Français qui a conservé son domicile en France, et qui se propose de contracter mariage à l'étranger, doit faire procéder aux publications dans ledit domicile, bien qu'il demeure à l'étranger depuis plus de six mois ; l'art. 167 du Code civil ne parle que du cas d'un changement de domicile en France.

3° Il faut, et ceci concerne encore la *validité intrinsèque* du mariage, que le Français n'ait point contrevenu aux dispositions du chapitre 1er du titre du mariage du Code civil, c'est-à-dire qu'il ait l'âge requis de 18 ou 15 ans, qu'il ait donné son consentement, qu'il ne se trouve point dans les liens d'un mariage précédent, qu'il ait obtenu le consentement de ses ascendants ou du conseil de famille, et qu'il ne se trouve point parent ou allié du futur conjoint à un degré prohibé.

Les dispositions indiqués sous les Nos 2 et 3 ne sont qu'une application du dernier alinéa de l'art. 3 du Code civil, ainsi conçu : « Les lois concernant l'état et la capacité des personnes » régissent les Français, même résidant en pays étranger. »

La question de la nullité des mariages contractés en pays étranger entre régnicoles, ou entre régnicoles et étrangers pour contravention à l'une ou à l'autre des dispositions mentionnées aux Nos 2 et 3, s'est présentée plusieurs fois devant les tribunaux français et belges, et elle n'a pas été jugée d'une manière uniforme.

On s'est fondé sur la généralité des termes de l'art. 170, pour soutenir que le mariage contracté en pays étranger est nul *dans tous les cas* où il n'a pas été précédé des publications prescrites par le Code; qu'il est nul *dans tous les*

Angleterre dans les formes qui y sont usitées, mais qui n'a point été précédé en Belgique de publications et d'actes respectueux, à défaut de consentement, est valable, jusqu'à ce que la nullité en ait été prononcée à la requête des ayants droit. XI. *Belg. Jud.* 162.

cas où il a été contrevenu à l'une ou à l'autre des dispositions du chapitre 1er au titre du mariage, sans distinguer si l'inobservation des prescriptions dont il s'agit entraine ou non la nullité des mariages contractés en France.

« Cette doctrine, » dit Fœlix, « nous semble erronée ; » — et après un examen des divers arrêts et jugements sur la question, il se résume en ces termes : « En conséquence, nous » soutenons que l'esprit de la loi n'autorise point la distinc- » tion que les tribunaux ont prétendu établir ; que les ma- » riages contractés par les Français à l'étranger, suivant les » formes usitées dans le pays, sont régis par les mêmes dis- » positions du Code civil qui régissent les mariages célébrés » en France, et que ces mariages ne peuvent être déclarés » nuls hors les cas où la nullité a été établie par les dis- » positions du Code en les supposant contractés en France. »

Nous parlerons ici des qualités et conditions requises pour pouvoir contracter mariage entre personnes soumises aux lois de l'Angleterre.

En Angleterre, le mariage est regardé comme un contrat civil. La sainteté du mariage est seulement du ressort des tribunaux ecclésiastiques ; les tribunaux civils n'envisagent les mariages illégaux que comme des immoralités, et il n'appartient qu'aux tribunaux ecclésiastiques d'annuler les mariages qui ont été faits en violation des lois.

Au vœu de la loi, le contrat de mariage est regardé comme tous les autres contrats, et pour être valable, il faut qu'il réunisse les conditions que voici : — 1° le consentement mutuel des parties ; — 2° leur capacité de contracter ; — 3° les formalités exigées par la loi.

I. *Consensus, non concubitus, facit nuptias,* est la maxime du droit civil.

II. En général, toute personne est capable de contracter

mariage, à moins qu'il n'existe quelque incapacité particulière. On distingue deux espèces d'incapacités : l'incapacité canonique, résultant des dispositions du droit canon, et l'incapacité légale, résultant des dispositions du droit coutumier ou de certains statuts.

1. L'incapacité canonique peut résulter de la parenté entre les parties. Par les statuts 25 Hen. 8, c. 22, et 32 Hen. 8, c. 38, les mariages sont prohibés entre toutes personnes qui se trouvent plus proches que le quatrième degré, compté d'après la loi civile. Cette prohibition s'étend aussi aux alliés au même degré. Les enfants qui sont issus de tels mariages sont déclarés illégitimes. Autrefois ces mariages étaient valables jusqu'à ce qu'ils fussent annulés par les tribunaux ecclésiastiques; mais par le statut 5 Guill. 4, c. 54, tous les mariages célébrés depuis le 31 août 1835 entre personnes qui se trouvent parentes aux degrés prohibés sont nuls de plein droit.

Sont aussi incapables de contracter mariage, d'après le droit canon, les individus atteints d'un vice de conformation qui entraîne l'impuissance ou la stérilité; et ceux qui se trouvent en état de démence ou de fureur.

2. La seconde espèce d'incapacité est l'incapacité légale, ou celle qui résulte des dispositions du droit coutumier et de certains statuts.

(*a*) Le mariage contracté avant la dissolution d'un mariage précédent est nul de plein droit; parce que *duas uxores eodem tempore habere non licet* (1).

(*b*) Les parties peuvent être incapables à raison de leur âge. Ainsi, lorsqu'un fils s'est marié au-dessous de l'âge de quatorze ans, il peut désavouer le mariage quand il a atteint cet âge, et il en sera de même si une fille au-dessous de l'âge de douze ans se marie.

(1) Justinien, *Institutes I*, 10, 6.

(*c*) Le mariage doit être contracté avec le consentement du père, du curateur, ou de la mère des conjoints futurs en cas de minorité.

Autrefois, si un mariage était contracté entre les parties dont l'une ou l'autre ou toutes les deux étaient au-dessous de l'âge de 21 ans, sans le consentement préalable du père ou de la mère ou du curateur du mineur, le mariage pouvait être annulé. Néanmoins ces mariages sont valides aujourd'hui (1).

Diverses dispositions des statuts établissent des peines contre l'individu qui se serait marié avec une fille au-dessous de l'âge de seize ans sans le consentement des parents de celle-ci.

III. Enfin le mariage doit être célébré suivant les formalités prescrites par la loi. Nous indiquerons ces formalités dans la section suivante.

SECTION 2. — *Des formalités relatives à la célébration du mariage.*

Les mariages en Angleterre peuvent être célébrés selon les formes religieuses, selon les formes civiles, ou selon les deux formes.

Si les personnes désirent se marier selon les cérémonies de l'Église anglicane, la célébration du mariage doit être précédée d'une des formalités ci-dessous mentionnées.

I. Autorisation (*licence*) de l'archevêque de la province ou de son suppléant. Cette autorisation n'est accordée qu'après que l'un des futurs a affirmé sous serment qu'il croit qu'il n'existe aucun empêchement de parenté ou d'alliance; que dans aucune cour ecclésiastique il n'a été formé quelque action tendant à empêcher le mariage, et que dans les quinze jours

____
(1) 26 Geo. 5, c. 35, et 5 Geo. 4, c. 75.

précédents, l'une des parties a résidé dans le district d'où dépend l'église ou la chapelle dans laquelle le mariage doit être célébré ; que dans le cas où l'une des parties qui n'est pas veuf ou veuve, a moins de 21 ans, le consentement préalable de son père, de la mère ou de son curateur a été obtenu, ou qu'il n'existe plus aucune des personnes dont la loi requiert le consentement.

Le mariage doit être célébré dans l'église indiquée dans l'autorisation ; mais l'archevêque a pouvoir d'accorder l'autorisation spéciale de procéder au mariage en tel lieu qu'il conviendra aux parties.

II. La cérémonie religieuse peut être précédée de trois publications faites le dimanche dans l'église de la paroisse où les parties contractantes auront leur domicile ; si les deux parties n'ont pas leur domicile dans la même paroisse, ces publications devront avoir lieu dans l'église de chaque paroisse. Le domicile des parties s'établit par résidence continue dans la paroisse pendant le délai des publications.

Les statuts 6 et 7 Guill. 4, c. 85, et 1 Vict., c. 22, ordonnent en Angleterre la confection d'actes de l'état civil en créant les fonctionnaires chargés d'enregistrer les actes de naissance, de mariage et de décès. Aux termes du statut 6 et 7 Guill. 4, c. 85, les publications préalables peuvent être faites par un de ces fonctionnaires ; à cet effet, un des futurs époux doit donner avis de son projet de mariage à l'officier de l'état civil du district dans lequel les parties auront eu leur résidence pendant les sept jours précédents, ou, si les parties résident en différents districts, avis en doit être donné à l'officier de chaque district. Une formule en blanc de cet avis sera délivrée au requérant par l'officier, qui y inscrira les noms, prénoms, rang, profession ou métier de chacune des parties contractantes ; le lieu de leur domicile ; s'ils sont célibataires ou veufs, filles ou veuves, majeurs ou mineurs; et dans quelle église ou édifice le mariage sera célébré. Copie de cet acte est inscrite par l'officier dans un registre à ce destiné, qui devra être ouvert gratis en tout temps aux personnes qui désireraient l'examiner. Les publications doivent être faites par l'officier ou par le secrétaire des administrateurs des pauvres du district, aux trois réunions hebdomadaires de ceux-ci, dans les vingt et un jours à partir de la date de l'inscription ; et si, pendant ce temps-là, aucune opposition n'a été formée, l'officier délivre aux parties un certificat le constatant. Après que l'un des modes préalables ci-dessus indiqués a été suivi, les parties peuvent se marier endéans trois mois à partir de la date de l'autorisation ou de la dernière publication, à l'église indiquée suivant les cérémonies de l'Église anglicane. La cérémonie doit être célébrée entre huit heures du matin et midi, en présence de deux témoins au moins.

Les parties peuvent se marier selon les formes civiles : ce mariage doit avoir lieu dans le bureau de l'inspecteur de l'enregistrement des actes de l'état civil du district, en sa présence et en présence de deux témoins au moins. Le mariage doit être également précédé des publications faites par l'officier de l'état civil de la manière ci-dessus mentionnée, ou d'une autre manière en vertu de l'autorisation (*licence*) de l'inspecteur. Cette autorisation peut être accordée à l'expiration de sept jours à partir de la date de l'inscription de l'avis sur le registre. Elle ne sera accordée que pour autant qu'au préalable une des parties aura fait une déclaration relative à l'état et la capacité des futurs conjoints, de la même manière que dans le cas d'autorisation accordée par l'archevêque.

Si les parties désirent se marier d'après les formes religieuses de quelque secte particulière, elles peuvent le faire, pourvu que le mariage soit célébré dans un édifice dûment autorisé à cet effet. La cérémonie religieuse doit être précédée des publications faites par l'officier de l'état civil ou de l'autorisation (*licence*) accordée par l'inspecteur de passer outre sans les publications préalables. Le mariage doit être célébré en présence de l'officier de l'état civil du district dans lequel l'édifice est situé et en présence de deux témoins au moins. Il doit être célébré entre huit heures du matin et midi, les portes de l'édifice étant ouvertes.

En Écosse, on a conservé la distinction admise dans l'ancien droit canon entre les mariages contractés par des mots indiquant un engagement immédiat (*per verba de præsenti*) et ceux contractés par des mots indiquant un engagement futur (*per verba de futuro*) : on sait que cet engagement futur est la cohabitation. Avant le concile de Trente, les lois ecclésiastiques reconnaissaient cette même distinction, non pas, à la vérité, à l'égard du mariage, mais au moins à l'égard des fiançailles. Cependant, en fait, lorsque le futur époux avait employé les mots *ego te in meam accipio*, les mêmes lois admettaient qu'il existait dès lors un véritable mariage, bien qu'il ne fût pas accompagné de la bénédiction ecclésiastique. Si le futur époux s'était exprimé au futur, *ego te in meam accipiam*, il n'y avait que des fiançailles; mais celles-ci se transformaient en mariage effectif lorsque la cohabitation s'ensuivait; on présumait que le consentement *de præsenti*, condition essentielle du mariage, était donné par les deux parties au moment de la cohabitation, en conséquence de la promesse qui la précédait. En Écosse, cette ancienne législation canonique s'est maintenue : on y distingue les mariages réguliers, qui sont ceux contractés *per verba de præsenti*, et les mariages irréguliers ou *per verba de futuro*.

Le mariage régulier doit être précédé de publications, mais le mariage irrégulier n'est point précédé de publications, ni célébré par un ministre du culte; il suffit que les futurs époux comparaissent devant un magistrat, ou devant une personne prenant le titre et la qualité de ministre du culte, ou devant deux témoins ; une reconnaissance ou déclaration par écrit rédigée entre les parties de propos délibéré est également suffisante. La loi n'exige pas que les futurs époux aient eu leur résidence dans un lieu du royaume pendant un délai déterminé. Dès lors la déclaration de voyageurs faite en Écosse devant une des personnes ci-dessus indiquées, et suivie de la cohabitation, suffit pour constituer un mariage valide (1).

SECTION 2. — *Des droits respectifs des époux.*

Par le mariage, les époux sont regardés par la loi comme ne faisant qu'une seule personne, quant aux biens, à défaut de conventions spéciales contraires faites avant le mariage. Le mari, par le seul fait du mariage, est investi de tous les biens personnels appartenant à sa femme au jour de la célébration, il a droit à tous les autres biens personnels qui échoient à sa femme pendant le mariage, et il peut en disposer sans le consentement de celle-ci. Cependant les *chattels* réels appartenant à la femme ne sont pas dévolus de plein droit au mari, quoiqu'il puisse en disposer par actes entre vifs ; mais si la femme vient à mourir avant son mari, ces biens appartiennent à celui-ci par droit de survivance. A l'égard des *choses en action* de la femme, dont le mari n'acquiert pas la possession pendant le mariage, elles sont dévolues à celui-ci si sa femme vient à mourir avant lui, mais il sera tenu d'en acquérir la possession au moyen de *lettres d'administration* accordées sur les biens de sa femme.

Quant aux biens réels qui sont les fiefs et les héritages de sa femme, pendant le mariage il n'en reçoit que les fruits. Toutefois, si ces biens réels appartiennent à sa femme à titre de fief-simple ou de fief-taillé, le mari peut en avoir la jouissance à vie

(1) FOELIX, *Des mariages contractés en pays étrangers.*

après la mort de sa femme, pourvu qu'il y ait eu, du marige, des enfants capables d'hériter de ces biens.

Le mari est obligé de fournir à sa femme, selon ses facultés et son état, tout ce qui est nécessaire pour les besoins de la vie; si elle contracte des dettes, il en est responsable. Il est également responsable des dettes qu'elle a contractées avant le mariage, et tous deux peuvent être poursuivis de ce chef; mais si ces dettes ne sont pas réclamées du vivant de la femme, le mari ne peut être poursuivi après la mort de celle-ci, à moins que sa femme n'ait laissé des *choses en action*, dont il n'avait pas pris la possession; en ce cas, il en doit l'application aux dettes de sa femme.

En cas de séparation par consentement mutuel, ceux qui, connaissant cette séparation, font crédit à la femme, ne doivent attendre de responsabilité que d'elle seule.

La femme ne peut ester en justice, ni intenter d'action pour la défense de sa personne ou de ses biens sans le concours de son mari. Une action ne peut être intentée contre elle seule, mais doit être entamée contre les deux conjoints. Cependant, dans les Cours d'équité, quand la femme est séparée de biens, elle est regardée, quant à ces biens, comme une femme libre, et peut intenter toutes actions y relatives, même contre son mari. Elle ne peut passer quelque acte que ce soit, ni donner, aliéner, ou hypothéquer ses biens sans le concours de son mari, à l'exception des actes qui concernent ses biens séparés.

Section 3. — *Du divorce.*

Le mariage se dissout, soit par la mort de l'un des époux, soit par le divorce légalement prononcé. Le divorce peut être *absolu* ou *qualifié :* on appelle le premier, divorce *a vinculo matrimonii ;* et le second, divorce *a mensá et thoro.*

Le divorce *a vinculo matrimonii* n'est prononcé que pour

une des causes d'empêchement du mariage ci-dessus indiquées; le mariage est déclaré nul *ab initio* comme étant contraire à la loi.

Le divorce *a mensâ et thoro* pourra être demandé quand le mariage a été légal dans le commencement, mais que quelque cause survenue depuis a rendu impossible la vie commune des époux; comme, par exemple, l'adultère, des excès ou des sévices. Tous les procès de divorce sont portés devant les cours ecclésiastiques. Néanmoins, depuis quelques années, les divorces *a vinculo matrimonii* ont été accordés par statut particulier de la Législature pour cause d'adultère de la femme; mais il n'est pas d'usage, à la Chambre des Pairs, de passer un statut à cet effet, à moins que le divorce *a mensâ et thoro* n'ait déjà été prononcé par la Cour ecclésiastique et que le complice de la femme n'ait été préalablement condamné par les cours du droit coutumier au paiement de dommages-intérêts pécuniaires envers le mari. La Législature n'accorde le divorce pour cause d'adultère du mari que dans des circonstances exceptionnelles et odieuses; comme par exemple, d'adultère incestueux.

SECTION 4. — *De la puissance paternelle.*

Avant de quitter cette branche de notre sujet, nous parlerons en peu de mots de la puissance paternelle, c'est-à-dire du pouvoir accordé par la loi aux parents sur la personne et les biens de leurs enfants.

Indépendamment des obligations imposées par la nature, le père et la mère sont tenus, d'après la législation anglaise, d'entretenir et d'élever leurs enfants. Le père seul a sur la personne de ses enfants un pouvoir légal, et il peut exercer ce pouvoir jusqu'à ce que l'enfant ait atteint sa majorité. Il doit prendre soin d'eux; il peut les réclamer s'ils lui sont enlevés, et les tribunaux lui accordent à cet égard un mandat *d'habeas corpus*, et reçoivent toute action entamée par lui contre les ravisseurs. Bien que la loi accorde au père le droit exclusif d'élever ses enfants, d'après les dispositions du statut 2 et 3 Vict., c. 54, le lord-chancelier ou le maître des rôles peut, en cas de séparation de corps, accorder à la mère, sur sa demande, libre accès auprès de ses enfants, et au besoin ordonner que les enfants lui soient remis jusqu'à ce qu'ils aient atteint l'âge de sept ans, sous les conditions déterminées par le juge. Cependant la mère convaincue d'adultère est privée de toute relation avec ses enfants.

Si des biens sont laissés à un enfant, le père en a la curatelle légale et doit compte des revenus. Il peut, par acte ou par testament, instituer un curateur de ses enfants jusqu'à ce qu'ils aient atteint leur majorité.

Les Cours d'équité sont les curateurs universels de tous les enfants qui possèdent des biens soumis à la juridiction de ces cours. En conséquence, elles ont le pouvoir de restreindre l'autorité du père, si elles le jugent convenable ; et elles peuvent intervenir aussi pour lui retirer la direction de ses enfants si sa conduite est immorale ; comme, par exemple, s'il vit notoirement en concubinage.

Les Cours d'équité ont également, si elles le jugent nécessaire, le pouvoir de destituer et de remplacer le curateur institué par le père. Si un homme se marie avec une fille qui est sous la curatelle de la Cour d'équité, sans la permission du lord-chancelier, du maître des rôles ou d'un des vice-chanceliers, il est regardé comme étant coupable de mépris de la cour, et il sera condamné à un emprisonnement jusqu'à ce qu'il ait fait provision des biens appartenant à sa femme, pour elle et pour les enfants qui naîtront du mariage.

Les devoirs du curateur vis-à-vis du pupille sont les mêmes que ceux du père vis-à-vis de l'enfant, avec cette différence,

que, lorsque le pupille a atteint sa majorité, le tuteur doit
lui rendre ses comptes relativement à sa gestion, avec
responsabilité quant aux pertes occasionnées par sa négligence.

CHAPITRE NEUVIÈME.

DES CONTRATS.

Section 1. — *Considérations générales.*

Nous avons parlé des diverses manières par lesquelles on peut acquérir la propriété des biens, soit au moyen d'un acte solennel passé entre les parties, soit par testament, soit par succession, soit par mariage. Examinons maintenant comment on peut acquérir la propriété de biens par l'effet des obligations. Les limites de cet ouvrage ne nous permettent point d'entrer dans un détail minutieux de chacun des contrats, parce qu'un semblable examen formerait un traité par lui-même ; nous nous bornerons donc à étudier les contrats dont l'usage est le plus fréquent et dont la connaissance est le plus utile aux étrangers.

Il faut observer, en commençant, que les principes généraux relatifs aux contrats contenus dans le Code civil français, ont une application universelle chez presque toutes les nations civilisées. Ainsi, nous trouvons que les jurisconsultes anglais ont adopté la définition suivante du contrat : *Le contrat est une convention fondée sur une cause suffisante, par laquelle une ou plusieurs personnes s'obligent envers une ou plusieurs autres, à donner, à faire ou à ne pas faire quelque chose.*

Il découle de cette définition que le contrat renferme le concours des volontés de deux personnes, dont l'une promet quelque chose à l'autre, et l'autre accepte la promesse qui lui est faite. Pour cette raison, l'assentiment ou l'acceptation est indispensable à la validité d'un contrat; car, dit Pothier, « de même que je ne puis pas, par ma seule volonté, transférer à quelqu'un un droit dans mes biens si sa volonté ne concourt avec la mienne pour l'acquérir, de même je ne puis pas, par ma promesse, accorder un droit contre une personne jusqu'à ce que sa volonté concoure pour l'acquérir par l'acceptation qu'elle fera de ma promesse (1). » Le consentement, soit exprès, soit tacite, de la partie qui s'oblige et de la partie envers laquelle elle s'oblige, est essentiel ; faute de consentement, il n'y a pas de mutualité, il n'y a pas de contrat. Tels sont les principes reconnus par la jurisprudence anglaise et qui servent de base à toute la législation à l'égard des contrats. Ils ont été formellement énoncés par feu le chef-juge Tindal, dans l'affaire Jackson *v.* Galloway (2) : — *Tout contrat consiste en une demande* (request) *d'un côté et en un assentiment d'un autre côté;* c'est ce que déclarait le droit romain en disant : *Duorum vel plurium in idem placitum consensus.*

Toutefois, cette demande peut être soit expresse soit tacite, et il en sera de même à l'égard de la promesse et de l'assentiment; dans les simples contrats, c'est-à-dire les contrats non scellés, toutes les deux sont, en pratique, plus souvent sous-entendues qu'expresses.

L'assentiment doit être donné purement et simplement et ne peut être subordonné à aucune condition. Si l'une des parties fait l'offre et que l'autre partie l'accepte en le modifiant sans le concours de la première, il n'y a pas de contrat entre les parties jusqu'à ce que l'assentiment soit donné à la modification (3). La

(1) Pothier, p. 1, c. 1, § 2.
(2) 5 *Bing. N. C.* 75.
(3) Jordan *v.* Norton 4 *M. et W.* 155; Cook *v.* Oxley 5 *T. R.* 655.

partie qui fait l'offre a le droit de dire *non in hæc fœdera veni,* et de refuser tous les termes qui diffèrent de ceux qui ont été offerts par elle.

Bien que la demande ne soit pas expresse, elle peut être souvent sous-entendue à cause des circonstances particulières de l'affaire. Ainsi, si l'une des deux parties reçoit quelque profit de la convention, de sa part une demande sera sous-entendue. Par exemple, l'acceptation de l'argent emprunté est un assentiment d'où la loi infère qu'il y a eu demande de le prêter. De la même manière, la loi présume la promesse quand la promesse est de l'essence du contrat. Ainsi, par exemple, lorsque des marchandises ont été vendues, la loi suppose qu'il y a promesse d'en payer le prix. Lorsque des choses ont été prêtées, la promesse de les restituer et d'en prendre soin est sous-entendue.

Certaines promesses sont aussi déduites des fonctions particulières auxquelles un individu est appelé : par exemple, un exécuteur testamentaire est censé avoir promis de payer les frais funéraires du testateur. Il arrive même que l'assentiment peut être tiré de l'absence de contradiction, et qu'il y a lieu d'appliquer la maxime : *Qui tacet consentire videtur* (1).

Une autre espèce de contrats est indiquée par Pothier (2)

______

(1) Les contrats sont quelquefois divisés par les jurisconsultes anglais en contrats *exécutés* et en contrats *exécutoires.* Ils sont *exécutés,* quand la tradition et la propriété s'effectuent au même moment ; comme, par exemple, si deux personnes conviennent de se donner respectivement une chose en échange pour une autre, et si elles le font sur-le-champ. Ils sont *exécutoires,* si ces deux personnes conviennent de le faire dans un certain délai. Dans ce dernier cas, avant que l'époque arrive, elles n'ont que le droit sans la jouissance ou la possession, et la propriété des choses qui appartiennent à chacune d'elles n'est qu'*en action.* Par conséquent, un contrat exécuté opère le transport d'une chose *en possession;* un contrat exécutoire celui d'une chose *en action.*

(2) Pothier, p. 1. art. VIII, s. 2, § 1.

sous le nom de *quasi-contrats;* qu'il définit « le fait d'une personne permis par la loi qui l'oblige envers une autre ou oblige une autre personne envers elle sans qu'il intervienne aucune convention entre elles; » et il donne pour exemple de cette espèce de contrat l'acceptation qu'un héritier fait d'une succession, et par laquelle il s'oblige envers les légataires; « car, dit-il, « c'est un fait permis par les lois qui oblige cet héritier envers les légataires à leur payer les legs portés dans le testament du défunt, *sans qu'il soit intervenu aucune convention entre cet héritier et les légataires.* » La jurisprudence anglaise ne paraît pas admettre cette distinction entre les contrats et les quasi-contrats; dans l'exemple donné, elle suppose qu'une convention tacite existe entre les parties, une convention attachée à l'acceptation de toute charge, de remplir les fonctions y attachées. Sans doute il existe une obligation légale, mais il y a en outre une promesse tacite de l'exécuter.

La jurisprudence anglaise ne reconnaît pas non plus la distinction entre les contrats et les délits; ces derniers sont regardés comme des contrats, dans lesquels la promesse est sous-entendue. Ainsi, par exemple, si je fais paiement d'une somme d'argent par erreur, la loi suppose qu'il y a une promesse à le restituer. Quant aux quasi-délits, chacun est responsable du dommage qu'il a causé par sa négligence ou par son imprudence; mais ce dommage ne donne pas naissance dans tous les cas à une action en justice *ex contractu,* mais à une action *ex delicto.* Néanmoins la loi suppose souvent qu'il y a une promesse tacite entre les parties. Par exemple, si j'envoie des marchandises par un voiturier, la loi suppose qu'il s'engage à les délivrer, et il sera passible de dommages-intérêts en cas de dommage, même en l'absence de stipulations expresses.

L'obligation qui naît de ces diverses espèces de contrats est le lien de droit qui astreint l'une des parties contractantes envers l'autre à lui donner quelque chose ou à faire ou à ne pas faire quelque chose : *Vinculum juris quo necessitate adstringimur alicujus rei solvendæ.*

Toutes les choses qui sont dans le commerce peuvent être l'objet des contrats, mais il faut que cet objet soit possible; *impossibilium nulla obligatio est.* Le simple usage ou la simple possession d'une chose peut être aussi, comme la chose elle-même, l'objet d'un contrat. Les choses futures peuvent être également l'objet d'un contrat et quelquefois même les choses qui n'existent pas encore.

SECTION 2. — *Des différentes espèces de contrats.*

D'après le droit coutumier de l'Angleterre, les contrats sont divisés en trois espèces :

I. Les contrats judiciaires ou les contrats par matière d'enregistrement (*matter of record*) ;

II. Les contrats spéciaux ou les contrats faits par acte signé et scellé ;

III. Les simples contrats.

I. Quant aux contrats par matière de *record*, ils sont aujourd'hui presque tombés en désuétude, à l'exception de ceux qu'on appelle *reconnaissances* (*recognizances*). Une *reconnaissance* (1) peut être définie, une obligation avec une clause pénale par laquelle la partie contractante s'oblige envers le Roi à faire quelque chose sous peine d'amende en cas d'inexécution. Ainsi le mode le plus usuel par lequel la partie civile, dans une affaire criminelle, est obligé de poursuivre le prévenu devant la Cour des sessions trimestrielles ou devant la Cour d'assises, ou

____

(1) On l'appelle *reconnaissance*, parce que l'obligé reconnaît par l'acte, qu'il doit au Roi la somme portée dans la clause pénale. Cette somme est attribuée par forfait au Roi en cas d'inexécution de la part de l'obligé.

par lequel les témoins sont obligés de paraître à l'audience d'une affaire semblable, est par *reconnaissance*. La caution est aussi une autre espèce de *reconnaissance*.

Un contrat par matière de *record* a ceci de particulier qu'il fait foi de plein droit entre les parties et n'a pas besoin d'être établi par une preuve quelconque ; il a le même effet qu'un jugement en condamnation et peut être mis en exécution par les mêmes voies, sans qu'il soit besoin de poursuites préalables en justice.

II. Les contrats spéciaux ou scellés sont ceux qui se forment au moyen d'actes signés et scellés par les parties contractantes. Dans un chapitre antérieur, nous avons indiqué les conditions essentielles pour qu'un acte soit valide ; mais il existe encore une ou deux qualités qui sont particulières aux contrats faits par acte.

1° Dans un contrat fait par acte, il ne faut pas que la cause soit énoncée, parce que la loi présume que le contrat est fondé sur une cause suffisante. Nous reviendrons sur ce point quand nous parlerons des contrats non scellés ou des simples contrats. Néanmoins, il y a une exception à cette règle quand l'acte est fondé sur une cause illicite ou contraire aux bonnes mœurs, ou quand le consentement de l'obligé a été extorqué par violence ou obtenu par dol.

2° Une seconde qualité inhérente aux contrats par acte, c'est qu'ils font pleine foi entre les parties contractantes, ou, comme on dit en jurisprudence anglaise, ils opèrent par voie d'*estoppel* ou de barrière, c'est-à-dire que l'obligé, en raison même de l'acte, peut être arrêté dans ses dénégations et mis dans l'impossibilité de contester la vérité des faits qui y sont mentionnés.

3° Le contrat par acte peut créer un *merger*, c'est-à-dire une absorption. Cela a lieu chaque fois qu'une obligation a été faite par simple contrat (contrat non scellé) et qu'il est passé ensuite un contrat scellé sur la même obligation; le simple contrat est absorbé ou submergé par le contrat scellé, parce que le contrat scellé est d'un degré supérieur au contrat non scellé.

4° La dernière différence entre un contrat par acte et un simple contrat est relative à la prescription; nous en parlerons ci-après dans le chapitre sur cette matière.

III. Les simples contrats sont d'un degré inférieur aux contrats faits par l'acte. Ils peuvent être faits par écrit ou même verbalement. Or, bien qu'il existe dans la pratique une distinction assez grande entre les contrats par écrit et les contrats verbaux, cependant, en théorie, le droit anglais ne reconnaît aucune distinction entre eux : tous sont appelés simples contrats.

Néanmoins, il faut observer deux distinctions pratiques entre les contrats par écrit et les contrats faits verbalement.

1° La première a rapport à la manière de les prouver. Cette distinction résulte d'une règle inflexible que, si le contrat est rédigé par écrit, il doit être prouvé par l'écrit lui-même, et que la preuve testimoniale n'est point admissible contre et outre le contenu dans le contrat, ni sur ce qui serait allégué avoir été dit avant ou lors de ce contrat. Dans certains cas, la preuve testimoniale peut être admise pour expliquer ce qui serait allégué avoir été dit depuis le contrat; mais cette exception ne s'étendra pas aux contrats qui, suivant les dispositions du statut ci-après mentionné, doivent être faits par écrit (1).

Une autre règle à l'égard de l'admissibilité de la preuve testimoniale peut être indiquée ici. Cette règle est que la preuve testimoniale ne peut point être admise pour expliquer quelque ambiguïté *patente* existant dans le contrat. Cette règle est applicable également à toute espèce d'acte. Ainsi, par exemple, lors-

______

(1) Goss *v.* Lord Nugent, 5 *B. et Ad.* 56.; Giraud *v.* Richmond, 15 *Law Journal, C. P.,* 180.

qu'un testateur a laissé un blanc dans son testament pour le nom d'un légataire, la preuve testimoniale ne sera pas admissible pour indiquer la personne sur qui le testateur avait l'intention de faire porter sa libéralité. D'un autre côté, s'il y a ambiguïté *latente*, la preuve testimoniale sera admise. Ainsi, lorsque l'objet du contrat n'est pas clairement indiqué, ou, par exemple, lorsqu'un testateur a légué une chose à son neveu Pierre, et qu'il ait deux neveux de ce nom, la preuve testimoniale est admissible pour prouver lequel des neveux le testateur avait l'intention de désigner.

Il y a encore une autre exception à la règle générale qui défend la preuve testimoniale faite contre le contrat par écrit. C'est lorsque les parties ont contracté d'après quelque coutume établie (1). Alors on permet quelquefois de suppléer, au moyen de la coutume, aux conditions du contrat quoique ce dernier ait été fait par écrit. Cependant, si la coutume se trouve en opposition avec les conditions du contrat, on ne l'admet point, parce qu'elle ne peut être admise qu'autant qu'elle serve à expliquer ce qui est douteux, et non pas pour contredire ce qui est évident (2).

2. Une autre distinction importante entre les contrats par écrit et les contrats verbaux, c'est qu'il existe plusieurs choses pour lesquelles un contrat verbal ne suffit point.

Les contrats les plus importants, assujettis à l'observance des formalités concernant la rédaction par écrit sont ceux qui tombent sous les dispositions du statut 29 Charles 2, c. 3, et qu'on appelle ordinairement « le statut contre les fraudes » (*statute of frauds*).

(1) Wigglesworth v. Dallison, *Doug.* 201. Udhe v. Walters, 3 *Camp.* 16. Powell v. Horton 2 *Bing. N. C.*, 668. Hutton v. Warren 1. *Mee. et W.* 474.

(2) Blackett v. R. E. Assurance Cie, 2 *Tyrwh.* 266.

L'objet de ce statut est de fermer au faux témoignage la porte ouverte par l'admission de la preuve testimoniale, quand l'exécution de contrats verbaux est l'objet d'une discussion en justice. En conséquence il est ordonné par la section 4me de ce statut :

« Qu'aucune action ne peut être intentée contre un exécuteur ou administrateur testamentaire à l'égard d'une promesse faite par lui d'acquitter de ses propres deniers une dette quelconque du testateur; ou contre une personne quelconque à l'égard d'une promesse de se porter garant pour la dette, le défaut ou la mauvaise gestion d'une autre; ou à l'égard de quelque convention faite pour cause de mariage; ou à l'égard de quelque contrat de la vente de terres, ténements ou héritages, ou de quelques droits y relatifs, ou à l'égard de quelque convention qui ne peut être exécutée endéans une année à partir du jour où elle a été faite, à moins que le contrat dont l'exécution est réclamée par ladite action, ou au moins soit quelque projet minuté, soit quelque *memorandum* du contrat, n'ait été fait par écrit et signé par la partie contre laquelle l'exécution est demandée, ou bien par quelque autre personne dûment autorisée par elle à cet effet. »

La dernière phrase de cette section du statut est applicable également à chacune des cinq espèces de contrats y indiqués; aucun d'eux ne peut être l'objet d'une action à moins que la convention ou quelque minute ou *memorandum* de la convention n'ait été faite par écrit et signée par la partie contre laquelle l'exécution est demandée ou par quelque autre personne dûment autorisée par elle à cet effet.

Les tribunaux ont décidé, et cette décision est applicable également aux cinq espèces de contrats, qu'en conséquence de l'interprétation usuelle donnée à l'expression *convention* dans le statut, la cause qui est de l'essence de la convention doit aussi résulter de l'écrit d'une manière manifeste (1).

Il n'est pas nécessaire que le contrat soit rédigé sur une seule pièce; il suffit qu'on puisse découvrir l'obligation de la comparaison des différentes pièces produites, ainsi que nous le verrons en traitant de la 17me section du même statut dans le chapitre suivant (2).

Par la 17e section du même statut, les contrats de vente de marchandises ayant une valeur supérieure à dix livres sterling, doivent aussi être faits par écrit.

Autrefois le contrat par lequel un failli a promis de payer une dette dont il avait été libéré par sa faillite et le concordat, doit être rédigé par écrit (3); mais par un statut récent le créancier ne peut intenter d'action pour réclamer l'exécution d'un contrat de cette nature (4).

Un autre cas à l'égard duquel il existe des dispositions expresses, est celui où un mineur contracte un engagement. Il y a plusieurs obligations qui ne sont pas valables si elles ont été contractées par un mineur, mais qui peuvent être rendues valables si elles sont confirmées par lui quand il a atteint sa majorité. D'après le droit coutumier, cette confirmation pouvait être faite verbalement; mais par statut 9 Georges 4, c. 14, s. 5, aucune action ne peut être intentée contre une personne à l'égard d'une promesse faite après sa majorité, de payer une dette contractée pendant sa minorité, ou à l'égard d'une confirmation donnée après sa majorité, d'une promesse ou d'un contrat simple fait pendant sa minorité, à moins que la promesse ou la confirmation ne soit

---

(1) Wain v. Walters, 5 *East*, 10. Saunders v. Wakefield, 4 *B et A*. 595. Jenkins v. Reynolds, 3 *B. et B.* 14.

(2) Phillimore v. Barry, 1 *Camp.* 515. Jackson v. Lowe, 1 *Bing.* 9.

(3) 5 et 6 Vict., c. 122, s. 43.

(4) 12 et 15 Vict., c. 106, s. 204.

faite par écrit et signée par la personne contre laquelle l'exécution est réclamée (1).

Tels sont les cas les plus importants où le droit anglais exige que le contrat soit fait par écrit. Passons maintenant à l'examen des choses qu'on doit distinguer dans tout simple contrat, dont la première et la plus importante est *la cause*.

SECTION 3. — *De la cause.*

La cause est de l'essence de tout simple contrat : elle est ce qui détermine les parties à s'engager par contrat; il ne faut pas la confondre avec la cause implicite du contrat, autrement le *motif* qui porte à contracter. La cause de l'engagement d'une partie est le fait ou la promesse de l'autre partie : elle ne peut donc consister dans une pure libéralité, car, bien que la loi n'interdise pas absolument de contracter une obligation qui consiste dans une pure libéralité, elle doit être contractée par acte, parce que l'acte étant revêtu de certaines formalités et solennités, a plus de force dans son opération qu'un contrat.

Nous avons dit que la cause est de l'essence du contrat : *nudum pactum est ubi nulla subest causa præter conventionem; sed ubi subest causa fit obligatio et parit actionem.* S'il n'y a pas de cause, on ne peut intenter une action pour réclamer l'exécution de l'obligation qui reste sans effet; *ex nudo pacto non oritur actio.*

La cause doit être *suffisante*. Quant à la question de savoir ce que le droit anglais reconnaît comme une cause suffisante, Blackstone (2), d'après l'ordre suivi par les jurisconsultes qui ont traité du droit romain, divise les causes en quatre espèces : — 1° *do ut des;* comme, par exemple, si je m'oblige de donner

(1) Hartley *v.* Wharton, 11 *Ad. et E.* 954.
(2) BLACKSTONE, *Commentaires*, v. 2, p. 144.

de l'argent ou des marchandises pour être remboursé en argent ou en marchandises; tel est le contrat de prêt; — 2° *facio ut facias;* comme, par exemple, si je conviens de faire l'ouvrage d'une personne et que cette personne convienne de faire le mien; — 3° *facio ut des;* quand je fais quelque chose afin que l'on me donne quelque chose, comme, par exemple, le contrat qui lie le domestique envers le maître; — 4° *do ut facias,* qui est l'inverse du dernier; telle est l'obligation du maître envers le domestique.

Des divisions de cette nature sont utiles pour régler nos idées et en démontrer l'exactitude; la règle qui découle des décisions des cours du droit coutumier (1) et qui paraît être la plus courte et la plus pratique, est celle-ci : il y a une cause suffisante chaque fois que la partie qui s'oblige envers l'autre peut retirer quelque avantage de l'obligation, ou que la partie contraire peut en souffrir quelque perte, quelque embarras ou quelque désavantage, ou contracter de son côté une obligation à faire quelque chose.

Pourvu qu'il existe quelque avantage pour un des contractants ou qu'une perte, un embarras ou un désavantage lui soit imposé, les tribunaux refusent généralement d'examiner si la cause n'est pas trop disproportionnelle à la chose qui devait être donnée en échange (2). Une disproportion très-grande et manifeste peut être un indice de dol, et l'exécution du contrat est refusée en cas de dol.

Il n'y a qu'une seule exception à la règle qui veut qu'une cause existe pour la validité d'un simple contrat. Cette exception a rapport aux lettres de change et aux billets à ordre qui n'étant autre chose que des obligations non scellées, sont

(1) Williamson *v.* Clement, 1 *Taunt.* 523. Willatts *v.* Kennedy, 8 *Bing.* 8. Bunn *v.* Guy, 4 *East,* 194.

(2) Bainbridge *v.* Firmston, 10 *Ad. et Ell.* 309; Wilkinson *v.* Oliveira, 1 *Bing. N. C.* 490.

14

considérés comme simples contrats ; néanmoins ils sont toujours regardés comme donnés pour une cause suffisante tant que le contraire n'est pas prouvé (1). Bien encore que le contraire soit prouvé, si le porteur a acquis la lettre de change à titre onéreux en donnant la valeur, la loi ne permet pas de le dépouiller de ses droits, même en prouvant que son cédant ne pouvait intenter d'action y relative ; mais il en sera autrement, s'il est prouvé en outre qu'il avait connaissance des faits, ou qu'il a acquis la lettre de change après l'échéance, parce qu'en ce dernier cas il est placé dans la même condition que son cédant.

En outre, les jurisconsultes anglais distinguent les causes qui sont exécutées et celles qui sont exécutoires. Une cause *exécutée* est quelque chose qui a eu lieu déjà, une cause *exécutoire* est quelque chose qui doit encore avoir lieu ; l'une est passée, l'autre est future. A l'égard des causes passées et futures, la loi crée cette distinction qu'une cause exécutée doit être fondée sur une demande préalable faite à la partie promettante ; mais dans une cause exécutoire les termes eux-mêmes impliquent une demande, et il n'est pas besoin que cette demande soit prouvée.

Si la demande sur laquelle la cause exécutée est fondée, peut être prouvée, la cause suffit pour que l'obligation soit valable ; mais si on ne peut prouver la demande, la loi la sous-entendra en certaines circonstances telles que les suivantes :

1° Quand la partie en faveur de laquelle la stipulation a lieu s'oblige à faire, à la décharge de l'autre partie, ce que celle-ci était obligée et aurait même pu être contrainte de faire (2).

Par exemple, Pierre doit à Joseph une certaine somme d'ar-

(1) Byles, *Treatise on Bills*, p. 72. Voyez ci-après chapitre XIV.

(2) Jeffreys *v.* Gurr, 2 *B. et Ad.* 833 ; Pownall *v.* Ferrand, 6 *B et C.* 459 ; Exall *v.* Partridge, 8 *B. et C.* 308 ; Grissell *v.* Robinson, 3 *Bing. N. C.* 15.

gent, et Charles est son garant; or, si Charles est forcé de payer, la loi suppose qu'une demande a été faite par Pierre à Charles à cet effet, et sous-entend de plus que Pierre s'est engagé vis-à-vis Charles à l'indemniser.

2° Quand la cause consiste en une chose qui a été remise à celui qui promet et dont ce dernier a eu la jouissance (1).

Par exemple, Pierre achète des marchandises pour compte de Joseph sans l'assentiment de celui-ci, Joseph peut, s'il le juge convenable, refuser de reconnaître toute la transaction; mais, si au lieu d'agir ainsi, il reçoit les marchandises et en prend possession, la loi suppose que Joseph a chargé Pierre de les lui acheter et sous-entend nécessairement une promesse faite par Joseph de rembourser Pierre.

3° Quand celui-ci à qui la promesse est donnée a fait volontairement ce que la personne promettante aurait dû faire et pouvait avoir été contrainte de faire (2).

Ainsi, Pierre doit à Joseph cinquante livres sterling et Charles acquitte cette somme pour lui. Or, si Pierre promet de rembourser Charles, la loi suppose que le paiement a été effectué par Charles à la demande de Pierre. Mais dans cette dernière classe il faut observer que la promesse doit être expresse; car, ici, la loi ne sous-entend pas de promesse comme dans les deux classes précédentes. Ainsi, si Joseph répond pour Pierre et qu'il soit forcé de payer la dette de ce dernier, la loi suppose que Pierre a prié Joseph de la payer pour lui et qu'il y a promesse de la part de Pierre de rembourser Joseph. Mais si Joseph n'a pas répondu pour Pierre et qu'il paie de son propre chef la dette de Pierre, la loi ne suppose ni promesse ni demande, car nul ne peut faire d'autrui son débiteur en payant sa créance malgré lui.

(1) Fishmongers' Company v. Robertson, 5 *M.* et *G.* 192.
(2) Wing v. Mill, 1 *B.* et *A.* 104. Kaye v. Dutton, 7 *M.* et *Gr.* 807.

La cause doit être licite; *ex turpi causâ non oritur actio.*
La cause est illicite quand elle est prohibée par le droit coutumier ou par le droit écrit.

I. Un contrat, pour être légal d'après le droit coutumier, doit avoir une cause licite. Est illicite toute clause contraire aux bonnes mœurs, opposée à l'ordre public, ou entachée de dol.

1° Ainsi, par exemple, les tribunaux ont décidé qu'un marchand de gravures ne pouvait intenter une action pour réclamer le prix de la vente de gravures ou de libelles calomnieux (1). Sont nulles de même les conventions ayant pour but la prostitution ou une cohabitation illicite (2).

2° Toute convention faite pour la cession d'un office public non transmissible est sans effet, comme opposée à l'ordre public (3). Il en est de même à l'égard des conventions tendant à empêcher soit le commerce (4), soit le mariage (5), soit l'exercice de la justice (6).

3° Lorsqu'une partie a été circonvenue par le dol de l'autre, le contrat est vicié (7). Le dol peut se commettre au moyen de dissimulation (8) et de réticence (9), comme au moyen de manœu-

(1) Fores *v.* Johnes, 4 *Esp.* 97.

(2) Smyth *v.* Griffin, 14 *Law Journ.* L. C. 28.

(3) Blachford *v.* Preston, 8 *T. R.* 89.

(4) Horner *v.* Ashford, 5 *Bing.* 328; Mallan *v.* May, 11 *M. et W.* 653. Voyez ci-après titre « Des Commerçants et des Sociétés commerciales. »

(5) Lowe *v.* Peers, 4 *Burr.* 2225; Hindley *v.* Marquis of Westmeath, 6 *B. et C.* 200.

(6) Collins *v.* Blantern, 2 *Wels.* 341; Unwin *v.* Leader, 1 *M. et Gr.* 747; Coppock *v.* Bower, 4 *M. et W.* 361.

(7) Edwards *v.* Brown, 1 *C. et J.* 307; Gall *v.* Williamson, 8 *M. et W.* 405.

(8) Ormod *v.* Huth, 14 *M. et W.* 651; Humphreys *v.* Pratt, 5 *Bligh*, N. S. 154.

(9) Railton *v.* Matthews, 10 *Cl. et Fin.* 934.

vres extérieures; la question de savoir si la manœuvre pratiquée était de l'essence du contrat, est laissée à l'appréciation du jury. Un simple mensonge ne constitue le dol que rarement, parce que la partie contractante pouvait avec une sagacité ordinaire découvrir la fraude, et *vigilantibus non dormientibus jura subveniunt.* Il paraît aussi, d'après les décisions des tribunaux, que la dissimulation peut consister soit dans l'affirmation d'une chose que l'affirmant savait être fausse (1), soit dans l'affirmation d'une chose qu'il ne savait pas être vraie ou non, pourvu que les faits aient été déguisés (2).

II. Un contrat est encore illégal, lorsqu'il contrevient aux dispositions de quelque statut du Parlement.

1° Le contrat peut être invalidé pour cause de contravention aux statuts relatifs à l'usure.

Par le statut 12 Anne, stat. 2, c. 16, la perception d'intérêts au-dessus de cinq pour cent est prohibée, et toute convention contraire est déclarée nulle de plein droit. Tous les moyens possibles ont été mis en pratique pour éluder ce statut; mais dans l'application de la loi, les tribunaux ont décidé qu'aucun contrat ne peut être valable si la partie contractante est obligée à payer, par quelque moyen que ce soit, des intérêts excédant le taux légal (3).

Les restrictions portées dans ce statut ont été modérées dans certains cas par les dispositions du statut 2 et 3 Vict., c. 37. Ce statut n'avait force de loi que pour un an; mais il a été prorogé par divers statuts subséquents et a force de loi aujourd'hui. Par ce statut, il est ordonné qu'aucun billet à ordre ou

(1) Lindenau v. Desborough, 8 *B. et C.* 586.

(2) Haycraft v. Creasy, 2 *East,* 92. STORY, *Equit. Jurispr.* v. I, p. 166.

(3) Wright v. Wright, 3 *B. et C.* 272; Wood v. Grimwood, 10 *B. et C.* 689; Downes v. Green, 12 *M. et W.* 490.

lettre de change dont le paiement est exigible endéans douze mois à partir de sa date, ou aucun contrat du prêt à intérêt d'une somme d'argent au-dessus de dix livres sterling (250 fr.) ne sera nul à raison de la loi relative aux contrats usuraires; néanmoins il a été déclaré également que le statut ne s'étend pas aux emprunts faits sur terres, ténements ou héritages quelconques, ni sur aucuns droits ou intérêts y relatifs (1).

2° Nous en trouverons un autre exemple dans deux statuts relatifs au jeu et au pari. Le premier statut est le statut 16 Charles 2, c. 7, d'après lequel celui qui, au jeu ou dans un passe-temps quelconque, ou en pariant à propos du jeu d'un autre, vient à perdre plus de cent livres sterling (2,500 fr.) à crédit, ne peut être contraint au paiement, et toute obligation contractée par lui à cet effet est nulle.

Ce statut fut suivi du statut 9 Anne, c. 14; et par la première section de ce dernier, il est ordonné que toutes les obligations relatives à toute somme d'argent ou à tout objet précieux gagné soit au jeu de cartes, de dés, de boules, soit de tout autre jeu, ou par pari fait à propos du jeu d'un autre, ou relatives à toute somme d'argent prêtée aux joueurs, sont nulles de plein droit. Par la seconde section, celui qui perd en une seule séance la somme de dix livres sterling (250 fr.) et au-dessus, peut la réclamer endéans trois mois; et s'il ne la réclame pas, toute autre personne peut réclamer du gagnant la somme perdue, plus trois fois cette somme, moitié pour lui-même, moitié au profit des pauvres de la paroisse (2).

Les courses aux chevaux se trouvaient comprises dans la

---

(1) Hodgkinson v. Wyatt, 4 *Q. B.* 749; Doe d. Haughton v. King, 11 *M. et W.* 55; Bell v. Coleman, 5 *Jur.* 974.

(2) Sigel v. Jebb, 3 *Stark.* 1; Brogden v. Marriott, 3 *Bing. N. C.* 88; M'Kennell v. Robinson, 5 *M. et W.* 454.

lettre du statut ci-dessus indiqué (1) ; le statut 13 Georges 2, c. 19, autorisa certaines courses aux chevaux et fut suivi du statut 18 Georges 2, c. 34; par la 11ᵐᵉ section de ce dernier statut, furent autorisées les courses aux chevaux pour un prix de la valeur de 50 livres sterling et au-dessus (2).

Quant aux paris, ils sont prohibés aujourd'hui par les dispositions du statut 8 et 9 Vict., c. 109, s. 18, qui ordonne que tout contrat ou convention soit par écrit, soit fait verbalement, relatif au jeu ou au pari, est nul de plein droit, et aucune action ne peut être intentée ou maintenue devant les cours du droit coutumier ou d'équité pour réclamer le paiement d'une somme d'argent ou d'un objet de valeur que l'on prétend avoir été gagné par pari, ou qui a été déposé entre les mains d'un tiers pour attendre l'événement dont dépend le pari.

Il y a encore une autre espèce de pari qui est illicite d'après la loi écrite, c'est le pari sous la forme d'une police d'assurance. Une police d'assurance est un contrat par lequel une partie s'oblige moyennant un prix convenu à répondre envers l'autre du dommage que pourraient lui causer certains cas fortuits auxquels elle est exposée. Les assurances sur les navires, sur la vie d'un individu et contre l'incendie, sont les plus ordinaires; mais quoique ces assurances puissent produire de grands avantages à la société en général, elles peuvent être appliquées à de mauvaises fins et faire naître une occasion de spéculation. Pour empêcher cet abus, le statut 14 Georges 3, c. 48, défend à tout individu d'assurer contre un événement dans lequel il n'a pas d'intérêt; et s'il y a un intérêt, mais inférieur à la valeur de la somme assurée, il ne peut réclamer le paiement d'une somme

(1) Goodburn *v.* Marley, *Str.* 1159.

(2) Evans *v.* Pratt, 3 *M. et Gr.* 759; Applegarth *v.* Colley, 10 *M. et W.* 723.

excédant le montant de son intérêt. Ce statut est applicable à toute espèce d'assurances, à l'exception des assurances maritimes; ces dernières sont réglées par le statut 19 Georges 3, c. 37, qui porte une prohibition semblable.

3° Le dernier exemple que nous citerons se trouve dans le statut contre l'agiotage. Le statut 7 Georges 2, c. 8, ayant été prorogé, est déclaré perpétuel par le statut c. 8 de la 10me année du même règne : ces statuts déclarent nul tout contrat de la nature du pari relatif à la hausse et à la baisse des fonds et des effets publics; aucune action ne peut même être intentée pour réclamer le paiement des primes payées sur ces contrats. Dans l'interprétation de ce statut, les tribunaux avaient décidé qu'il n'est applicable qu'aux fonds et aux effets publics de la Grande-Bretagne, et ne s'étend pas aux fonds et aux effets étrangers (1), mais aujourd'hui un contrat de la nature du pari relatif aux fonds étrangers, est nul en vertu des dispositions de la 18me section du statut 8 et 9 Vict., c. 109 ci-dessus mentionnées.

SECTION 4. — *Des parties contractantes.*

Nous avons indiqué les diverses espèces de contrats, la cause nécessaire pour les rendre valables et l'effet d'une illégalité dans la cause; examinons maintenant une autre condition essentielle à la validité d'un contrat. Cette condition a rapport à la capacité des parties contractantes, et peut être envisagée sous deux points de vue :

1° A l'égard de la capacité absolue des parties;

2° A l'égard de leur capacité relative.

I. On a pour règle générale que tout individu est capable de contracter, pourvu que le contrat ne soit pas illicite; mais il

(1) Wells *v.* Porter, 2 *Bing. N. C.* 722 ; Oakley *v.* Rigby, 2 *Bing. N. C.* 752 ; Robson *v.* Fallows, 3 *Bing. N. C.* 592.

existe quelques cas où un contrat qui aurait été valable, s'il avait été passé par un individu, se trouve nul s'il est passé par un autre, parce que ce dernier peut appartenir à une catégorie d'individus incapables d'une manière absolue, ou incapables seulement de contracter cette obligation particulière.

1° L'enfant n'est pas placé dans un état d'incapacité complète. Ainsi il peut s'obliger relativement aux choses nécessaires aux besoins de la vie, mais non par aucune autre obligation. La question de savoir quelles choses peuvent être regardées comme nécessaires, est soumise à l'appréciation du jury, parce que ce qui peut être une dépense nécessaire aux besoins de la vie d'une personne, peut être une dépense de luxe pour une autre. Dans une affaire récente (1) portée devant la Cour de l'Échiquier, les juges émirent l'opinion que les choses nécessaires aux besoins de la vie renferment toutes les choses convenables au rang et à l'état du mineur.

Mais le mineur ne peut faire de commerce, et par une conséquence nécessaire, il ne peut contracter aucune espèce d'obligation y relative (2); par exemple, il ne peut s'obliger par une lettre de change, laquelle est un contrat essentiellement commercial (3). Toutefois, bien que l'enfant ne puisse s'obliger par contrat, les personnes capables de s'engager avec lesquelles il a contracté, ne peuvent opposer l'incapacité du mineur; la personne capable se trouve obligée envers le mineur, bien que celui-ci ne soit pas obligé envers elle, parce que la minorité est un privilége personnel dont personne ne peut profiter sinon l'enfant lui-même (4).

(1) Peters *v.* Flemyng, 6 *M. et W.* 42.

(2) Whywell *v.* Champion, *Str.* 1085 ; Goode *v.* Harrison 5 *B. e Ald.* 147.

(3) Williams *v.* Harrison, *Carth.* 160 ; Williamson *v.* Watts, 1 *Camp.* 552.

(4) Bacon, *Abridgment,* tit. « Infancy », I, 4.

2° Une femme mariée ne peut contracter valablement parce que, aux yeux de la loi, le mari et la femme ne forment qu'une seule personne (1). Mais il existe quelques exceptions à cette règle générale. Ainsi, si son mari est mort civilement, comme, par exemple, s'il est condamné à la déportation, la femme peut contracter valablement, parce que son mari ne peut contracter pour elle (2). Il en sera de même si une femme anglaise se marie avec un étranger ennemi (3); il est à remarquer, comme nous le verrons ci-après, que d'après la coutume de la Cité de Londres, une femme mariée peut y exercer un commerce (4).

II. A l'égard des personnes qui se trouvent dans un état de démence, la loi paraît être un peu incertaine; mais la jurisprudence nous semble avoir admis ce principe, qu'un homme qui n'est pas sain d'esprit, peut être contraint à l'exécution d'un contrat passé par lui pour les choses nécessaires à son état, si le créancier n'avait pas connaissance de la folie et a agi sans fraude (5). D'un autre côté, il paraît être douteux de savoir si un homme en démence peut être tenu responsable à l'égard d'un contrat exécuté (6) fait avec une personne qui avait connaissance de la folie, mais qui n'a pas profité de cette connaissance pour le tromper; nous pensons en tout cas qu'il est incontestable qu'un individu frappé de folie, ne peut être passible de l'exécution de quelque contrat exécutoire (7).

Il est évident que l'ivresse, lorsqu'elle va jusqu'au point de faire perdre l'usage de la raison, rend la personne qui est

(1) Marshall v. Rutton, 8 T. R. 545; Lewis v. Lee, 3 B. et C. 291.
(2) Marsh v. Hutchinson, 2 B. et P. 231.
(3) Barden v. Keverberg, 2 M. et W. 65.
(4) Beard v. Webb, 2 B. et P. 93.
(5) Baxter v. Earl of Portsmouth, 5 B. et C. 170; Brown v. Joddrell, M. et M. 105; Wentworth v. Tubb, 1 Y. et C. N. C. 171.
(6) Pour la définition d'un contrat exécuté voyez p. 96, note (1).
(7) Alcock v. Alcock, 3 M. et Gr. 268.

en cet état, pendant qu'il dure, incapable de contracter, puisqu'elle la rend incapable de consentement (1).

Nous avons vu que les étrangers ennemis ne peuvent contracter (2). Tous les contrats passés par eux en temps de guerre sont nuls; mais si le contrat a été fait par un étranger ami, qui devient étranger ennemi à raison de la déclaration de guerre faite postérieurement à la passation du contrat, son droit de réclamer l'exécution n'est pas anéanti par la guerre, mais seulement suspendu jusqu'au retour de la paix (3).

Les proscrits et les personnes condamnées pour crime ne peuvent pas réclamer l'exécution des contrats faits avec eux. Cependant ils peuvent être contraints à l'exécution des contrats faits par eux durant le temps qu'ils sont dans cette condition (4).

Enfin, les corporations de personnes civiles ne peuvent contracter que par le ministère de leurs administrateurs ou sous le sceau de la corporation (5), comme nous le verrons ci-après.

SECTION 5. — *De l'interprétation des contrats.*

« On doit dans les conventions, » dit Pothier, « rechercher » quelle a été la commune intention des parties contractantes » plus que le sens grammatical des termes (6). » Cette règle a été adoptée par les cours du droit coutumier en Angleterre; cependant une autre règle semble découler aussi de ces décisions : les expressions doivent être prises dans leur sens littéral et primitif, à moins qu'il ne paraisse, d'après l'ensemble du contrat

(1) Gore *v.* Gibson, 13 *M. et* W. 623.

(2) British Linen Company *v.* Drummond, 10 *B. et C.* 903. Voyez ci-dessus, page 26.

(3) Flindt *v.* Waters, 15 *East*, 260.

(4) Bullock *v.* Dobbs, 2 *B. et A.* 250 ; Macdonald *v.* Ramsey, *Foster, C. L.* 61.

(5) Charlton *v.* Mayor, etc., of Ludlow, 6 *M. et* W. 815.

(6) POTHIER, partie 1, c. 1, art. 7.

ou d'après l'intention des parties, qu'elles doivent être prises dans un sens particulier, et à moins encore que, d'après le sens littéral, elles ne puissent produire d'effet. Néanmoins la preuve testimoniale peut toujours être admise pour prouver qu'une expression est susceptible d'une interprétation particulière dans le lieu où le contrat est passé, ou d'après l'usage des commerçants (1).

Suivant cette dernière règle, les contrats relatifs au commerce doivent être interprétés d'après l'usage du commerce auquel ils ont rapport. L'usage est d'une si grande autorité pour l'interprétation de ce genre de conventions, qu'on doit sous-entendre dans la convention les clauses qui y sont d'usage, quoiqu'elles ne soient pas exprimées.

Les règles ci-dessus énoncées serviront à l'interprétation de la plupart des contrats, mais si les termes sont ambigus et obscurs, on doit recourir en dernier ressort à la règle que la convention s'interprète contre celui qui a stipulé et en faveur de celui qui a contracté l'obligation.

Les règles pour l'interprétation des contrats sont exigées principalement quand l'obligation est conditionnelle, c'est-à-dire quand l'exécution dépend d'un événement futur et incertain. Ces conditions doivent être accomplies de la manière que les parties ont vraisemblablement voulu et entendu qu'elles le fussent.

Nos limites ne nous permettent point de nous étendre plus longuement sur ce sujet; nous ajouterons seulement en conclusion quelques mots à l'égard des conséquences qui résultent de l'inexécution de l'obligation.

SECTION 6. — *Des conséquences résultant de l'inexécution de l'obligation.*

Si la partie qui s'oblige est en demeure de remplir son obliga-

(1) Mallan *v.* May, 13 *M. et W.* 517.

tion, elle peut être contrainte par les cours d'équité. Les cours du droit coutumier n'ont pas le même pouvoir en ce qui concerne l'exécution, mais le créancier peut devant elles intenter contre le débiteur en cas d'inexécution, soit une action *de dette*, soit une action se résumant en dommages-intérêts.

Une action *de dette* peut être entamée toutes les fois qu'il y a une obligation pécuniaire à charge du débiteur, pourvu que le montant de la créance soit précis et spécifié. Mais si l'exécution du contrat ne dépend pas du paiement d'une somme précise et spécifiée, le créancier doit poursuivre son débiteur en paiement de dommages-intérêts, dont la mesure et le montant sont soumis à l'appréciation du jury.

Quant au délai endéans lequel les poursuites contre le débiteur doivent être entamées, nous l'examinerons ci-après quand nous parlerons de la prescription.

CHAPITRE DIXIÈME.

DE LA VENTE.

SECTION 1. — *De la nature et de la forme de la vente.*

La vente est un contrat par lequel l'une des parties s'oblige de transmettre à l'autre une chose moyennant une somme d'argent; en un mot, la vente est un échange dans lequel il faut que l'une des deux choses à échanger soit une somme d'argent. A l'exception de ceci, il n'y a pas de différence entre le contrat de vente et le contrat d'échange.

Toute personne saisie de biens réels ou personnels de son propre chef, peut en disposer par la vente, à moins qu'elle ne soit incapable de contracter. Cependant celui dont le créancier a saisi les biens personnels ne peut plus les vendre du jour où un exploit de la saisie-exécution a été remis au shérif (1). En général, toute personne peut se rendre acquéreur, à l'exception des individus qui sont tenus par devoir de veiller à ce que les biens vendus soient portés au prix le plus élevé. Ainsi ne peuvent se rendre acquéreurs : — les fidéicommissaires, des biens de ceux dont ils ont le fidéicommis; — les mandataires, des biens qu'ils sont

---

(1) En Angleterre, l'exécution des jugements est confiée aux shérifs des comtés dans lesquels les biens sont situés. Il n'est pas nécessaire de notifier le jugement au débiteur, ni de lui faire commandement avant la saisie.

chargés de vendre; — les commissaires et les syndics d'une faillite, des biens appartenant au failli ; — etc.

Le contrat peut être fait entre les parties, par écrit ou même verbalement.

Si des biens réels forment l'objet du contrat, la vente doit être constatée par écrit signé par les parties contractantes, contenant les conditions de la convention, le prix de la vente et les noms des parties. Ces conditions sont exigées par le statut 29 Charles 2, c. 3, s. 4, qui ordonne que l'exécution d'un contrat de vente de terres, de ténements ou d'héritages, ou de quelque intérêt dans ceux-ci, ne peut être demandée par action, à moins que le contrat, ou quelque projet minuté, ou quelque *memorandum* du contrat, n'ait été fait par écrit et signé par la partie contre laquelle l'exécution est demandée, ou bien par quelque autre personne dûment autorisée par elle à cet effet.

D'après le droit coutumier, la vente de marchandises et de toute autre espèce de *chattels* personnels pouvait être faite verbalement si le contrat devait être exécuté *in præsenti* et qu'il fût accompagné du paiement ou de l'offre de paiement du prix entier ou d'une partie du prix à compte ou à titre d'arrhes. La vente pouvait aussi être faite verbalement au moyen d'un contrat exécutoire et qui n'aurait d'effet qu'*in futuro*. Cette condition suspensive d'exécution du contrat peut se rapporter soit au paiement du prix, soit à la livraison des choses vendues, soit à l'égard de l'un et de l'autre; mais, dans tous ces cas, on décide, quand il ne reste rien à faire au vendeur à l'égard de l'acheteur entre la vente et la livraison, que la propriété des marchandises est dévolue à l'acheteur au moment de la vente, et la propriété du prix au vendeur (1). Mais s'il reste au vendeur quelque chose

(1) Tarling *v.* Baxter, 6 *B. et C.* 564 ; Phillimore *v.* Barry, 1 *Camp.* 513; Elmore *v.* Stone, 1 *Taunt.* 458; Fragano *v.* Long, 4 *B. et C.* 219; Tansley *v.* Turner, 2 *Bing. N. C.* 151.

à faire, la propriété n'est pas acquise par l'acheteur avant que cette chose ne soit faite (1). Il faut observer qu'aussitôt que la propriété des marchandises est acquise à l'acheteur, elles sont à ses risques et périls (2).

Telles sont les dispositions du droit coutumier à l'égard de la vente des marchandises et d'autres espèces de *chattels* personnels; telle est aussi la législation actuelle à l'égard de la vente de ces *chattels* dans tous les cas où le prix de la vente est au-dessous de 10 livres sterling (250 fr.). Cependant on ne peut intenter une action à raison de l'inexécution d'un contrat de vente, pour marchandises d'une valeur inférieure à 10 livres sterling s'il y a dans le contrat une condition qui retarde son exécution pendant un an ou plus, à moins que le contrat ou quelque minute ou *memorandum* du contrat n'ait été fait par écrit et signé par la partie contractante contre laquelle l'action est intentée, ou par quelque personne dûment autorisée par elle à cet effet (3).

A l'égard des contrats de la vente de *chattels* personnels d'une valeur de 10 livres sterling et au-dessus, il est ordonné par le statut 29 .Charles 2, c. 3 , s. 17, qu'aucun contrat pour la vente de meubles , denrées et marchandises où le prix de la vente s'élève à 10 livres sterling et au-dessus, n'est valable, à moins que l'acheteur n'ait reçu une partie des choses vendues, ou qu'une partie du prix ou des arrhes n'aient été donnés par l'acheteur; ou enfin, à moins qu'une minute ou *memorandum* de la convention entre les parties ne soit jointe par écrit et signée par les parties contractantes, contre lesquelles l'exécution

(1) Hanson *v.* Meyer, 6 *East*, 614; Zagury *v.* Furnell, 2 *Camp.* 240; Withers *v.* Lys, 4 *Camp.* 257; Wallace *v.* Breeds, 13 *East,* 522; Simmons *v.* Swift, 5 *B. et C.* 864; Gillett *v.* Hill, 4 *Tyrwh.* 290.

(2) Alexander *v.* Gardner, 1 *Bing. N. C.* 677.

(3) 29 Charles 2, c. 3, s. 4. Voyez ci-dessus p. 102.

est demandée, ou par quelque autre personne dûment autorisée par elles à cet effet.

Relativement à l'interprétation des dispositions du statut que nous venons d'énoncer, les tribunaux distinguaient autrefois les cas où l'objet du contrat était en état d'être délivré au moment de la vente, et les cas où quelque chose restait à faire avant qu'il fût en état d'être délivré. Ces premiers ont toujours été regardés comme tombant sous l'application du statut, mais à l'égard des derniers, la jurisprudence a hésité longtemps (1). En conséquence il fallut encore recourir au Parlement, et par le statut 9 Geo. 4, c. 14, s. 7, il fut ordonné que les dispositions de la section 17 du statut 29 Charles 2, c. 3, s'étendraient à tous les contrats pour la vente de marchandises de la valeur de 10 livres sterling et au-dessus, quand même les parties contractantes ne se proposeraient de délivrer ces marchandises que *in futuro*, ou quand même les marchandises ne seraient pas fabriquées ou acquises par le vendeur au moment de la vente, ou ne seraient pas en état d'être délivrées à l'acquéreur.

Quant à la minute de la vente, les tribunaux ont décidé qu'il suffisait qu'on pût découvrir le contrat dans différentes pièces distinctes, pourvu qu'elles eussent suffisamment rapport les uns aux autres (2). Cependant le rapport entre les pièces doit résulter des pièces elles-mêmes, et il ne peut être déduit par des preuves extrinsèques (3). Ainsi le contrat peut être prouvé par des lettres émanant des parties contractantes, ou par quelque autre écriture qui contienne une promesse et une acceptation. Les tribunaux ont aussi décidé que la minute

(1) Garbutt *v.* Watson, 5 *B. et A.* 613; Smith *v.* Surman, 9 *B. et C.* 568; Cooper *v.* Elston, 7 *T. R.* 14; Groves *v.* Buck, 3 *M. et S.* 178; Watts *v.* Freend, 10 *B. et C.* 446; Pinner *v.* Arnold, 2 *C. M. et R.* 613.

(2) Phillimore *v.* Barry, 1 *Camp.* 513; Jackson *v.* Lowe, 1 *Bing.* 9; Saunderson *v.* Jackson, 2 *B. et P.* 238; Allen *v.* Bennet, 3 *Taunt.* 169.

(3) Boydell *v.* Drummond, 11 *East*, 142.

doit indiquer les noms des parties qui s'obligent, et le prix de la vente, si le prix a été convenu (1).

La minute doit être signée par la partie contractante (2) contre laquelle l'action est intentée en cas d'inexécution du contrat, ou par son agent dûment autorisé à cet effet. Cette autorisation n'a pas besoin d'être donnée par écrit (3); une ratification suffit (4); mais les tribunaux ont décidé qu'une des parties contractantes ne peut agir comme fondée de procuration de l'autre (5). Néanmoins un courtier est l'agent des deux parties (6), et il oblige l'une envers l'autre au moyen des bordereaux de la vente envoyés aux deux parties. Ces bordereaux qui sont les copies des conditions de la vente inscrites sur son carnet, constituent le contrat entre les parties (7).

Section 2. — Des obligations du vendeur.

Deux obligations principales incombent au vendeur : celle de

(1) Elmore *v.* Kingscote, 5 *B. et C.* 583; Kain *v.* Old, 2 *B. et C.* 627; Champion *v.* Plummer, 1 *N. R.* 252; Laythroap *v.* Bryant, 2 *Bing. N. C.* 735; Acebal *v.* Levy, 10 *Bing.* 383.

(2) Il suffit pour obliger le vendeur, que son nom soit imprimé à la tête de la facture envoyée par lui. Voyez : Saunderson *v.* Jackson, 2 *B. et P.* 238; Schneider *v.* Norris, 2 *M. et S.* 286; Johnson *v.* Dodgson, 2 *Mee. et W.* 653.

(3) Rucker *v.* Cammeyer, 1 *Esp.* 106; Chapman *v.* Partridge, 5 *Esp.* 256.

(4) Maclean *v.* Dunn, 4 *Bing.* 722; Soames *v.* Spencer, 1 *D. et R.* 32.

(5) Wright *v.* Dannah, 2 *Camp.* 203; Farebrother *v.* Simmons, 5 *B. et A.* 333; Rayner *v.* Linthorn, 1 *R. et M.* 525.

(6) Hinde *v.* Whitehouse, 7 *East,* 569; Rucker *v.* Cammeyer, 1 *Esp.* 106.

(7) Thornton *v.* Meux, 1 *M. et M.* 43; Cumming *v.* Roebuck, 1 *Holt,* 172; Goom *v.* Affalo, 6. *B et C.* 117; Short *v.* Spackman, 2 *B. et Ad.* 962; Hawes *v.* Foster, 1 *M. et Rob.* 374. Thornton *v.* Charlos, 9 *M. et W.* 809.

délivrer la chose qu'il vend, au temps et de la manière convenus, et celle de la garantir s'il y a lieu.

Le vendeur n'est pas tenu de délivrer la chose, à moins que l'acheteur n'en offre le prix, pourvu que le vendeur ne lui ait pas accordé de délai pour le paiement. Mais s'il a été convenu entre les parties que la vente a lieu à crédit, le vendeur est tenu d'en faire livraison (1), même si le prix n'en a pas été offert; et s'il est en demeure de remplir son obligation, il peut être condamné au paiement de dommages-intérêts, à raison du retard dans l'exécution ou à raison de l'inexécution, toutes les fois qu'il ne justifie pas que l'inexécution provient d'une cause étrangère à sa volonté, encore qu'il n'y ait aucune mauvaise foi de sa part. L'acheteur peut aussi contraindre, par une action en *trover*, le vendeur à livrer les marchandises achetées.

Le vendeur est tenu de la garantie de la chose qu'il vend, à moins qu'il n'ait été stipulé qu'il serait dispensé de toute garantie. Cette garantie peut être expresse, ou elle peut résulter de la nature de la vente. Quand la vente a pour objet une marchandise quelconque, la vente est censée effectuée d'après l'usage spécial du commerce de cette marchandise (2); en conséquence, si le vendeur est, d'après cet usage, soumis à une garantie, même quand elle n'a pas été stipulée expressément, la garantie est toujours regardée comme sous-entendue, à moins de stipulation contraire.

Toute déclaration faite au moment de la vente de *chattels* personnels, est regardée comme une garantie, si elle a été faite dans cette intention (3).

(1) Martindale *v.* Smith, 1 *Q. B.* 389.
(2) Jones *v.* Bowden, 4 *Taunt.* 847.
(3) Helyer *v.* Hawke, 5 *Esp.* 72; Richardson *v.* Brown, 1 *Bing.* 344; Button *v.* Corder, 7 *Taunt.* 405; Liddard *v.* Kain, 2 *Bing.* 183;

SECTION 3. — *Des obligations de l'acheteur.*

Les obligations de l'acheteur sont de recevoir la chose vendue, et d'en payer le prix. S'il refuse de la recevoir, et si le vendeur a rempli toutes les obligations qui lui incombent, le vendeur a le droit de demander contre l'acheteur des dommages-intérêts (1); or, si la propriété a été acquise par l'acheteur, il peut être poursuivi en paiement du prix (2).

Si les parties contractantes sont convenues que la chose qui forme l'objet du contrat sera délivrée dans tel lieu déterminé, le vendeur doit offrir la chose en ce lieu, avant d'entamer des poursuites contre l'acheteur. Mais si le lieu de la livraison n'a pas été spécifié, l'enlèvement des marchandises est à la charge de l'acheteur (3).

Si la qualité des marchandises délivrées se trouve inférieure à celle qui a été stipulée, ou si elle n'est pas conforme aux conditions du contrat, l'acheteur peut demander la rescision de la vente, même s'il a fait usage d'une partie des marchandises; en ce cas, il doit payer le prix de celles qu'il aura consommées (4).

Shepherd v. Kain, 5 *B. et A.* 240; Powell v. Horton, 2 *Bing. N. C.* 668 ; Power v. Barham, 4 *A. et E.* 473.

(1) Boorman v. Nash, 9 *B. et C.* 145; Greaves v. Ashlin, 3 *Camp.* 426; Boyce v. Warburton, 2 *Camp.* 480; Spaeth v. Hare, 9 *M. et W.* 527.

Les dommages-intérêts sont réglés d'après le prix porté sur le contrat, ou d'après le cours du marché au moment où le vendeur fait offre des marchandises à l'acheteur. Philpotts v. Evans, 5 *M. et W.* 475.

(2) Hill v. Perrott, 3 *Taunt.* 274; Lucas v. Godwin, 3 *Bing. N. C.* 741.

(3) Glazebrouk v. Woodrow, 8 *T. R.* 366; Jones v. Berkeley, *Dougl.* 687; Rawson v. Johnson, 2 *East,* 203.

(4) Farnsworth v. Gerrard, 1 *Camp.* 58; Basten v. Butter, 7 *East,*

SECTION 4. — *De l'opposition en transit.*

Outre le recours aux tribunaux ouvert à tout vendeur contre l'acheteur pour le prix de la vente, les commerçants jouissent d'une protection particulière accordée par le droit coutumier aux contrats portant achat et vente de marchandises. On l'appelle, l'opposition en transit (*stoppage* in transitu.)

Quand les marchandises vendues à crédit sont expédiées par un commerçant à un autre, il arrive quelquefois que le consignataire est tombé en faillite, ou est devenu insolvable (1) pendant le transport et avant la livraison des marchandises entre les mains du consignataire. Pour empêcher la perte qui pourrait en résulter, la loi permet dans ces cas au vendeur d'en réclamer la possession, en s'opposant à la livraison pendant le passage. Que l'exercice de ce droit opère la rescision du contrat de vente fait entre le consignateur et le consignataire, c'est là une question douteuse (2). La jurisprudence incline à décider la négative : les tribunaux ont jugé que le paiement d'une partie du prix ou l'acceptation par le consignataire d'une lettre de change pour le prix entier ne prive pas le vendeur du droit d'opposition, si le consignataire est tombé en faillite avant que le restant du

484 ; Okell *v.* Smith, 1 *Stark.* 107 ; Allen *v.* Cameron, 1 *Cr. et M.* 857 ; Chappel *v.* Hicks, 4 *Tyrrwh.* 44 ; Cousins *v.* Padden, 4 *Dowl.* 492 ; Grounsel *v.* Lamb, 1 *M. et W.* 582.

(1) Le droit ordinaire qu'a le vendeur de former opposition à la livraison des marchandises expédiées au consignataire, est limité aux cas de la faillite et de l'insolvabilité du consignataire ; mais il paraît que ces conditions ne sont pas de celles qui n'admettent pas d'exception. *Voyez* Wilmshurst *v.* Bowker, 2 *M. et Gr.* 812 ; l'affaire de la Constantia 5 *Rob. Adm. Reports,* 321.

(2) Stephens *v.* Wilkinson 2 *B. et Ad.* 525 ; Edwards *v.* Brewer, 2 *Mee. et W.* 575 ; Clay *v.* Harrison, 10 *B. et C.* 99 ; Wentworth *v.* Outhwaite, 10 *M. et W.* 456.

prix ou la lettre de change ait été payé (1); en outre, le vendeur n'est pas tenu de faire offre au consignataire de la lettre de change, avant que l'opposition ait été pratiquée (2). La même doctrine a été maintenue par le juge Bayley dans une affaire portée devant la Cour du Banc de la Reine (3). « Le droit du vendeur, au prix de la vente, » dit le juge, « n'est pas seulement un lien qui sera anéanti s'il quitte la possession, mais ce droit naît de sa possession primitive. Si le vendeur a envoyé les marchandises à l'acheteur, et que celui-ci vienne à tomber en faillite, il possède le droit de les arrêter en transit, en vertu de sa propriété primitive. — Pourquoi? Parce que l'acheteur est investi de la propriété des marchandises, de telle manière qu'elles sont à ses risques, mais il n'a pas un droit absolu de possession, et sa faillite, avant que le paiement du prix n'ait été effectué, anéantit ce droit. S'il en est ainsi après l'expédition des marchandises et pendant le transit, à plus forte raison en sera-t-il de même quand le vendeur n'en a pas quitté la possession, et que le transit n'est pas commencé. L'acheteur, ou ceux qui le représentent, peuvent encore obtenir le droit de possession, s'ils paient ou offrent le prix de la vente; et ils peuvent exercer leur droit de propriété, si quelque atteinte est portée à ce droit. Par exemple, si le vendeur originaire vend les marchandises quand il ne doit pas les vendre, il peut être condamné au paiement de dommages-intérêts, à raison de cette vente; mais l'acheteur, ou ses représentants, ne peuvent jamais intenter une action qui suppose l'union des deux qualités de propriétaire et de possesseur s'ils ne possèdent pas ces deux qualités. »

Celui qui exerce l'opposition à la livraison des marchandi-

____

(1) Hodgson v. Loy, 7 *T. R.* 440 ; Feise v. Wray, 3 *East*, 93.
(2) Edwards v. Brewer, 2 *Mee. et W.* 375.
(3) Bloxam v. Sanders, 4 *B. et C.* 948.

ses, doit être le vendeur, ou une personne qui tient la place du vendeur ; ainsi, celui qui n'est que garant du prix de la vente n'a pas de droit de former opposition (1).

Mais la question la plus importante est de déterminer le temps pendant lequel ce droit d'opposition peut être exercé, c'est-à-dire ce qu'on entend par *le transit,* parce que, lorsqu'une affaire de cette nature est portée devant les tribunaux, la question le plus souvent débattue est d'établir si le transit est effectué ou non.

Toutes ces affaires reposent principalement sur des circonstances particulières à chacune d'elles ; mais il est de règle que les marchandises soient regardées comme en transit, tant qu'elles restent entre les mains de la personne chargée du transport, si cette personne n'est autre que le voiturier (2), en supposant même qu'il ait été nommé par le consignataire lui-même (3). On les regarde aussi comme étant en transit pendant tout le temps qu'elles restent en dépôt, soit pendant le transit, soit avant la livraison, jusqu'à ce qu'elles soient arrivées dans la possession actuelle du consignataire, ou dans la possession de quelqu'autre personne, d'où on peut inférer qu'elles sont arrivées sous le contrôle du consignataire (4). Par exemple, si les marchandises sont débarquées dans un port de mer, et placées dans les magasins d'un commissionnaire nommé par le consignataire, pour les lui expédier par terre, tant qu'elles sont entre les mains du commissionnaire, le vendeur peut pratiquer l'opposition (5).

(1) Siffken *v.* Wray, 6 *East,* 371.

(2) Mills *v.* Ball, 2 *B. et P.* 457.

(3) Holst *v.* Pownal, 1 *Esp.* 240 ; Northey *v.* Field, 2 *Esp.* 613 ; Hodgson *v.* Loy, 7 *T. R.* 440.

(4) Bohtlingk *v.* Inglis, 3 *East,* 381 ; Smith *v.* Guss, 1 *Camp.* 282 ; Coates *v.* Railton, 6 *B. et C.* 422 ; Nicholls *v.* Le Feuvre, 2 *Bing. N. C.* 83 ; James *v.* Griffin, 1 *Mee. et W.* 20 et 2 *Id.* 575.

(5) Mills *v.* Ball, 2 *B. et P.* 457.

Mais, si le consignataire fait usage des magasins du commissionnaire comme d'un dépôt de ses propres marchandises, le transit sera regardé comme accompli aussitôt que les marchandises seront arrivées dans ces magasins (1). De plus, si après la vente, les marchandises restent dans les magasins du vendeur, et qu'il reçoive un loyer de magasinage, on regarde cela comme une livraison à l'acheteur, et le vendeur perd ses droits d'opposition (2).

Si une partie des marchandises a été livrée, la livraison est censée complète; mais les tribunaux ont décidé que lorsque l'acheteur a pris possession d'une partie des marchandises vendues par un seul contrat, et qu'il y a intention de sa part de prendre possession du reste, il est censé avoir pris possession de la totalité (3); il en sera autrement, si une intention contraire a été manifestée (4).

Quand les marchandises ont été chargées à bord d'un navire frété par l'acheteur, pour les conduire à un port étranger dans un but commercial au profit de l'acheteur, il y a livraison à l'acheteur, et le transit est regardé comme terminé aussitôt qu'elles sont livrées à bord du navire, parce que, pour le vendeur et l'acheteur, les marchandises sont arrivées à la fin du transit, et le voyage à bord du navire n'est qu'un nouveau transit sous la direction de l'acheteur (5).

(1) Richardson v. Goss, 3 *B. et P.* 127; Scott v. Petit, 3 *B. et P.* 469; Foster v. Frampton, 6 *B. et C.* 109; Allen v. Gripper, 2 *Tyrwh.* 217; Rose v. Pickford, 8 *Taunt,* 83.

(3) Hurry v. Mangles, 1 *Camp.* 452.

(3) Hammond v. Anderson, 1 *B. et P.* 69; Slubey v. Heyward, 2 *H. Bl.* 504; Tanner v. Scovell, 14 *Mee et W.* 56.

(4) Bunney v. Poyntz, 4 *B. et Ad.* 570; Dixon v. Yates, 5 *B. et Ad.* 339; Betts v. Gibbons, 2 *A. et E.* 73.

(5) Fowler v. Mactaggart, cité 7 *T. R.* 422; 1 *East,* 522, et 3 *East,* 388.

Nous avons dit que la livraison des marchandises à un voiturier même nommé par la consignataire, bien qu'elle soit généralement une livraison à l'acheteur, ne constitue pas la livraison qui peut faire cesser le droit qu'a le vendeur de former opposition. Le vendeur ne peut point être privé de ce droit par une demande faite par quelque autre créancier de l'acheteur; par exemple, si une saisie-arrêt est pratiquée par un autre créancier (1), si une somme d'argent est due par l'acheteur au voiturier lui même (2), ou si l'acheteur a vendu les marchandises à des tiers (5), dans tous ces cas, le vendeur peut exercer son privilége. Cependant, si l'acheteur a transmis le connaissement à un tiers par voie d'endossement, le vendeur sera privé de ses droits, parce que l'endossement du connaissement opère un transport des marchandises y indiquées, et par conséquent le porteur est regardé comme étant le véritable propriétaire des marchandises y indiquées; tout contrat fait par le porteur du connaissement pour la vente ou le nantissement de ces marchandises est valable, si l'acheteur ou le créancier nanti de gages agit de bonne foi, et ignore qu'il n'est pas le véritable propriétaire des marchandises (4).

Si la transmission du connaissement n'a été faite qu'à titre de gage pour sûreté d'un prêt, le vendeur en donnant l'avis au prêteur, peut réclamer la possession des marchandises après que le prêteur aura été remboursé (5).

(1) Par la coutume de la ville de Londres, un créancier peut saisir les *chattels* personnels de son débiteur dans les mains d'un tiers, s'ils se trouvent endéans les limites de la ville. En Angleterre la saisie-arrêt n'est pas un moyen de l'exécution d'un jugement mais une mesure conservatrice. Smith *v.* Goss, 1 *Camp.* 282.

(2) Butler *v.* Woolcot, 2 *N. R.* 64; Nicholls *v.* Le Fevre, 2 *Bing. N. C.* 85.

(5) Dixon *v.* Yates, 5 *B. et Ad.* 559.

(4) 5 et 6 Vict., c. 59; Jenkins *v.* Usborne, 7 *M. et G.* 678.

(5) In re Weslzinthus, 5 *B. et A.* 817.

Enfin, pour pratiquer cette opposition, il n'est pas nécessaire que le vendeur prenne possession actuelle des marchandises, Il suffit qu'avis en soit donné au voiturier chargé du transport des marchandises ou à la personne entre les mains de laquelle elles se trouvent (1). Si la personne à laquelle cet avis est donné, se défait de la possession des marchandises postérieurement à l'avis, elle peut être condamnée à des dommages-intérêts envers le vendeur (2).

(1) Whitehead *v.* Anderson, 9 *M. et W.* 535, 548.
(2) Litt *v.* Cowley, 7 *Taunt.* 169 ; Stokes *v.* De La Rivière, 3 *East*, 397 ; Hunter *v.* Beale, 3 *T. R.* 466.

CHAPITRE ONZIÈME.

DU CONTRAT DE LOUAGE.

On définit le contrat de louage, un contrat par lequel une des parties s'engage, moyennant un prix que l'autre partie s'oblige à payer, soit à procurer à celle-ci, pendant un certain temps, l'usage ou la jouissance d'une chose (*locatio rerum*), soit à lui fournir temporairement ses services (*locatio operarum*), soit à faire pour son compte un ouvrage déterminé (*locatio operis*). Par conséquent, le louage peut être, soit celui des choses, soit celui des services, soit celui de l'ouvrage. Ces genres de louage se subdivisent encore en plusieurs espèces particulières, dont la plus importante est cette espèce de louage des immeubles qu'on appelle bail à ferme ou bail à loyer, et le louage des meubles; nous nous bornerons à l'examen de l'espèce suivante :

SECTION 1. — *Du bail à loyer.*

D'après le droit coutumier, le louage, comme les autres contrats, peut être fait par acte scellé par les parties contractantes ou par écrit (sous seing privé) ou même verbalement. Mais par le statut contre les fraudes (29 Charles 2, c. 7), tout bail de terres, de ténements ou d'héritages, qui n'est pas fait par écrit et signé par le bailleur ou par une personne dûment autorisée par lui à cet effet, n'aura que force d'un bail à volonté. Par la troisième section du même statut sont exceptés tous baux dont la durée n'excède pas trois années, à partir du jour de leur date.

Malgré cette exception, il est préférable que le contrat dans tous les cas soit fait par écrit, afin d'éviter toutes les contestations concernant les conditions de la location; dans les cas où la durée de la location n'excède pas trois années, il est d'usage que les conditions de la location soient rédigées sous la forme d'une convention entre les parties, et non par acte solennel.

SECTION 2. — *Des devoirs du bailleur· et du preneur pendant la location.*

Le propriétaire est tenu de délivrer au preneur la chose louée, au temps convenu, et de l'en faire jouir paisiblement pendant toute la durée du bail. Bien que cette dernière condition résulte de la nature du contrat, il convient néanmoins qu'elle soit insérée dans l'acte du bail.

Les diverses clauses et conditions qui peuvent entrer dans un bail, varient à l'infini selon la nature des lieux, l'état ou les habitudes du propriétaire et du preneur, et mille autres circonstances qu'il est impossible de prévoir toutes; nous énoncerons ici celles qui se rencontrent le plus communément.

Ces clauses sont :

1° De payer le loyer aux échéances convenues. Ces périodes sont ordinairement le jour de l'Annonciation (25 mars), la nativité de Saint-Jean (24 juin) la fête de Saint-Michel (29 septembre) et la fête de Noël (25 décembre). Si un locataire prend possession à une époque intermédiaire, il est d'usage qu'il fasse paiement à proportion du temps, à partir du jour de sa prise de possession jusqu'à l'une des dates susdites.

2° De payer et acquitter toutes les contributions et impositions quelconques (à l'exception de l'impôt foncier) dont lesdits biens sont grevés et pourront l'être pendant la durée du bail, et ce sans aucune imputation sur les loyers.

3° De faire peindre les ouvrages de charpenterie, et les ferrures de l'extérieur de la maison tous les trois ans, et ceux de l'intérieur tous les sept ans.

4° D'assurer la maison avec ses dépendances contre l'incendie, aux noms conjoints du propriétaire et du preneur, pour la somme convenue.

5° De réparer la maison, de l'entretenir pendant toute la durée du bail et de la rendre à la fin dudit bail en bon état, ou bien d'après l'état des lieux qui aura été dressé en double entre les parties lors de l'entrée en jouissance.

6° De ne céder ou transporter à qui que ce soit son droit audit bail, en tout ou en partie, sans le consentement exprès et par écrit du bailleur.

7° Enfin, il y a une clause de résiliation en faveur du propriétaire en cas de non-accomplissement, par le preneur, de toutes les conditions et clauses du bail.

La résiliation du bail peut avoir lieu pour toute contravention aux conditions du bail; toutefois, si le bailleur reçoit ses loyers depuis qu'il a connu la contravention, il est par cela même déchu de son droit de demander la résiliation.

Faute de stipulation expresse à cet égard, le preneur a le droit de sous-louer et même de céder son bail à un autre; mais cette stipulation ne lie que le preneur lui-même et ses héritiers; par conséquent, si le bailleur accorde au preneur la permission de sous-louer ou de céder son bail à un tiers, le tiers n'est pas obligé par la stipulation, à moins qu'il n'y ait un nouveau contrat, portant une stipulation semblable, entre lui et le bailleur. Faute de ce, le tiers peut, sans l'autorisation du bailleur, sous-louer ou céder le bail à qui bon lui semble.

Bien que le preneur sous-loue à un tiers, il reste toujours obligé envers le bailleur et répond de tous les faits des sous-locataires. Mais en serait-il de même si le preneur cédait son bail à un tiers? Pas entièrement. D'après la jurisprudence anglaise, les conventions faites relativement aux biens-fonds sont de deux espèces : celles qui ne s'attachent qu'à la personne des contractants et celles qui s'attachent à la fois à la personne contractante et à l'objet du contrat; les premières sont les conventions qui sont accessoires au contrat, les secondes sont de l'essence du contrat. Par exemple, la prohibition de sous-louer est une stipulation qui ne s'attache qu'à la personne du preneur, et elle n'est pas de l'essence du contrat. Mais la convention de payer le loyer aux échéances convenues est une stipulation de la part du preneur, qui ne s'attache pas à sa personne seulement, mais en outre à l'objet du contrat. Il en sera de même à l'égard de la stipulation de la part du bailleur de faire, pendant toute la durée du bail, jouir le preneur de l'objet du contrat. Toutes les deux sont de l'essence du contrat. Le contractant reste toujours obligé, tant que dure le bail, à la partie qui s'attache à sa personne; mais la partie qui s'attache à l'objet du contrat passe entre les mains de tout cessionnaire; c'est ce qu'exprime le langage technique de la jurisprudence anglaise, en disant qu'*elle court avec la terre.*

A défaut du paiement des loyers aux époques convenues, le bailleur peut y contraindre le preneur, soit par action intentée contre lui, soit par saisie des meubles ou des autres *chattels* personnels garnissant les lieux loués; ce dernier mode est à la fois le mode le plus usuel et le plus facile.

La saisie est pratiquée par un priseur dûment patenté à cet effet. Elle ne peut être faite que pendant le jour, entre le lever et le coucher du soleil; elle ne peut avoir lieu le dimanche. Elle opère sur tous les objets mobiliers trouvés dans les lieux qui forment l'objet de la location, soit qu'ils appartiennent au locataire ou au sous-locataire.

Lorsque les meubles ont été saisis et que, dans les cinq jours à partir de cette saisie, le locataire n'a pas satisfait le bailleur, le priseur peut faire estimer ces meubles et les faire vendre à l'encan.

S'il y a quelque irrégularité dans la saisie, ou si quelque acte illégal a été fait, la saisie sera nulle de plein droit et le saisi sera indemnisé, au moyen d'une action en dommages-intérêts, du dommage qui lui aura été causé.

Tout locataire saisi a le droit de demander la réintégrande de ses biens saisis, surtout lorsque la saisie a été pratiquée sans cause légale. A cet effet, il doit donner caution et s'engager à intenter, sans délai, un procès contre le saisissant pour examiner la validité de la saisie; ses biens lui sont alors restitués jusqu'à la décision du procès.

Si le locataire a payé quelque impôt que le propriétaire s'était obligé à supporter seul, il peut en déduire le montant de ses loyers s'il montre la quittance. Il en sera de même s'il a payé quelque rente foncière, parce que, dans ces deux cas, les meubles du locataire peuvent être saisis faute de paiement par le bailleur.

Section 3. — *Du Congé.*

Le bail, lorsqu'il a été fait par écrit, cesse de plein droit à l'expiration du terme fixé, sans qu'il soit nécessaire de donner congé (1). Mais lorsque la location est faite d'année en année, le locataire, à défaut de stipulations contraires, ne peut être forcé de rendre la possession qu'après un congé donné six mois d'avance, de telle manière que la possession ne cesse que le jour même de l'année qu'elle a commencé. Ainsi, si la location a commencé le jour de l'Annonciation, le congé devra être donné

---

(1) Pour éviter des contestations, il vaut mieux, dans tous les cas, quand la location est faite d'année à année, que les conditions soient exprimées par écrit et signées par les parties en double, et qu'une stipulation expresse soit faite à l'égard du congé.

avant la fête de Saint-Michel ou le jour même de cette fête. De son côté, le locataire ne peut quitter la possession sans donner congé semblable.

Quand la location a été faite à tant par mois, elle est censée faite au mois; à la semaine, quand elle a été faite à tant par semaine, et dans ces cas il faut que le congé soit donné un mois ou une semaine d'avance. Il suffit que le congé soit donné verbalement quand on peut en administrer la preuve; mais pour éviter les contestations, il vaut mieux le donner par écrit (1).

SECTION 4. — *Des devoirs du locataire à l'expiration du bail.*

Le locataire, à défaut de stipulations contraires, est tenu, à l'expiration de la location, de rendre au propriétaire l'objet loué dans un état de réparation aussi bon qu'au commencement de la location, à l'exception du dégât qui pourrait être arrivé par vétusté ou par force majeure. S'il n'a pas été fait d'état des lieux, le locataire est présumé les avoir reçus en bon état de réparation, et doit les rendre tels, sauf preuve du contraire.

On appelle en Angleterre *fixtures,* toutes les choses accessoires

---

(1) Il n'y a pas de formes sacramentelles pour le congé; elles peuvent être rédigées comme suit :

To Mr. A. B. of etc.	à Mr A. B. de etc.
Sir,	Monsieur,
I hereby give you notice that on the day of next I shall quit and give up possession of the house (or apartments) which I occupy, situate (the street and the No.) and of which you are the owner.	Je vous avertis, par la présente, qu'au jour de prochain je quitterai et rendrai la possession de la maison (*ou* appartements) que j'occupe, située (la rue et le N°) et dont vous êtes le propriétaire.
Dated this day of 185	Fait ce jour de 185
C. D.	C. D.

à la maison elle-même ; ainsi les pompes, les armoires, les cheminées, les poêles, les serres, les ressorts, mouvements et fils de fer des sonnettes s'appellent *fixtures*. Les *fixtures* sont de deux espèces : ceux qui appartiennent au propriétaire et ceux qui appartiennent au locataire, les premiers sont regardés comme immeubles, les seconds sont meubles.

Les *fixtures* du propriétaire sont ceux qui sont attachés d'une manière permanente à l'immeuble, et font par conséquent partie intégrante du fonds. Ils ne peuvent être enlevés par le locataire à l'expiration du bail, même s'ils ont été placés par lui, parce que toutes les améliorations et les additions faites pendant la durée de la location appartiennent au propriétaire, pourvu qu'elles s'attachent à l'immeuble d'une manière permanente.

Les *fixtures* du locataire peuvent être enlevés par lui, lorsqu'il les y a placés lui-même, s'ils ne font pas partie intégrante des fonds ; cependant il doit les enlever avant l'expiration du bail, il ne pourrait le faire par la suite, car après l'expiration du bail, il n'a plus le droit de la jouissance des lieux, et ne peut plus toucher à l'immeuble loué. Il doit veiller toujours à ce que les dégâts que l'enlèvement des *fixtures* lui appartenant peut causer soient réparés et que les lieux soient remis au propriétaire en bon état, autrement il est passible d'une action en dommages-intérêts.

Si, à l'expiration du bail, le locataire ne rend pas la possession au propriétaire, il devient ce qu'on appelle en jurisprudence anglaise : locataire par tolérance. Lorsqu'il n'y a pas d'opposition de la part du propriétaire, ou lorsqu'il reçoit ses loyers sans faire de réclamation à l'égard de la possession, l'ancien bail est censé continué par tacite reconduction aux mêmes loyers et selon les mêmes conditions qu'antérieurement ; mais le locataire est censé occuper les lieux d'année à année. Pour mettre fin à cette location nouvelle, il est nécessaire, pour le bailleur aussi bien que pour le locataire, de donner congé d'après l'usage.

La tacite reconduction est facultative de la part du propriétaire; car à l'expiration du bail, il a le droit d'expulser le locataire sans avis préalable au moyen d'une action possessoire, et de le poursuivre en outre en dommages-intérêts.

D'après les dispositions du statut 4 Georges 2, c. 28, si le locataire ne rend pas la possession au propriétaire à l'expiration du bail, il est tenu, après avertissement à lui donné par écrit à cet effet par le propriétaire, de payer, pendant tout le temps qu'il continuera cette indue possession, le double de la valeur annuelle de la chose louée.

D'après les dispositions du statut 2 Georges 2, c. 19, si le locataire ayant la faculté de résilier son bail, a exercé ce droit, et qu'il ne fasse pas la remise conformément à l'avis donné par lui, il peut être contraint par le propriétaire de lui payer le double de son loyer, à partir du jour fixé dans la signification de la résiliation jusqu'à la cessation de son indue possession.

———

CHAPITRE DOUZIÈME

Le voiturier est celui qui se charge du transport de marchandises d'un lieu à un autre moyennant un prix convenu. Ainsi sous cette définition sont compris les propriétaires de voitures et de charrettes publiques, de gabares, d'alléges, de canots et de navires destinés au transport de marchandises moyennant un prix convenu (1). Le propriétaire d'une voiture publique pour le transport de voyageurs seulement n'est pas un voiturier proprement dit, et il ne garantit pas le salut de ses voyageurs contre tous les hasards (2).

Le voiturier doit transporter les marchandises de toute personne qui lui offre d'en payer le prix du transport (3), à moins que sa voiture ne soit complétement chargée ou que les marchandises ne soient d'une nature telle que le transport ne puisse s'en effectuer sans précautions extraordinaires, ou qu'elles con-

(1) Forward *v.* Pittard, 1 *T. R.* 27 ; Morse *v.* Slue, 2 *Levinge*, 69 ; Rich *v.* Kneeland, *Cro. Jac.* 330 ; Maving *v.* Todd, 1 *Stark.* 72 ; Brook *v.* Pickwick, 4 *Bing.* 218 ; Lovett *v.* Hobbs, 2 *Show.* 128.

(2) Aston *v.* Heaven, 2 *Esp.* 533 ; Christie *v.* Griggs, 2 *Camp.* 79 ; Dudley *v.* Smith, 1 *Camp.* 167 ; White *v.* Boulton, *Peake*, 81 ; Robinson *v.* Dunmore, 2 *B. et P.* 417 ; Sharpe *v.* Grey, 9 *Bing.* 460. Le transport de passagers par les voitures publiques est réglé par les dispositions du statut 1 Guill. 4, c. 69.

(3) Riley *v.* Horne, 5 *Bing.* 217.

sistent en choses dont il n'entre pas dans son occupation particulière d'opérer le transport (1). Il doit en prendre soin pendant
le transport et les délivrer en bon état et d'après les ordres qui
ont été lui donnés (2). D'après le droit coutumier il doit assurer
les choses à lui confiées, et il est responsable de toute perte ou
dommage pendant le temps qu'elles sont soumises à son contrôle,
jusqu'à la livraison dans le lieu convenu, à l'exception de ce qui
peut résulter de l'acte de Dieu (3) ou des ennemis du Roi (4).
Mais si après qu'elles sont arrivées à leur destination, il les
garde comme commissionnaire ou magasinier, sa responsabilité
cesse à l'égard de l'expéditeur et se règle d'après les conventions
établies entre lui et le destinataire (5).

La responsabilité de voituriers, d'après le droit coutumier, a
été modifiée et réglée par la Législature; nous allons examiner
d'abord les dispositions qui ont rapport aux voituriers par terre.
Celles qui ont rapport aux individus chargés du transport de
marchandises par eau seront l'objet d'une section subséquente.

SECTION 1. — *Des voituriers par terre.*

Le statut 11 Georges 4 et 1 Guill. 4, c. 68, ordonne qu'aucun
voiturier par terre ne sera responsable des pertes ou dommages
qui peuvent arriver aux marchandises ci-après nommées, lorsque
la valeur du colis excède dix livres sterling (250 fr.), à moins

(1) Jackson *v.* Rogers, 2 *Show.* 327; Lane *v.* Cotton, 1 *Ld. Raym.*
646; Edwards *v.* Sherratt, 1 *East.* 604; Lovell *v.* Hobbs, 2 *Show.* 128;
Batson *v.* Donovan, 4 *B. et A.* 21.

(2) Streeter *v.* Horlock, 1 *Bing.* 34; Davis *v.* Garrett, 6 *Bing.* 716.

(3) L'acte de Dieu est défini par le célèbre juge Lord Mansfield, un
fait, qui ne peut arriver par l'intervention de l'homme; par exemple,
les tempêtes, etc.; Forward *v.* Pittard, 1 *T. R.* 27.

(4) Dale *v.* Hall, 1 *Wils.* 281.

(5) Cairns *v.* Robins, 8 *M. et W.* 58; Gatcliff *v.* Bourne, 4 *Bing.*
N. C. 552.

toutefois qu'au moment de la remise du colis au bureau (1) du voiturier, la nature et la valeur des marchandises y contenues n'aient été déclarées et qu'on n'ait payé en sus du prix du transport une somme convenue à l'effet de garantir le colis.

Les marchandises indiquées par le statut sont : les monnaies d'or et d'argent, l'or ou l'argent manufacturé ou non manufacturé, les pierreries, les articles d'orfévrerie et de bijouterie, les montres, les horloges, les pendules, les lettres de change, les billets de banque, les billets à ordre ou autres effets de commerce, les timbres, les plans et cartes géographiques, les écritures, les titres, les tableaux, les gravures, les dessins, la vaisselle d'or et d'argent, le plaqué, la verrerie (2), la porcelaine, la soie manufacturée ou non manufacturée, les pelleteries (3) et les dentelles.

Par la section 2 du même statut, le voiturier, à qui l'on confie un colis d'une valeur supérieure à dix livres sterling et déclaré de la manière ci-dessus énoncée, peut demander une augmentation de prix pour le transport, sans qu'il soit nécessaire d'en donner connaissance à l'expéditeur autrement que par un avis écrit lisiblement et affiché dans le bureau.

Le voiturier, à la première réquisition, doit donner un reçu du colis à l'expéditeur, sous peine d'être privé du bénéfice des dispositions du statut, et dans ce reçu il doit reconnaître que l'objet est assuré contre les risques du transport.

Nonobstant ce statut, le voiturier est encore responsable de tout dégât provenant d'une négligence grossière de sa part, bien qu'il ait affiché dans son bureau l'avis exigé par la loi, et quoique l'objet perdu ou endommagé par sa négligence, ne rentre pas

(1) Syms *v.* Chaplin, 5 *Ad. et E.* 642.
(2) Owen *v.* Burnett, 2 *Cr. et M.* 553.
(3) Mayhew *v.* Nelson, 6 *C. et P.* 59.

dans la catégorie des objets qui exigent la déclaration de la valeur et le paiement d'un surcroît de port (1).

Section 2. — *Des contrats d'affrétement.*

Les contrats d'affrétement tombent sous la dénomination de contrats par voituriers; mais en raison de leur importance dans un pays commercial, nous l'examinerons séparément à deux points de vue :

1° Contrats d'affrétement par charte-partie ;

2° Contrats pour le transport des marchandises par cueillette ou, comme on l'appelle en Angleterre, par un navire général.

I. Le contrat par charte-partie est celui par lequel une personne loue à une autre, moyennant un prix convenu, un navire en tout ou en partie pour le transport des marchandises d'un lieu à un autre (2). Le contrat peut être fait par acte solennel ou par écrit (sous seing privé); si le contrat est passé au lieu de son domicile il est généralement signé par l'armateur ou par son fondé de pouvoir, et quelquefois par l'armateur et par le capitaine. Si le contrat est passé à l'étranger, il doit être signé par le capitaine ou par le mandataire de l'armateur (3).

L'acte énonce : — les noms des parties contractantes ; — le nom et le tonnage du navire ; — le prix du fret. Il contient en outre, de la part de l'armateur, la garantie que le navire est étanché, en bon état et pourvu de toutes les choses nécessaires pour le voyage; que le navire sera prêt à recevoir à bord la cargaison au jour convenu, qu'il attendra le temps stipulé pour le chargement, et fera voile au

(1) Owen *v.* Burnett, 4 *Tyrwh.* 154; Wyld *v.* Pickford, 8 *M. et W.*, 443.

(2) Abbott, *Treatise on shipping*, part. 3, c. 1.

(3) Harrison *v.* Jackson, 7 *T. R.*, 207.

jour déterminé. L'affréteur s'engage ordinairement à effectuer le chargement et le déchargement dans le délai spécifié, et à payer les frais de *surestarie*, c'est-à-dire une indemnité pour les cas de retard. Une clause pénale est généralement portée sur l'acte pour l'exécution du contrat (1).

Quant au délai accordé pour le chargement et le déchargement, les tribunaux ont décidé que l'affréteur doit payer à l'armateur les frais de surestarie, quelle que soit la cause du retard (2). Les jours mentionnés dans la convention à l'égard de cette indemnité sont, d'après la coutume de commerçants à Londres, les jours non fériés (3), à moins que le contraire n'ait été indiqué dans l'acte.

II. Si l'armateur et le capitaine d'un navire s'engagent avec divers commerçants pour le transport de leurs marchandises, le contrat est appelé un contrat pour le transport dans un navire général, ou à cueillette. Il est d'usage de donner avis du départ de ces navires par voie des journaux et d'affiches, et l'armateur doit prendre soin de n'insérer dans cet avis aucune promesse qu'il n'aurait pas l'intention d'exécuter de la manière la plus stricte, sous peine de dommages-intérêts en cas d'inexécution (4).

Mais en général on recherche les conditions de la convention entre les parties dans le connaissement : le connaissement est l'acte qui contient, de la part du capitaine, l'indication et la reconnaissance des marchandises chargées sur son bord ; il est

---

(1) Si l'époque n'est pas déterminée, on sous-entend que le navire fera voile dans un délai raisonnable. Macandrew *v.* Adams, 1 *Bing. N. C.* 35.

(2) Gibbens *v.* Buisson, 1 *Bing N. C.* 283 ; Harman *v.* Clarke, 4 *Camp.* 159 ; Jesson *v.* Solly, 4 *Taunt.* 52.

(3) Cochrane *v.* Retburgh, 3 *Esp.* 121.

(4) Freeman *v.* Baker, 5 *B. et Ad.* 797.

fait communément en trois originaux au moins, un pour l'affréteur, un pour le capitaine, et un ou deux pour celui à qui les marchandises sont expédiées. Tous les originaux sont signés par le capitaine et, après le chargement, ils sont délivrés contre la restitution des reçus des marchandises chargées.

Voici la forme ordinaire du connaissement :

« Chargé en bonne condition par Pierre ..., négociant, à bord du bon navire nommé le ...., dont Jacques .... est le capitaine, à présent à l'ancre dans la Tamise et en destination pour Barcelone en Espagne, un colis, etc. (*la description des marchandises*) marqué et numéroté comme en marge pour être délivré en pareil bon état et condition à Barcelone susdite (l'acte de Dieu, les ennemis du Roi, l'incendie et tous les autres dangers et tous les accidents de la mer, des rivières et de la navigation, exceptés) à Francisco ...., négociant à Barcelone ou à ses ayants droit, qui paieront le fret à raison de.... avec le chapeau de capitaine (1) et l'avarie d'après l'usage. En témoignage de quoi, le capitaine dudit navire a affirmé à trois connaissements de cette teneur et date, dont l'un étant accompli, les autres seront nuls.

» Fait à Londres, ce   jour de   18

                                        » JACQUES .... »

Dans cette formule est indiqué le consignataire des marchandises, auquel ou aux ayants droit duquel elles doivent être délivrées; mais le connaissement est souvent fait en faveur de l'expéditeur lui-même ou de ses ayants droit, ou à son ordre, et dans ce cas la livraison doit être faite à la personne désignée par l'expéditeur (2).

Si le connaissement impose au capitaine l'obligation de remet-

______

(1) Pour la définition de l'expression *chapeau de capitaine,* voyez ci-après page 149.

(2) Renteria *v.* Ruding, 1 *M. et M.* 511.

tre les marchandises à une personne désignée ou à ses ayants droit, cette personne pourra, par la voie de l'endossement du connaissement, transmettre les marchandises à qui bon lui semblera (1), et dans le cas où le destinataire est tombé en faillite, le transfert est valable comme nous l'avons vu dans le chapitre « de la vente, » pourvu que le transfert ait été fait de bonne foi et contre valeur reçue.

Les deux espèces de contrats d'affrétement ci-dessus mentionnés, donnent naissance à certaines obligations de la part de chacune des parties contractantes; elles peuvent être divisées en obligations imposées :

1. Au capitaine et aux armateurs;

2. Au commerçant ou à l'affréteur.

I. La première classe peut être encore subdivisée en obligations ayant rapport : — 1° aux préparatifs du voyage; — 2° au commencement ; — 3° au cours ; — 4° à l'achèvement du voyage.

1° A l'égard des préparatifs du voyage, le navire doit être solide, étanché, et muni de toutes les choses nécessaires; il est d'usage d'exprimer ces conditions dans la charte-partie, mais la loi supplée sur ce point au silence de celle-ci (2). — Il en est de même à l'égard de l'équipage qui doit être suffisant, en nombre et en force (3). Le capitaine est tenu d'avoir un pilote, si cette formalité est requise par l'usage ou par la loi du pays (4); il est aussi tenu d'avoir à bord les actes nécessaires pour constater la propriété du navire et de la cargaison et de veiller à ce que ces actes soient en règle.

(1) Wright v. Campbell, 4 *Burr.* 2046; Caldwell v. Ball, 1 *T. R.* 205; Hibbert v. Carter, 1 *T. R.* 745.

(2) Coggs v. Bernard, 2 *Ld. Raym.* 909; Lyon v. Mells, 5 *East,* 428.

(3) Shore v. Bentall, 7 *B. et C.* 798 n.

(4) Law v. Hollingsworth, 7 *T. R.* 160; Philips v. Headlam, 2 *B. et Ad.* 584.

Il est aussi tenu de ne recevoir à bord aucune marchandise prohibée, parce qu'il exposerait par là le navire à être confis-qué. Si, par la convention faite entre les parties, le capitaine est tenu de se rendre dans un port désigné pour recevoir le chargement, il devra s'y rendre aussitôt que possible, ou bien l'affréteur pourra être libéré (1).

2° et 3° Quant au commencement et au cours du voyage, le capitaine, après avoir obtenu les quittances de la douane, doit faire voile au temps convenu, ou, si le jour de départ n'a pas été stipulé, dans un délai raisonnable, et en temps de guerre mari-time, sous la protection d'un convoi, s'il a été ainsi stipulé. Le na-vire doit alors se diriger vers le port de sa destination sans s'é-carter de la route ordinaire, sinon le capitaine et l'armateur seront responsables en cas de perte du navire, bien que la perte arrive des actes de Dieu ou des ennemis du Roi (2). En résumé, le capitaine est tenu de faire ses efforts de transporter la cargai-son au lieu de sa destination, sans perte ou dommage, et à faire ce que tout homme prudent ferait pour l'avantage de tous les intéressés. Ainsi, le capitaine peut hypothéquer la cargaison pour les sommes empruntées pour la réparation ou le radoub du navire, et même faire vendre une partie de la cargaison en cas de nécessité (3); mais s'il n'existe pas de nécessité absolue pour la vente, il sera responsable envers l'affréteur ou envers l'armateur (4).

Si, à cause de tempête ou de quelque autre cas fortuit, le capitaine ne peut transporter sa cargaison au lieu de sa desti-nation dans son propre vaisseau, « il est de son premier devoir,

(1) Freeman v. Taylor, 8 *Bing.* 124.
(2) Parker v. James, 4 *Camp.* 112 ; Davis v. Garrett, 6 *Bing.* 723.
(3) La Gratitudine, 3 *Rob. A. R.* 240.
(4) Freeman v. E. I. Co., 5 *B. et A.* 617 ; Wilson v. Dickson, 2 *B. et A.* 2.

d'après un savant jurisconsulte (1), « de recharger la cargaison à bord d'un autre navire pour la rendre au lieu de sa destination, toutes les fois que ce rechargement est praticable, parce que l'objet du voyage peut être ainsi accompli; si le rechargement ne peut s'effectuer, le retour au port de départ ou le dépôt des marchandises en lieu sûr peut être avantageux, mais le commerçant devra être consulté toutes les fois que les circonstances le permettront; la vente des marchandises est la dernière chose à laquelle le capitaine aura recours, parce qu'il ne peut la justifier que par une nécessité supérieure à toute loi humaine. »

4° Dès que le capitaine est arrivé au port de sa destination, il est tenu de faire son rapport et de produire aux officiers préposés à cet effet la déclaration de la cargaison avec les autres documents, et de délivrer la cargaison au destinaire indiqué par le connaissement, lequel, de son côté, paie le prix de l'affrétement et les autres frais qui consistent généralement en ceux qu'on appelle chapeau du capitaine et les petites avaries.

Le mode de la livraison et, par conséquent, le terme auquel le capitaine cesse d'être responsable, est réglé, faute de stipulations expresses, d'après la coutume du lieu (2). Si le consignataire envoie des gabares pour décharger les marchandises, le capitaine est tenu, d'après la coutume de la Tamise, de surveiller le gabare pendant le chargement (3), mais non après que le chargement est effectué (4).

Toutes les obligations imposées à l'armateur et à ses agents ne sont que la conséquence du principe général que nous venons d'énoncer relativement aux voituriers, savoir : qu'ils sont responsables, selon le droit coutumier, de toute perte ou dommage,

(1) Abbott, *Treatise on Shipping,* p. 3, c. 3, s. 10.
(2) Wardell *v.* Mourillyan, 2 *Esp.* 605.
(3) Cattley *v.* Wintringham, *Peake,* 150.
(4) Robinson *v.* Turpin, *Abbott,* p. 3, c. 3, s. 12.

à l'exception de ce qui peut résulter des actes de Dieu et des ennemis du Roi. Toutefois, cette responsabilité est limitée d'après l'usage par les conditions de la charte-partie on du connaissement, et elle a été réglée en outre par l'intervention de la législature.

Nous avons dit que le connaissement excepte des cas de responsabilité, les actes de Dieu, les ennemis du Roi, l'incendie et tous les autres dangers et accidents de la mer, des rivières et de la navigation. Les deux premiers sont exceptés d'après le droit coutumier; et par le statut 26 George 3, c. 86, s. 3, il est ordonné qu'aucun armateur ne sera responsable de la perte ou du dommage arrivé aux marchandises à raison d'incendie à bord du navire. Il faut observer que les dispositions de cette section ne s'étendent pas au capitaine, lequel est toujours responsable, à moins que le connaissement ne dise le contraire.

Le même statut ordonne aussi, qu'aucun capitaine ou armateur ne sera responsable des pertes ou dommages qui peuvent survenir aux matières d'or et d'argent, aux diamants, aux montres, aux bijoux ou aux pierres précieuses chargés à bord d'un navire, à raison de quelque vol ou soustraction, à moins que l'expéditeur n'ait fait au capitaine ou à l'armateur une déclaration préalable de la nature et de la valeur desdits objets.

Par divers statuts du règne de Georges III, il a été déclaré que l'armateur n'est pas responsable des pertes ou dommages qui peuvent survenir aux marchandises chargées à bord de son navire au delà de la valeur du navire, de ses agrès, apparaux et du fret acquis ou à faire pour le voyage pendant lequel la perte ou le dommage arrive; néanmoins, sous la condition que cette perte ou le dommage aura eu lieu sans la faute ou la connaissance de l'armateur.

II. Quant aux obligations de l'affréteur, il est tenu de charger le navire dans le délai stipulé; il est aussi responsable du

paiement des frais relatifs au transport, ces frais sont usuel-
lement :

Le chapeau de capitaine (*primage*), qui est une somme
modique payée, outre le fret, à titre de gratification au capitaine.

Les petites avaries, qui consistent en menus frais, tels
que les touages, les pilotages, les droits de balises, etc.

Les frais de surestarie, dont nous avons parlé ci-dessus (1).

Le fret, ou le prix du transport des marchandises du port
de chargement au port de leur destination.

L'armateur ne perd pas son fret à raison de quelque interruption du voyage arrivée sans sa faute, si le voyage est accompli après cela; comme, par exemple, quand le navire a
été pris par l'ennemi et repris par les nationaux (2); de même,
si les marchandises sont jetées à la mer pour le salut du navire, l'affréteur doit payer le fret pour être remboursé par
la contribution. Si les marchandises sont chargées à cueillette,
le fret dépend des conventions faites entre les parties, ou de la
valeur des services rendus estimés d'après l'usage du commerce.
S'il y a une charte-partie et que l'affréteur n'ait pas chargé la
quantité de marchandises portée par la charte-partie, il est
tenu néanmoins de payer le fret en entier et pour le chargement complet auquel il s'est engagé. Si le fret est au tonneau,
il doit être calculé d'après le nombre de tonneaux contenus
dans le navire ou dans la partie du navire louée, et non d'après
le nombre porté par la charte-partie (3) ou d'après la quantité
des marchandises chargées. Dans certains cas où une partie du

(1) Voyez ci-dessus page 143. Evans *v.* Forster, 1 *B. et Ad.* 119;
Brouncker *v.* Scott, 4 *Taunt.* 1, et 5 *Bing.* 188.
(2) The Race Horse, 5 *Rob. A. R.* 101; Beale *v.* Thompson,
5 *B. et P.* 420.
(3) Hunter *v.* Fry, 2 *B. et A.* 421.

voyage a été accomplie, on admet le paiement d'une partie du fret (1).

Section 3. — *Des avaries.*

Il y a deux espèces de frais extraordinaires qui peuvent arriver pendant le voyage et qui sont supportés soit par les armateurs, soit par les chargeurs, soit en commun. Ce sont les avaries et le sauvetage.

On distingue trois sortes d'avaries : les *petites avaries* dont nous avons parlé, et qui consistent en frais de touage, de pilotage, de droits de balises, etc.; les *avaries simples* ou particulières qui sont à la charge seulement de la chose qui les a essuyées et dont il est d'usage parmi les assureurs de limiter la responsabilité au moyen des conditions portées dans leurs polices d'assurance, et les *avaries générales* ou les grosses avaries dont nous allons parler.

On appelle grosses avaries, toute perte ou dommage qui peut arriver au navire ou à la cargaison pour le bien et le salut commun du navire et de la cargaison; de cette manière, toutes les personnes intéressées dans le navire, dans le fret ou dans la cargaison, doivent contribuer au marc le franc de leurs intérêts, à dédommager le propriétaire de la chose perdue ou endommagée, à raison de la perte ou du dommage qu'il a souffert pour le bien commun. Mais le dommage doit avoir été encouru pour le bien commun (2), et par conséquent l'entreprise tout entière doit avoir été en danger (3). Les avaries peuvent aussi consister en dépenses extraordinaires occasionnées pour le bien commun (4), et en général, toutes

(1) Smith, *Compendium of mercantile Law*, p. 259.
(2) Da Costa v. Newnham, 2 *T. R.* 407; Williams v. London Assurance, 1 *M. et S.* 318; Price v. Noble, 4 *Taunt.* 123.
(3) Nesbitt v. Lushington, 4 *T. R.* 783.
(4) Plummer v. Wildman, 5 *M. et S.* 482.

pertes souffertes volontairement pour le bien commun sont réputées avaries.

A l'égard des objets qui doivent contribuer aux avaries, il est établi que les objets qui tombent sous la dénomination de *merces* sont seuls soumis à la contribution (1). Pour cette raison, les munitions de bouche (2), les vêtements ordinaires de passagers ne sont pas soumis à la contribution. Les loyers des matelots n'y entrent point non plus.

Quant au mode de contribution, les armateurs y sont tenus selon la valeur nette du fret et du navire au moment de son arrivée au terme du voyage, déduction faite des loyers des matelots et des autres frais. Quand les avaries sont calculées au lieu de la destination du navire, les marchandises qui doivent être remplacées sont évaluées au prix qu'elles eussent produit dans ce lieu ; mais quand les avaries sont calculées dans le port du chargement, les marchandises sont évaluées d'après la facture.

Le sauvetage est une récompense due par l'armateur ou par l'affréteur aux personnes qui ont porté secours ou ont aidé à sauver soit le navire soit une partie quelconque de la cargaison, ou qui ont sauvé les marchandises après la perte du navire. Ainsi le sauvetage peut être exigé si le navire est sauvé des périls de la mer, ou s'il est repris de l'ennemi. Quand le sauvetage a eu lieu à l'occasion des périls de la mer, le sauveur peut détenir les objets sauvés jusqu'à ce qu'il soit

(1) Æquissimum enim est, commune detrimentum fieri eorum, qui propter amissas res aliorum consecuti sunt ut merces suas salvas haberent. *Digeste, Tit.* 2. *L. XIV.* « De lege Rhodia. » Voyez un mémoire sur la loi Rhodienne de jactu dans les *Annales des Universités de Belgique*, pour l'année 1843.

(2) Brown *v.* Stapylton, 4 *Bing.* 119 ; Gould *v.* Oliver, 4 *Bing. N. C.* 134.

récompensé (1). Si le montant de la récompense est contesté, le sauveur des objets peut intenter une action contre le propriétaire ou *vice versâ* pour le montant de la récompense. Si le sauvetage a lieu en pleine mer, ou si les objets sauvés sont jetés à terre, entre la haute et la basse marée, il est du ressort de la Cour de l'amirauté de déterminer le montant du sauvetage; si les objets sont jetés à terre au-dessus de la haute marée, le montant de la récompense est du ressort des cours du droit coutumier, et doit être déterminé par un jury.

(1) Hartford *v.* Jones, 1 *Ld. Raym.* 293; Baring *v.* Day, 8 *East,* 57.

CHAPITRE TREIZIÈME.

DE L'ASSURANCE MARITIME.

———

Les relations commerciales qui existent entre la Grande-Bretagne et le continent de l'Europe, sont d'une nature si vaste et si importante que nous ne pouvons passer sous silence la législation concernant les contrats d'assurance maritime. Les limites de notre ouvrage ne nous permettent de donner qu'un aperçu sommaire de cette législation, mais nous essaierons d'indiquer les points les plus saillants, d'où l'on peut découvrir les principes plutôt que les particularités de la loi.

L'assurance en général est un contrat par lequel l'assureur s'oblige envers l'assuré, moyennant une prime, à l'indemniser d'une perte ou d'un dommage qu'il pourrait éprouver par un événement fortuit. Ainsi toutes choses peuvent être l'objet de l'assurance, à l'exception de celles dont l'assurance est prohibée par la loi. Les trois espèces principales d'assurances sont : — les assurances contre les dangers de la mer ; — les assurances contre l'incendie, — et les assurances sur la vie ; nous nous bornerons à examiner la première.

L'assurance contre les dangers de la mer, ou l'assurance maritime, a lieu quand le commerçant donne une prime à autrui pour assurer son navire ou ses marchandises d'un lieu à un autre, d'après les conditions convenues entre les parties. Si quelque perte ou dommage arrive soit à la totalité, soit à une partie de la chose assurée, l'assureur, qu'on appelle en Angleterre le souscripteur (*underwriter*), est tenu de dédommager l'assuré au *prorata* du montant de la somme souscrite par lui. L'assurance est toujours regardée comme un contrat *uberrimæ fidei*, et elle est interprétée en faveur du commerce et de l'assuré.

Section 1. — *Des parties contractantes.*

D'après le droit coutumier toute personne, toute société ou corporation pouvaient être assureurs; mais depuis l'année 1720, par le statut 6 Geo. 1, c. 18, le privilége accordé aux corporations par le droit coutumier fut limité exclusivement aux corporations appelées *Royal Exchange Assurance* et *London Assurance*, et les assurances faites par tous les autres assureurs, excepté par les individus seuls, furent déclarées nulles. Par le statut 5 Geo. 4, c. 114, ces corporations furent déchues de leurs priviléges exclusifs, et le droit coutumier fut rétabli.

Toute personne, soit sujet anglais, soit étranger, sauf les sujets anglais résidant dans un pays en hostilité avec l'Angleterre (1), ou les étrangers ennemis (2), faisant le commerce sans l'autorisation du Roi (3), peut faire assurer ses navires ou ses marchandises.

Section 2. — *Des choses qui peuvent être assurées.*

D'après le droit coutumier, il n'était pas indispensable que l'assuré fût intéressé dans l'objet assuré, et plusieurs polices furent faites contenant l'expression « intéressé ou non intéressé, » et par conséquent l'assureur était responsable soit que l'assuré fût intéressé ou non. Toutefois, par le statut 19 Geo. 2,

---

(1) Mac Connell *v.* Hector, 3 *B. et P.* 113; Willison *v.* Patteson, 7 *Taunt.* 449.

(2) Brandon *v.* Nesbitt, 6 *T. R.* 23.

(3) Flindt *v.* Waters, 15 *East,* 266.

(4) Lucena *v.* Crawford, 5 *B. et P.* 101.

c. 57 , s. 1, il fut ordonné qu'aucune assurance *sur un navire appartenant à Sa Majesté ou à un de ses sujets*, ou sur les marchandises chargées ou à charger à bord de ces navires, ne serait faite « intéressé ou non intéressé, » ou sans preuve d'intérêt hors des circonstances portées sur la police, ou à propos de jeu ou de pari, ou sans bénéfice de sauvetage en faveur de l'assureur.

Il faut observer, comme conséquence de l'insertion des mots imprimés en italiques, que les navires appartenant aux étrangers, ne sont pas assujettis aux dispositions de ce statut (1); ils ont été exceptés en raison de la difficulté d'obtenir l'assistance de témoins résidants à l'étranger pour établir l'intérêt de l'assuré. Toutefois, en général, il est d'usage aujourd'hui que l'objet de l'assurance soit une chose à laquelle l'assuré est intéressé, et par conséquent, une chose à laquelle il peut avoir un intérêt. Ainsi on a le droit d'assurer le corps et la quille du vaisseau; — les agrès et apparaux ; — les armements et les victuailles; — les sommes prêtées à la grosse (2) ; —les marchandises du chargement, ou quelque intérêt spécial dans ces marchandises; par exemple, celle d'un voiturier (3); — le fret acquis et le fret à faire (4), mais à l'égard de ce dernier il doit être prouvé que quelque fret aurait été acquis si le péril contre lequel l'assurance est faite n'était pas intervenu (5); — le profit espéré (6); — les profits mari-

(1) Thelusson *v.* Fletcher, *Doug.* 515; Crawford *v.* Hunter 8 *T. R.* 13; Nantes *v.* Thompson , 2 *East*, 585.

(2) Il paraît douteux si le prêteur à la grosse peut faire assurer le navire pour sa valeur entière. Irving *v.* Richardson, 2 *B. et Ad.* 194.

(3) Crowley *v.* Cohen, 5 *B. et Ad.* 485.

(4) Montgomery *v.* Edgington, 3 *T. R.* 562; Taylor *v.* Wilson, 15 *East*, 324; Barclay *v.* Stirling , 5 *M. et S.* 6.

(5) Horncastle *v.* Stuart , 7 *East*, 400. Sous le terme *fret*, l'armateur peut assurer le profit qu'il pourrait acquérir à cause du transport de ses propres marchandises dans son navire. Flint *v.* Flemyng , 1 *B. et Ad.* 49.

(6) Grant *v.* Parkinson, *Park*, 402; Eyre *v.* Glover, 16 *East*, 218. 5 *Camp.* 276; Barclay *v.* Cousins, 2 *East*, 544.

times des sommes prêtées à la grosse (1); — les profits et les gratifications du capitaine (2).

L'assurance des loyers des gens de mer est illégale, parce que la maxime « le fret est la mère des loyers » serait éludé si les matelots étaient assurés de leurs loyers, quelque événement qu'il arrivât; cette maxime est considérée comme d'ordre public (3).

D'après les dispositions de la section 4 du statut 19 Georges 2, c. 37, on ne peut faire réassurer les objets déjà assurés, excepté dans les circonstances d'insolvabilité, de faillite ou de mort de l'assureur. Il doit être exprimé dans la police qu'elle est une réassurance, et le montant de la somme réassurée ne peut excéder le montant de la somme assurée antérieurement. Cette disposition du statut s'étend aux navires étrangers (4).

Il est presque inutile de mentionner que l'assurance sera illégale et la police nulle, si le voyage est prohibé par la loi ou si les marchandises sont chargées dans le but de faire un commerce illicite (5).

Section 3. — *De la police.*

La police, c'est-à-dire l'acte qui sert à constater le contrat d'assurance peut être *ouverte* ou *évaluée*. Dans la police ouverte, la valeur de la chose assurée n'est pas indiquée, et par conséquent, en cas de perte ou de dommage, elle doit être prouvée. Dans la police évaluée, les parties conviennent de

(1) Simonds v. Hodgson, 3 *B. et Ad.* 52.
(2) Gregory v. Christie, *Park*, 14; King v. Glover, 2 *N. R.* 206.
(3) *Voyez* Webster v. De Tastet, 7 *T. R.* 157.
(4) Andree v. Fletcher, 2 *T. R.* 161.
(5) Camden v. Anderson, 6 *T. R.* 723. 1 *B. et P.* 272; Johnson v. Sutton, *Doug.* 254; Delmado v. Motteux, *Park*, 254.

la valeur de la chose assurée, et la somme convenue est portée sur la police.

Les points principaux de la police sont : — 1° le nom de l'assuré ou de son mandataire; — 2° le nom du navire; — 3° l'objet que l'on fait assurer; — 4° le voyage; — 5° les périls contre lesquels l'assurance est faite; — 6° la date et la souscription par les assureurs; — 7° la minute ou *memorandum* à l'égard des petites avaries; — 8° le timbre; — 9° les garanties. Nous les examinerons d'après l'ordre indiqué.

1. Par le statut 28 Georges 3, c. 56, il est ordonné qu'aucune personne ne pourra assurer un navire ou des marchandises quelconques, à moins que le nom ou la raison sociale de l'assuré, ou de l'expéditeur ou du destinataire de l'objet assuré, ou le nom de l'individu résidant en Grande-Bretagne qui recevra les instructions d'effectuer l'assurance, ne soit inséré préalablement dans la police. Les polices faites en contravention aux dispositions que nous venons d'énoncer sont déclarées nulles (1).

2. Le navire doit être désigné d'une manière conforme à la vérité; mais en pratique il est d'usage d'insérer le nom du navire dans la police avec cette addition : « du nom ou » des noms que porterait ledit navire, » dont l'effet est, qu'une erreur dans le nom sera sans importance pourvu que l'identité puisse être prouvée, et que l'assureur ne soit pas lésé (1). La même observation est applicable au nom du capitaine qui est communément inséré à côté du nom du

---

(1) Woolf *v.* Horncastle. 1 *B. et P.* 516 ; Bell *v.* Gilson, *Ibid.* 545 ; Mellish *v.* Bell, 15 *East*, 4 ; Hibbert *v.* Martin, 1 *Camp.* 538 ; Dickson *v.* Lodge, 1 *Stark.* 226 ; Bell *v.* Janson, 1 *M. et S.* 201.

(2) Le Mesurier *v.* Vaughan, 5 *East*, 382.

navire avec cette addition « ou quel que soit le capitaine qui » montera sur ledit navire. »

3. Nous avons déjà indiqué ce dont la loi permet de faire l'objet de l'assurance. Pour éviter toute contestation, l'objet doit être clairement indiqué (1). Ainsi une assurance faite en termes généraux sur les marchandises ne s'étendra pas à l'assurance du fret (2); et elle ne s'étendra pas non plus à l'assurance des marchandises chargées sur le tillac (3), à moins qu'il ne soit d'usage de les arrimer là (4). Il n'est pas nécessaire que la nature de l'intérêt de l'assuré dans l'objet qu'il fait assurer soit mentionnée (5).

4. Le voyage doit être indiqué avec exactitude (6), afin que les époques et les lieux où l'assurance commence et finit soient déterminés (7). Il est d'usage, dans les polices de Londres, de décrire le voyage comme commençant *at and from* « en et du » port de chargement, et, si ces mots sont insérés, les assureurs sont responsables de la perte ou du dommage qui peut arriver pendant le temps que le navire y reste; comme, par exemple, si le navire est détruit par incendie ou arrêté par ordre du Gouvernement (8). L'assurance sur le navire dure ordinairement jusqu'à

(1) Glover *v.* Black, 3 *Burr.* 1594 ; Simonds *v.* Hodgson, 6 *Bing.* 120.

(2) Baillie *v.* Mondigliani, *Park*, 90.

(3) Blackett *v.* Royal Exchange Ass. Co. 2 *Tyrwh.* 274 ; Ross *v.* Thwaites, *Park*, 26.

(4) Da Costa *v.* Edmunds, 4 *Camp.* 142 ; Gould *v.* Oliver, 4 *Bing. N. C.* 134.

(5) Crowley *v.* Cohen, 3 *B. et Ad.* 485.

(6) Robertson *v.* French, 4 *East*, 130 ; Langhorne *v.* Hardy, 4 *Taunt.* 628 ; Spitta *v.* Woodman, 2 *Taunt.* 416.

(7) Ball *v.* Knight, *Fitz.* 274.

(8) Rotch *v.* Edie, 6 *T. R.* 413 ; Palmer *v.* Marshall, 8 *Bing.* 79 ; Warre *v.* Miller, 4 *B. et C.* 544.

ce qu'il ait été amarré en bon état (1) et pendant vingt-quatre heures après, mais quelquefois elle dure jusqu'à ce que la cargaison soit déchargée. L'assurance sur les marchandises commence du moment du chargement à bord du navire et ne finit qu'après qu'elles sont déchargées et mises à terre sans perte ou dommage ; mais le déchargement doit avoir lieu dans un délai raisonnable, ou bien l'assureur sera libéré (2).

5. Les risques et périls que les assureurs prennent à leur charge sont : « ceux de la mer, des vaisseaux de guerre ; le feu ;
» les ennemis ; les pirates, les corsaires et les voleurs ; le jet ;
» les luttes de représailles et de contre-représailles ; les sur-
» prises ; les captures ; les arrêts, oppositions ou détentions
» pratiqués par tout roi, prince et peuple de toute nation et de
» toute condition ; la baraterie du capitaine et des matelots ; et
» tous les autres périls, pertes ou calamités qui sont arrivés ou
» qui peuvent arriver au préjudice, détriment ou dommage des-
» dites marchandises et dudit navire ou d'une partie quelconque
» de ces objets. »

Il est aussi d'usage que l'assurance soit faite sur *bonnes ou mauvaises nouvelles*, mais, en ce cas, il faut observer que l'assureur est responsable, quoique la perte du navire ait lieu au moment où l'assurance est faite ; faute de cette expression, il en serait autrement (3). Quelquefois l'assurance est faite sur bonnes nouvelles, et, en ce cas, si le navire a été en heureux état à une heure quelconque du jour où l'assurance a été

(1) Shawe *v.* Felton, 2 *East*, 109 ; Maples *v.* Eames, 2 *Str.* 1243. Si on ne fait pas usage de l'expression *bon état*, l'assurance finit au moment de l'expiration de la période indiquée dans la police, quelle que soit la condition du navire. Meretony *v.* Dunlop, 1 *T. R.* 260.

(2) Leigh *v.* Mather, 1 *Esp.* 212 ; Noble *v.* Kennaway, *Doug.* 492.

(3) Jeffreyes *v.* Legendra, 3 *Lev.* 321. 1 *Show.* 324 ; Earl of March *v.* Pigot, 3 *Burr.* 2803.

faite (1), l'assureur sera responsable (2); mais toute assurance faite après que l'assuré a eu connaissance de la perte est nulle (3).

Examinons maintenant en détail les risques contre lesquels la police garantit l'assuré.

Les périls de la mer. — On entend par cette expression toute perte ou dommage que l'assuré peut éprouver *ex marinæ tempestatis discrimine* (4); par exemple, ce qui peut résulter des tempêtes, de l'effort des vents, de l'orage ou de la foudre, des rochers, des bancs de sable, des récifs, etc. La perte ou le dommage résultant de l'abordage fortuit (5) ou de l'échouement du navire, même s'il échoue sur le fond inégal d'un bassin (6), est un péril de la mer. S'il n'y a pas de nouvelles du navire endéans une période raisonnable, on suppose qu'il a coulé bas (7), et l'assuré peut réclamer paiement du montant porté sur la police à raison des périls de la mer.

Feu. — La manière dans laquelle le feu a été occasionné n'importe pas; ainsi, il peut être occasionné par un accident ou par la foudre; mais si le feu provient de la combustion spontanée de marchandises chargées en mauvais état, les assureurs ne seront point responsables de la perte des marchandises (8).

(1) Mead *v.* Davison, 3 *A. et E.* 303.
(2) Blackhurst *v.* Cockell, 3 *T. R.* 563.
(3) Jeffreyes *v.* Legendra, *ubi supra.*
(4) EMERIGON, vol. 1, c. 12. Shaw *v.* Felton, 2 *East,* 109.
(5) Smith *v.* Scott, 4 *Taunt.* 126; Buller *v.* Fisher, 2 *Esp.* 67; parce que les vents et les ondes qui peuvent faire s'élancer deux navires l'un contre l'autre, sont *causæ causantes.*
(6) Fletcher *v.* Inglis, 2 *B. et A.* 315.
(7) Green *v.* Brown, *Str.* 1199; Cohen *v.* Hinckley, 2 *Camp.* 51; Koster *v.* Innes, *R. et M.* 333; Koster *v.* Reed, 6 *B. et C.* 19; si le navire reparait, les assureurs peuvent en prendre possession. Houstman *v.* Thornton, 1 *Holt,* 242.
(8) Boyd *v.* Dubois, 3 *Camp.* 133.

Ennemis. — On fait usage de cette expression par opposition aux pirates, aux corsaires et aux voleurs ci-après nommés; une capture par ces derniers, est appelée déprédation, tandis que celle qui provient du fait d'ennemis est une action faite *jure belli* (1).

Les pirates, corsaires et voleurs. — On entend par pirates, ceux qui commettent des vols et des déprédations en pleine mer, qui auraient été qualifiés de *félonies* (2) s'ils avaient été commis sur terre (3).

Jet. — On entend par le mot jet (*jettizon*) dans les polices de Londres, l'action de jeter à la mer *ex justa causa* des objets chargés sur le navire (4).

Les arrêts, oppositions et détentions pratiquées par tout roi, prince et peuple. — Par *roi et prince*, on entend tout souverain en paix ou en hostilité avec l'Angleterre (5); et par *peuple*, toute puissance (6). La détention la plus commune est un *embargo*, qui est la défense que donne un gouvernement de laisser partir les navires qui sont dans ses ports.

Est nulle toute police portant l'assurance d'un navire contre la capture par un vaisseau de guerre anglais (7); il en est de même si un étranger fait assurer un navire contre la détention par le gouvernement anglais (8). De la même manière

(1) Matthie *v.* Potts, 1 *Bos. et Pul.* 3.

(2) *Felony* (felonia), d'après la jurisprudence anglaise, est tout crime qui donne lieu à la confiscation des biens du coupable.

(3) Nesbitt *v.* Lushington, 4 *T. R.* 788.

(4) Butler *v.* Wildman, 3 *B. et A.* 398.

(5) Par Lord Mansfield, dans l'affaire Goss *v.* Withers, 2 *Burr.* 496, Mellish *v.* Andrews, 15 *East*, 13; Sewell *v.* R. E. Ass. Co., 4 *Taunt.* 856.

(6) Nesbitt *v.* Lushington, *ubi supra.*

(7) Furtado *v.* Rogers, 3 *B. et P.* 191 ; Kellner *v.* Le Mesurier, 4 *East*, 397; Gamba *v.* Le Mesurier, 4 *East*, 407.

(8) Touteng *v.* Hubbard, 3 *B. et P.* 302. Mais un sujet anglais

un étranger ne peut pas faire assurer contre les actes de son propre gouvernement (1), à moins que l'assureur n'ait agi en pleine connaissance de cause (2) ; mais la simple contravention aux règlements fiscaux d'un pays étranger, si l'assureur y a donné son consentement, n'annulera pas la police, parce que les tribunaux anglais ne connaissent pas des règlements fiscaux d'un autre pays (3).

Baraterie du capitaine et des matelots. — On entend par cette expression, toute espèce de dol ou de fourberie *ex maleficio*, commis par le capitaine ou par les gens de l'équipage, par lequel le propriétaire du navire peut être lésé (4). Ainsi la baraterie peut être commise au moyen d'un changement de route fait avec l'intention de frauder l'armateur (5). Elle peut avoir lieu également si le capitaine ou les gens de l'équipage font la contrebande (6), ou s'ils enlèvent le navire lui-même (7). La définition ci-dessus énoncée est applicable à

peut assurer contre la détention, par le gouvernement anglais. Green *v.* Young, 1 *Ld. Raym.* 840.

(1) Campbell *v.* Innes 4 *B. et A.* 423.

(2) Simeon *v.* Bazett, 2 *M. et S.* 94. 4 *M. et S.* 147.

(3) Planché *v.* Fletcher, *Dougl.* 258 ; Holman *v.* Johnson, *Cowp.* 343. Ces décisions des tribunaux anglais sont d'accord avec les principes du droit international. Ainsi nous trouvons, dans le traité de Wheaton, que les tribunaux d'un pays ne connaissent pas et ne donnent pas leur effet aux règlements commerciaux et fiscaux d'un autre pays ; par conséquent, l'assurance des marchandises prohibées dans un pays peut devenir la matière d'une action devant les tribunaux d'un autre pays où elles ne sont pas prohibées. WHEATON, *Droit international,* vol. 1, p. 116.

(4) Knight *v.* Cambridge, *Str.* 581 ; Lockyer *v.* Offley, 1 *T. R.* 252 ; Heyman *v.* Parish, 2 *Camp.* 149.

(5) Vallejo *v.* Wheeler, *Cowp.* 143.

(6) Lockyer *v.* Offley, *ubi supra.*

(7) Hibbert *v.* Martin, 1 *Camp.* 539 ; Hucks *v.* Thornton, 1 *Holt,* 50 ; Toulmin *v.* Inglis, 1 *Camp.* 411.

l'affréteur aussi bien qu'au propriétaire, parce que l'affréteur est regardé comme étant le propriétaire du navire *pro hac vice* (1).

Les autres périls, etc. — Cette phrase est insérée pour se prémunir contre les contestations qui pourraient survenir si la perte ou le dommage ne tombait pas sous les autres dénominations indiquées dans la police. Ainsi, nous en trouvons un exemple dans une affaire (2) où l'équipage d'un vaisseau de guerre anglais, croyant que le navire assuré appartenait à l'ennemi, tira le canon contre celui-ci et le coula; le tribunal décida que la perte était comprise dans les expressions par *les autres périls*.

Nous avons indiqué les périls et les risques mentionnés dans la police, il reste à faire une ou deux observations générales sur cette portion du contrat. D'abord, les assureurs ne sont pas responsables d'une perte plutôt accessoire à l'objet de l'assurance qu'occasionnée par un cas fortuit; par exemple, une perte produite par les vers (3), ou par les rats (4) ou par la combustion spontanée de marchandises mal conditionnées (5). Il y a encore une espèce de pertes qui ne tombe pas dans l'esprit de la police, et pour laquelle l'armateur doit dédommager le propriétaire (6); ainsi par exemple, quand le capitaine est forcé de faire vendre une partie de la cargaison pour la réparation du navire (7).

Enfin, une perte est attribuée à un péril particulier, si ce péril

(1) Soares *v.* Thornton, 6 *Taunt.* 627; Vallejo *v.* Wheeler, *ubi supra.*

(2) Cullen *v.* Butler, 5 *M. et S.* 461.

(3) Rohl *v.* Parr, *Esp.* 444.

(4) Hunter *v.* Potts, 4 *Camp.* 205.

(5) Boyd *v.* Dubois, 3 *Camp.* 133.

(6) Powell *v.* Gudgeon, 5 *M. et S.* 457.

(7) Sarquy *v.* Hobson, 2 *B. et C.* 7.

est la cause immédiate de la perte, quoiqu'une autre cause y ait contribué; si deux causes contribuent également à la perte, elle peut être attribuée à l'une ou à l'autre, mais si ces deux causes contribuent en proportion inégale, on doit appliquer la maxime, *in jure causa proxima non remota spectatur.* Si la *causa proxima* de la perte n'est pas comprise parmi les périls mentionnés dans la police, les assureurs ne seront pas responsables; par exemple, si le navire assuré a souffert de dommage par suite de l'abordage fortuit, les assureurs seront responsables; mais, si dans le choc, l'autre navire a éprouvé des dommages, les dommages soufferts par les deux doivent être mis ensemble et partagés par les deux en portions égales, suivant les règlements de la cour de l'Amirauté. Dans ce cas, si le navire assuré a causé plus de dommage qu'il n'en a éprouvé, et que ses armateurs soient obligés de payer la différence, les assureurs ne seront pas tenus de rembourser ce paiement (1), parce que le dommage au navire assuré n'est pas une conséquence nécessaire et immédiate des périls de la mer.

6. *La date et la souscription.* — La date et la souscription avec la quittance pour la prime sont énoncées comme suit : « Et ainsi, nous les assureurs sommes satisfaits, et par la présente nous promettons et nous nous obligeons, chacun pour sa part, nos héritiers, exécuteurs et nos biens, envers l'assuré, à l'exécution véritable des prémisses, et nous reconnaissons avoir reçu de l'assuré le prix de cette assurance sur le pied de . . . . pour cent. En témoignage de quoi, nous les assureurs avons souscrit nos noms et les sommes assurées à Londres, ce . . . . jour, etc. »

L'insertion du montant de la prime est requise par le statut 35 Geo. 3, c. 63. L'insertion de la somme assurée n'est requise

____

(1) De Vaux *v.* Salvador, *4 A. et E.* 421.

que par les lois sur le timbre (1), mais elle n'est jamais négligée.

7. *Le memorandum.* — Le *memorandum* ou la minute est inséré afin que la responsabilité de l'assureur ne porte pas sur les avaries particulières ou les pertes partielles qui pourraient être réclamées pour certaines choses fongibles. Cette clause est : — « Le froment, le poisson, le sel, le salpêtre, le fruit, la farine et la graine sont garantis libres d'avaries, sauf les cas de grosses avaries ou d'échouement du navire. Le sucre, le rhum, les cuirs, les peaux, le chanvre, le lin, le riz et le tabac sont garantis libres d'avaries au-dessous de cinq pour cent, et toutes les autres marchandises et même le navire et le fret sont garantis libres d'avaries au-dessous de trois pour cent à l'exception des cas de grosses avaries ou d'échouement du navire.

Cette clause exempte l'assureur de toute responsabilité à l'égard de la perte partielle des marchandises premièrement nommées, et de toute perte au-dessous de cinq pour cent pour celles de la seconde espèce, à moins que la perte ne soit comprise dans le cas de grosses avaries ou d'échouement du navire.

Le motif de cette dernière exception est qu'en cas d'échouement du navire, afin d'éviter toute contestation sur la véritable cause du dommage éprouvé par les marchandises, on présume que l'échouement du navire est la cause directe et unique du dommage, soit que le dommage arrive en conséquence de l'échouement ou non. Pour cette raison, il est important de déterminer ce qu'il faut entendre par « échouement. »

Voici à cet égard l'interprétation que l'on peut déduire des décisions des tribunaux : quand le navire, pendant son voyage et sa navigation ordinaire, donne contre un bas-fond dans une rade ou une rivière accessible à la marée, de manière qu'il

____

(1) Dowell *v.* Moon, 4 *Camp.* 166.

puisse flotter encore au montant de la marée, cet événement n'est pas un échouement; mais quand le navire donne contre un bas-fond à raison d'une circonstance fortuite et inopinée, cet événement est un échouement, peu importe si le navire a souffert ou non quelque dommage. Par exemple, si par suite du choc du navire contre le bas-fond à la marée descendante, les coutures se sont disjointes et ouvertes, et si la cargaison a été endommagée, mais que, avec la marée montante, les coutures se referment et le navire ne souffre pas de dommage permanent, ce ne sera pas un échouement dans le sens légal de cette expression, telle qu'elle se trouve au *memorandum* (1).

8. *Le timbre.* — La police doit être écrite sur un timbre suffisant au moment de la souscription par l'assureur (2).

9. *Les garanties.* — Les garanties sont expresses ou sous-entendues; les premières sont exprimées dans le corps ou au bas de la police ou sur une autre écriture ayant rapport à la police : les secondes sont sous-entendues comme existant dans toute police, à moins que le contraire ne soit expressément indiqué.

Les garanties expresses sont communément :

1° *Le jour de départ.* — Quand il est garanti que le navire fera voile à un jour fixe, il doit avoir commencé son voyage au jour indiqué. Le départ doit être fait de bonne foi et non pour éluder la garantie : par exemple, si le navire lève l'ancre et avance lentement sans avoir à bord les acquits du paiement des douanes ou la cargaison entière, le départ ne sera pas censé fait de bonne foi (3).

(1) Wells *v.* Hopwood, 3 *B. et Ad.* 54; Kingsford *v.* Marshall, 8 *Bing.* 458.

(2) Roderich *v.* Hovil, 3 *Camp.* 103.

(3) Lang *v.* Anderdon, 3 *B. et C.* 498; Pettigrew *v.* Pringle, 3 *B. et Ad.* 521 ; Graham *v.* Barras, 5 *B. et Ad.* 1011.

2o Le salut du navire à une époque particulière. — Nous avons déjà dit que cette garantie est quelquefois insérée pour restreindre la force de l'expression « bonnes ou mauvaises nouvelles (1). »

3o En temps de guerre, il est d'usage de garantir le départ du navire accompagné d'un convoi, et, en ce cas, le navire doit accompagner le convoi pendant toute la durée du voyage, à moins d'impossibilité absolue (2).

4o En temps de guerre, il est aussi d'usage de garantir que l'objet de l'assurance est propriété neutre, c'est-à-dire que le navire appartient au sujet d'un État neutre et que la navigation aura lieu d'après le droit des gens et les traités particuliers existant entre les belligérants et le pays auquel appartient le navire. De cette manière, s'il a été convenu par un traité que les navires munis de certains documents seront seuls regardés comme neutres, celui qui garantit la neutralité devra veiller à ce que les documents nécessaires se trouvent à bord (3).

5o Quelquefois une clause est insérée portant que les assureurs ne seront pas responsables en cas de confiscation, de prise ou de capture dans le port de débarquement.

Les garanties qui sont toujours sous-entendues sont :

1o Que le navire ne changera pas de route. Tout changement de route ou de voyage décharge pleinement l'assureur de l'époque où la déviation a eu lieu et non *ab initio;* et par conséquent l'assureur n'est responsable que des dommages survenus avant cette époque (4). Le voyage est réputé changé aussitôt que le navire est dirigé vers une autre destination que celle pour

____

(1) *Supra* p. 159 ; Blackhurst *v.* Cockell, 3 *T. R.* 360.

(2) Anderson *v.* Pitcher, 2 *B. et P.* 169 ; Webb. *v.* Thompson, 1 *B. et P.* 5.

(3) Rich. *v.* Parker, 7 *T. R.* 705 ; Baring *v.* Christie, 5 *East*, 398.

(4) Green *v.* Young, 2 *Lord Raym.* 840.

laquelle il est assuré, quelque insignifiant d'ailleurs que soit le changement, pourvu qu'il ait été fait volontairement et sans nécessité. En général, un changement de route peut être justifié s'il a été fait pour accompagner un convoi (1), à moins que l'assurance ne le défende expressément; — pour cause de tempête (2); — de radoub (3); — d'une approche de l'ennemi (4); — pour secourir un navire en détresse (5); — par suite de mutinerie, de la désertion ou de la maladie de l'équipage, ou autre accident inévitable (6). Dans tous les cas, le voyage forcé doit être fait de la manière la plus prompte possible (7).

2° En toute police on sous-entend la condition que le navire sera en bon état (8) et bien conditionné au début du voyage (9); et propre au service qu'il doit faire (10).

3° Enfin, l'assuré garantit tacitement qu'il fera tout ce qui sera en son pouvoir pour éviter les dangers et les risques contre lesquels l'assurance est faite, afin qu'aucune perte n'arrive par sa faute ou par sa négligence (11).

(1) D'Aguilar *v.* Tobin, 1 *Holt,* 185; Warwick *v.* Scott, 4 *Camp.* 62.
(2) Delany *v.* Stoddart, 1 *T. R.* 22; Smith *v.* Macneil, 2 *Dowl.* 538, 544.
(3) Motteux *v.* L. A. Compy, 1 *Atk.* 547.
(4) O'Reilly *v.* Gonne, 4 *Camp.* 249.
(5) Lawrence *v.* Sydebotham, 6 *East,* 54.
(6) Driscoll *v.* Bovill, 1 *B.* et *P.* 513; Driscoll *v.* Passmore, *id.* 204; Elton *v.* Brogden, 2 *Str.* 1264.
(7) Lavabre *v.* Wilson, *Doug.* 277.
(8) On ne sous-entend pas cette condition si l'assurance est faite pour une période déterminée et non pour un ou plusieurs voyages. Gibson *v.* Small, *Chambre des Pairs,* 3 juin 1853.
(9) Watts *v.* Morris, 1 *Dowl.* 32; Douglas *v.* Scougall, 4 *Dowl.* 269; Wilkie *v.* Geddes, 3 *Dowl.* 57; Rich *v.* Parker, 7 *T. R.* 709; Shore *v.* Bentall, 7 *B.* et *C.* 798; Wedderburne *v.* Bell, 1 *Camp.* 1.
(10) Hucks *v.* Thornton, 1 *Holt,* 50.
(11) Pipon *v.* Cope, 1 *Camp.* 434; Law *v.* Hollingworth, 7 *T. R.* 160; Bell *v.* Carstairs, 14 *East,* 384.

Section 3. — *Du résultat du contrat.*

En cas de salut de l'objet assuré, peu de débats s'élèveront ; mais en cas de perte, à raison de quelques-uns des risques contre lesquels l'assurance est faite, la première question est de savoir si la perte est totale ou partielle, parce que l'assurance étant un contrat pour indemniser l'assuré, celui-ci ne peut réclamer qu'un paiement partiel dans l'éventualité d'une perte partielle.

Une perte totale est ou bien totale *per se,* ou bien elle devient totale par le délaissement du navire. Une perte totale de la première espèce a lieu quand l'objet assuré n'existe point du tout encore, ou quand il existe entre les mains des assureurs ou pour leur profit, mais dans une telle condition qu'il est entièrement inutile. Ainsi la perte sera totale *per se,* non-seulement si le navire assuré est consumé par le feu, détruit par naufrage ou qu'il cesse, par quelque autre accident, d'être *in specie,* mais même en cas de capture, d'arrêt, de baraterie, etc., si la domination des saisissants continue (1). Dans tous ces cas, la perte sera totale sans délaissement. Bien qu'il ait été dit qu'une perte ne peut être totale si la chose assurée existe *in specie,* cette expression doit signifier que la perte sera totale si la chose n'existe que dans un état inutile ; car, si un navire est brisé de telle manière qu'il est une agglomération de planches plutôt qu'un navire, la perte sera totale sans délaissement (2).

D'après un jugement rendu par la chambre de l'Échiquier (3), la perte est totale, si les marchandises qui ont souffert des dommages par les risques de la mer, et qui ont été débarquées forcément avant la fin du voyage, sont à raison du dommage en

______

(1) Mullett *v.* Shedden, 13 *East,* 304 ; Mellish *v.* Andrews, 15 *East,* 13 ; Bondrett *v.* Hentigg, 1 *Holt,* 149 ; Dixon *v.* Reid, 5 *B. et A.* 598.

(2) Cambridge *v.* Anderton, 2 *B. et C.* 691 ; Bell *v.* Nixon, 1 *Holt,* 423 ; Martin *v.* Crockatt, 14 *East,* 465.

(3) Roux *v.* Salvador, 1 *Bing. N. C.* 526 ; 3 *Bing. N. C.* 266.

telle condition (bien que la *species* ne soit pas détruite entièrement) qu'elles ne peuvent être rechargées en sûreté à bord du même navire ou d'un autre. La perte est également totale, s'il est évident que la *species* sera dénaturée avant le terme du voyage; ou si les marchandises sont d'une nature non fongible, et qu'elles restent entre les mains de tiers, et non sous le contrôle de l'assuré.

Quand la perte n'est pas totale *per se*, le droit d'abandon dépend de l'étendue de la perte. La doctrine, autrefois adoptée à cet égard, était que si le voyage était interrompu, ou que les frais de son accomplissement excédassent le profit espéré, et par conséquent que la continuation en devînt onéreuse, l'assuré pouvait faire l'abandon. Mais cette doctrine a été limitée par des décisions récentes (1), parce qu'il a paru impossible d'imaginer un cas où la perte du voyage, indépendamment d'aucun hasard extraordinaire, donnerait droit de délaissement à l'assuré.

Quand le délaissement est requis par la loi, on suppose nonseulement que la chose assurée, ou une partie de la chose existe *in specie*, mais qu'il y a une probabilité, quelque éloignée qu'elle soit, que la chose arrivera à sa destination, ou, au moins, que la valeur de la chose assurée sera altérée ou modifiée par les mesures qui seront prises pour le recouvrement ou la conservation (2).

Si l'assuré juge convenable d'abandonner la chose assurée, il doit donner avis du délaissement dans un délai raisonnable (3).

(1) Anderson *v.* Wallis, 2 *M. et S.* 240; Falkner *v.* Ritchie, *ibid.* 293; Naylor *v.* Taylor, 9 *B. et C.* 724; Thornley *v.* Hebson, 2 *B. et A.* 513; Bainbridge *v.* Nelson, 10 *East,* 329; Brotherston *v.* Barber, 5 *M. et S.* 419.

(2) Roux *v.* Salvador, 3 *Bing. N. C.* 287.

(3) Mitchell *v.* Edie, 1 *J. R.* 608; Hunt *v.* R. E. A. Compy. 5 *M. et S.* 47; Mellish *v.* Andrews, 15 *East,* 13; Alwood *v.* Henchall, *Park,* 72.

La durée de ce délai n'est pas déterminée, mais on a décidé qu'un délai du 6 septembre jusqu'au 14 octobre est trop long (1). Ainsi un navire brisé en Irlande ayant été examiné par ordre de l'assuré le 14 décembre, et avis du délaissement ayant été donné à Londres le 6 janvier, tandis que le courrier n'exige que quatre ou cinq jours, le tribunal décida que l'avis avait été donné trop tard (2). Cependant il suffit que l'avis soit donné dans un délai suffisant pour que l'assuré puisse prendre une résolution après avoir reçu les nouvelles de la perte, et avoir eu occasion de constater l'étendue du dommage (3).

Le délaissement des objets assurés ne peut être partiel (4) ni conditionnel, à moins que l'assureur ne juge convenable d'accepter un délaissement conditionnel (5). Il doit être exprès et positif (6). On peut en donner l'avis verbalement (7).

Le délaissement a pour effet de transférer à l'assureur, à partir de l'époque du délaissement, la propriété entière de ce qui fait objet de l'assurance (8). Ainsi, quand un navire est délaissé aux assureurs, le fret qui peut être fait par le navire postérieurement au délaissement appartient aux assureurs, bien que

(1) Barker v. Blakes, 9 *East*, 283.

(2) Aldridge v. Bell, 1 *Stark.* 498.

(3) Read v. Bonham 3 *B. et B.* 147 ; Gernon v. R. E. A. Compy. 1 *Holt*, 47 ; 6 *Taunt.* 383.

(4) PARK, *Assurance*, 229.

(5) M'Masters, v. Shoolbred, 1 *Esp.* 239.

(6) Parmeter v. Todhunter, 1 *Camp.* 541 ; Da Costa v. Newnham 2 *T. R.* 407 ; Havelock v. Rockwood, 8 *T. R.* 268 ; Lockyer v. Offley, 1 *T. R.* 258 ; Thellusson v. Fletcher, 1 *Esp.* 73.

(7) Read v. Bonham, 3 *B. et B.* 149. *Voyez* toutefois les remarques de Lord Ellenborough à l'égard de l'utilité de donner l'avis par écrit, et de faire usage du mot *délaisser (abandon)*. Parmeter v. Todhunter, *ubi supra*.

(8) Leatham v. Terry, 1 *B. et P.* 478 ; Thompson v. Rowcroft, 4 *East*, 31.

ce fret forme l'objet d'une autre assurance (1); le délaissement opère de la même manière que la vente du navire, et transfère le fret comme accessoire du navire (2). Mais les assureurs ne reçoivent que le profit déduction faite des frais encourus pour la conservation de l'objet délaissé.

L'expression *perte partielle* ne requiert pas d'interprétation, mais il faut observer qu'une perte qui a été totale peut devenir partielle par des événements subséquents. Ainsi en cas de capture d'un navire, la perte sera totale, et le paiement pour perte totale peut être exigé, si le navire est resté entre les mains de l'ennemi jusqu'au moment où l'action de délaissement a été entamée. Mais si le navire parvient à se soustraire à l'ennemi ou s'il lui est repris, et que par là il conserve une valeur quelconque, la perte devient partielle de totale qu'elle était (3).

La somme à payer pour perte partielle se calcule ainsi : si le navire a souffert des dommages qui ont été réparés par l'armateur, tous les remplacements à la charge de l'assureur subissent pour la différence du vieux au neuf, une réduction d'un tiers sur le coût justifié au lieu où la réparation a été faite (4) : si le dommage a porté sur les marchandises, on doit découvrir premièrement la différence entre leur prix brut dans le lieu de leur destination et le prix brut qu'elles auraient obtenu si elles n'avaient pas été détériorées. Alors le prix brut des marchandises si elles fussent arrivées en bon état, est au prix brut des marchandises détériorées, ce que leur valeur primitive est à x (le

(1) Case *v.* Davidson, 2 *B. et B.* 579 ; Sharp *v.* Gladstone, 7 *East,* 50.

(2) Kerswill *v.* Bishop, 2 *Tyrwh.* 602 ; Chinnery *v.* Blackburne, 1 *H. Bl.* 117.

(3) Bainbridge *v.* Nelson, 10 *East,* 329 ; Brotherstone *v.* Barber, 5 *M. et S.* 418 ; Patterson *v.* Ritchie, 4 *M. et S.* 395.

(4) Poingdestre *v.* R. E. A. Compy, 1 *R. et M.* 378 ; Da Costa, *v.* Newnham, 2 *T. R.* 407.

quatrième terme); on peut trouver la somme à payer à l'assuré
en déduisant cette quatrième somme de la valeur primitive (1).
Ainsi, si la valeur primitive des marchandises était de 10,000 fr.
et qu'en cas d'une heureuse arrivée elles eussent produit
20,000 fr., mais que, par suite de détérioration, elles ne pro-
duisissent plus que 15,000 fr., alors nous avons cette proportion :

$$20,000 \ : \ 10,000 \ : : \ 15,000 \ : \ 7,500 ,$$

et en soustrayant 7,500 (le quatrième terme) de la valeur primitive,
nous avons 2,500 fr., perte dont l'assureur doit tenir compte.
Le motif pour lequel on a adopté la valeur primitive comme base
du calcul est que l'assurance étant un contrat pour indemniser
l'assuré, celui-ci ne doit pas être bénéficié, et il le serait s'il
recevait plus qu'il n'a payé primitivement. La valeur primitive des
marchandises, en cas de police ouverte, est réglée d'après le prix
de facture au port du chargement, prix auquel la prime de l'assurance et la commission peuvent être ajoutées (2). Si la police est
évaluée, la valeur primitive des marchandises a été convenue
entre les parties elles-mêmes, et on adopte cette valeur (3).

Après qu'une perte a eu lieu, à moins que l'assureur ne
puisse contester la validité de son obligation envers l'assuré, il
procède à *l'ajustement*, par lequel est établie la somme que
l'assuré devait recevoir en vertu de l'assurance et la portion
à supporter par chacun des assureurs. Si l'assureur conteste son
obligation de faire paiement de la somme portée sur la police, il
ne peut se fonder que sur l'absence de quelques-unes des conditions ci-dessus énoncées comme nécessaires à la validité du contrat, ou bien il doit alléguer que le contrat est vicieux à cause de

---

(1) Usher *v.* Noble, 12 *East*, 639 ; Johnson *v.* Shedden, 2 *East*, 581 ;
Lewis *v.* Rucker, 2 *Burr*. 1167 ; Hurry *v.* R. E. A. Compy,
3 *B. et P.* 308.

(2) Langhorne *v.* Alnutt, 4 *Taunt*. 511,

(3) Lewis *v.* Rucker, 2 *Burr*. 1167.

dol, de fausse représentation ou de réticence de la part de l'assuré. Nous ajouterons quelques mots relativement à cette dernière exception que l'assureur peut opposer à l'action de l'assuré.

Le contrat d'assurance est un contrat essentiellement de bonne foi; et le dol, la fausse représentation ou la réticence l'annule *ab initio*. Ainsi, est nulle une assurance faite après que l'assuré a eu connaissance de la perte de la chose assurée; il en est de même si l'assurance est faite après que l'assureur a reçu des nouvelles de l'arrivée de la chose qu'on était venu assurer; dans ce cas, l'assuré peut réclamer en justice paiement du montant de la prime payée (1). La fausse représentation d'un fait important annule la police, soit que la partie affirmante ait connaissance de la fausseté du fait allégué, soit qu'elle ignore s'il est vrai ou faux (2). Néanmoins il suffit que la représentation soit vraie en somme, quoiqu'elle ne le soit pas littéralement; et à ce point de vue, elle diffère de la garantie qui doit être interprétée strictement (3).

Quant à la réticence, elle est fatale à la validité de la police aussi bien que la fausse représentation, parce que l'assurance étant un contrat purement aléatoire, l'assureur doit avoir connaissance de toutes les circonstances qui seraient de nature à empêcher le contrat ou à en modifier les conditions, s'il avait été averti du véritable état des choses; et ce n'est pas une justification que d'attribuer la réticence à la fraude ou à la négligence du mandataire de l'assuré (4). Il en est de même si la circonstance cachée est fausse (5), si elle n'avait pas rapport à la

(1) Carter *v.* Boehm, 3 *Burr.* 1905.

(2) Macdoual *v.* Fraser, *Doug.* 260; Charaud *v.* Angerstein, *Peake*, 43; Duffell *v.* Wilson, 1 *Camp.* 401.

(3) Pawson *v.* Watson, *Cowp.* 785; Bize *v.* Fletcher, *Doug.* 275; Nonnen *v.* Reid, 14 *East*, 176; Van Tungein *v.* Dubois, 2 *Camp.* 151.

(4) Fitzherbert *v.* Mather, 1 *T. R.* 12.

(5) Voyez 5 *Taunt.* 38.

perte survenue depuis (1) et même si ce n'est pas frauduleusement qu'elle avait été cachée (2). Mais la réticence pour annuler
la police doit porter sur une circonstance essentielle à l'estimation précise des risques (3). Ainsi, par exemple, les tribunaux
ont décidé que des circonstances telles que les suivantes ne doivent pas être cachées : — Avis particulier que le navire qu'on
veut assurer, ou un navire qui y ressemble, a été perdu (4) ; avis
que le navire faisait eau (5) ou avait éprouvé quelque dommage
avant le commencement de l'assurance (6), ou qu'il était en
danger d'être attaqué par les ennemis (7).

Mais la règle à l'égard de la réticence est limitée aux circons-
stances que l'assuré connaît en particulier. Il n'est pas nécessaire que l'assuré fasse mention des choses dont l'assureur a ou
devait avoir connaissance ; — *scientia utrinque par pares con-
trahentes facit.* Ainsi, il n'y a pas de nécessité de mentionner
les usages du commerce, parce qu'on suppose que l'assureur en
a connaissance (8) ; il n'est pas nécessaire non plus de faire
mention des matières générales de spéculation, telles que la
difficulté du voyage, la nature de la saison, la probabilité de
la foudre, des ouragans ou des tremblements de terre, ou

(1) 2 *Str.* 1183.
(2) 3 *Burr.* 1905. 1 *T. R.* 12.
(3) Durrell *v.* Bederley, 1 *Holt*, 283.
(4) Da Costa *v.* Scandret, 2 *P. Wms.* 170 ; Gladstone *v.* King, 1 *M.
et S.* 38.
(5) Lynch *v.* Hamilton, 3 *Taunt.* 37 ; Lynch *v.* Dunsford, 14 *East,*
49 ; voyez Westbury *v.* Aberdein, 2 *M. et W.* 267. Dans cette dernière affaire, un autre navire qui arrivait en avance avait rencontré le
navire qu'on voulait faire assurer dans une tempête.
(6) Gladstone *v.* King, *ubi supra.*
(7) Carter *v.* Boehm, 3 *Burr.* 1905 ; Beckwaite *v.* Walgrove,
3 *Taunt.* 41.
(8) Noble *v.* Kennoway, *Doug.* 510 ; Vallance *v.* Dewar, 1 *Camp.*
503 ; Ougier *v.* Jennings, *ibid.* 505 ; Grant *v.* Paxton, 1 *Taunt.* 465 ;
Stewart *v.* Bell, 5 *B. et A.* 238.

l'éventualité de guerre. Les hommes raisonnent différemment sur les phénomènes de la nature et sur les apparences politiques; ils ont des capacités différentes, des degrés de connaissance et des manières de penser diverses; mais les sources des connaissances sont ouvertes généralement à tous, chacun agit en ces matières d'après son inspiration et d'après son expérience personnelle, et, par conséquent, nul n'est tenu de communiquer à autrui le résultat de son jugement individuel.

Si l'assuré est débouté de sa demande contre l'assureur et que celui-ci ne puisse être responsable de la perte, la question de la restitution de la prime s'élève immédiatement. Cette restitution est totale ou partielle. Faute à cet égard de stipulations expresses entre les parties, la question de la restitution totale est réglée d'après ces deux principes généraux :

1° Si le risque n'a pas été encouru, la prime sera restituée, parce que l'assureur la reçoit à cause du risque, et il ne doit pas la retenir s'il n'a pas été soumis au risque (1).

2° Quand le risque que la police prévoit est entier et a commencé à courir, la prime est acquise par l'assureur et ne peut être réclamée (2).

Si le risque n'est pas entier, c'est-à-dire si la police renferme plus d'un seul voyage et qu'un ou plusieurs n'aient pas commencé, il y a lieu à restitution de la prime à l'égard des voyages qui ne sont pas commencés, parce que, dans ce cas, le risque n'est pas entier et l'assureur n'est pas responsable de la perte ou du dommage qui peut arriver pendant les voyages subséquents (3).

(1) Routh v. Thompson, 11 *East*, 432 ; Oom v. Bruce, 12 *East*, 225 ; Hentigg v. Stanniforth, 5 *M. et S.* 122 ; Siffken v. Alnutt, 1 *M. et S.* 39 ; Feize v. Parkinson, 4 *Taunt.* 640 ; Penson v. Lee, 2 *B. et P.* 330.

(2) Tyrie v. Fletcher, *Cowp.* 666 ; Bermon v. Woodbridge, *Doug.* 781 ; Langhorn v. Cologan. 4 *Taunt.* 350.

(3) Stevenson v. Snow, 3 *Burr.* 1237.

CHAPITRE QUATORZIÈME.

DES EFFETS DE COMMERCE.

———

Section 1. — *De la forme de la lettre de change.*

La *lettre de change* est une lettre par laquelle une personne mande à une autre personne à payer une certaine somme d'argent à un tiers ou à son ordre.

Le *billet à ordre* est une promesse par écrit par laquelle celui qui le souscrit s'oblige à payer à une autre personne ou à son ordre, une certaine somme d'argent.

Les lettres de change tirent leur force de la coutume de commerçants; les billets à ordre, du statut 3 et 4 Anne, c. 9, par lequel ils sont entièrement assimilés aux lettres de change.

Quoique le billet à ordre, dans sa forme originale, n'ait pas de ressemblance avec la lettre de change, cependant, quand il est endossé, il devient de même nature, parce que l'endossement donne au souscripteur l'ordre d'en payer le montant au porteur.

Le tireur de la lettre de change contracte envers le preneur et chaque endosseur, l'obligation de garantir que le tiré est capable de l'accepter, et qu'il en paiera le montant à l'échéance.

Celui qui souscrit un billet à ordre contracte, envers la personne à l'ordre de qui il est souscrit et envers l'endosseur et le porteur, l'obligation d'en payer le montant de la manière y indiquée.

Il n'est pas nécessaire que la lettre de change ou le billet à ordre soient assujettis à des formalités particulières (1); mais il est indispensable qu'ils réunissent les conditions énoncées plus haut. Ainsi, il faut que cet acte contienne un mandement ou une promesse de payer; et cette somme doit être payable en espèces (2). L'obligation doit être pure et simple et ne peut être subordonnée à une condition ni contenir quelque obligation accessoire (3).

On distingue deux sortes de lettres de change, les lettres de change de l'intérieur et les lettres de change étrangères.

1. *Les lettres de change de l'intérieur* sont celles qui sont tirées et payables en Angleterre (4); et à cet égard, l'Angleterre, l'Écosse et l'Irlande sont regardées comme étant l'un à l'égard de l'autre des pays différents (5).

(1) Chadwick *v.* Allen, *Str.* 706; Morris *v.* Lea, *Ld. Raym.* 1596; *Str.* 629; Shuttleworth *v.* Stephens, 1 *Camp.* 407; Greig *v.* Milner, 8 *Taunt.* 759; Starke *v.* Cheesman, *Carth.* 509; Green *v.* Davies, 4 *B. et C.* 235; Block *v.* Bell, 1 *M. et Rob.* 149.

(2) Martin *v.* Chauntry, *Str.* 1271; Bolton *v.* King, 4 *B. et Adol.* 619.

(3) Appleby *v.* Biddulph, 8 *Mod.* 365; Roberts *v.* Peake, *Burr.* 323; Beardsley *v.* Baldwin, *Str.* 1151; Haydock *v.* Linch, *Lord Raym.* 1563; Hill *v.* Halford, 2 *B. et P.* 413; Leeds *v.* Lancashire, 2 *Camp.* 205; Hartley *v.* Wilkinson, 4 *Camp.* 127; Crowfoot *v.* Gurney, 9 *Bing.* 574; Clarke *v.* Perceval, 2 *B. et Ad.* 660; Worley *v.* Harrison, 5 *A. et E.* 669.

(4) Une lettre de change tirée en Angleterre sur un individu résidant en pays étranger et payable en Angleterre, est une lettre de change de l'intérieur. Amner *v.* Clarke, 2 *C. M. et Ros.* 468.

(5) Mahoney *v.* Ashlin, 2 *B. et Ad.* 478. Le droit de l'Écosse à l'égard des effets de commerce diffère de celui de l'Angleterre en plusieurs points essentiels. Le statut 9 Geo. 4, c. 24, a rendu communs à l'Irlande les principes suivis en Angleterre sur la matière, à quelques exceptions près; ainsi tout ce que nous dirons sur l'Angleterre s'applique également à l'Irlande, sauf les exceptions que nous indiquerons. Les points principaux dans lesquels le droit de l'Écosse diffère de celui de l'Angleterre, se trouveront indiqués dans le texte.

MODÈLE DE LETTRE DE CHANGE DE L'INTÉRIEUR (1).

100 *l.* » »   *Londres, 1ᵉʳ janvier 1850.*

      A vue (ou sur demande, ou à — jours
[timbre] *de vue, ou à — jours de date), vous voudrez bien*
      payer à Monsieur ......, ou à son ordre (ou au por-
      teur) cent livres, valeur reçue.

                                    JOSEPH A. . .

à Monsieur Charles......
    à Liverpool.

MODÈLE DE BILLET A ORDRE (2).

100 *l.* » »   *Londres, 1ᵉʳ janvier 1860.*

      A deux mois de date, je promets de payer
[timbre] *à Monsieur ......, ou à son ordre, cent livres, valeur*
      reçue.

                                    JOSEPH A. . . .

Les lettres de change de l'intérieur et les billets à ordre sont rédigés généralement d'après les modèles ci-dessus indiqués ; en conséquence, il y a sept points principaux à examiner : — le timbre ; — la date ; — la somme à payer ; — l'époque et le lieu où le paiement doit s'effectuer ; — le nom de celui au profit de

____

(1) 100 *l.* » »
                        London, January 1, 1850.

At sight (or on demand, or at — days after sight, or at — days after date), pay to Mr.—, or order (or bearer) one hundred pounds, for value received.

    To Mr. Charles ...   JOSEPH A. . . .
     Liverpool.

(2) 100 *l.* » »
                        London, January 1, 1860.

Two months after date, I promise to pay to Mr.... or order, one hundred pounds for value received.

                                    JOSEPH A. . . .

qui la lettre de change est tirée ; — le nom du tireur ; — le nom du tiré. Nous examinerons ces points suivant leur ordre, mais d'abord il faut observer qu'il y a quelques conditions particulières à l'égard des lettres de change au-dessous de cinq livres sterling (125 fr.). Toute lettre de change au-dessous d'une livre sterling est nulle de plein droit (1) ; celles qui sont au-dessus d'une livre et au-dessous de cinq livres, sont également nulles, à moins qu'elles n'énoncent le nom et le domicile du preneur et la date de leur émission. Elles doivent être payables endéans vingt et un jours après la date, mais non au porteur sur demande, et porter la signature d'un témoin (2).

1. Le timbre (3) est une condition essentielle à la validité d'une lettre de change de l'intérieur ou d'un billet à ordre. Si la lettre de change ou le billet à ordre est écrit sur d'autre papier que le papier frappé d'un timbre proportionnel préalable (4), il est nul de plein droit (5). Sont exceptés, les billets de banque de l'Angleterre, les billets de certaines banques en Écosse, les mandats au porteur payables à vue tirés en Angleterre sur un banquier résidant endéans quinze milles du lieu d'où ils sont tirés, et les effets de commerce au-dessous de deux livres sterling.

2. La date, quoiqu'elle soit importante et usuelle, n'est pas indispensable. Si la lettre de change n'est pas datée, elle prend son effet du jour de son émission (6). La date fausse qui désigne

(1) 48 Georges 3, c. 88, s. 2.

(2) 17 Geo. 3, c. 30, et 7 Geo. 4, c. 6.

(3) Pour les droits de timbre payables à titre des lettres de change, voyez à la fin de l'ouvrage.

(4) Wright *v.* Riley, *Peake*, 173 ; Rapp *v.* Alnutt, 3 *Camp.* 106 ; Green *v.* Davies, 4 *B. et C.* 235.

(5) Wilson *v.* Vysar, 4 *Taunt.* 228 ; Jardine *v.* Payne, 1 *B. et Ad.* 670 ; Cundy *v.* Marriott, 1 *B. et Ad.* 696.

(6) De la Courtier *v.* Bellamy, 2 *Show.* 422 ; Hague *v.* French, 3 *B. et P.* 173 ; Giles *v.* Bourne, 6 *M. et S.* 75.

un jour postérieur à celui auquel la lettre de change a été rédigée, entraîne la nullité de l'acte, plus une amende si la fausse date a été insérée dans l'intention de frauder le fisc (1).

3. La somme d'argent à payer doit être certaine, définie et payable sans aucune condition (2). On peut stipuler des intérêts.

4. La lettre de change devrait contenir l'indication de l'époque et du lieu où le paiement doit s'effectuer. Si l'époque du paiement n'est pas indiquée, elle sera payable à sa présentation (3). Quoique dans le modèle ci-dessus donné, le lieu de paiement ne soit pas indiqué, néanmoins le tireur peut l'indiquer s'il le veut; en ce cas, afin que le porteur puisse exercer son recours contre le tireur, la présentation doit être faite au lieu mentionné (4). Mais il paraît en être autrement si le lieu n'est indiqué qu'en forme de note au bas d'un billet à ordre (5).

5. La lettre de change peut être tirée payable, soit « à Pierre, » soit « à Pierre ou à son ordre, » soit « à l'ordre du tireur, » soit « à Pierre ou au porteur, » soit « au porteur » en général. Une erreur dans le nom du preneur n'importe en rien, pourvu qu'on puisse établir son identité (6). Si la lettre de change n'est payable qu'à « Pierre, » elle ne peut être négociée; si elle est payable au « porteur, » ou « à Pierre ou au porteur, » elle peut être transmise par simple tradition ou remise de la main à la main. Si elle a été tirée payable « à Pierre ou à son ordre, » Pierre peut être même une personne fictive; mais lorsque cette

(1) 55 Georges 3, c. 184.
(2) Voyez *Supra*, p. 178 et les affaires y citées.
(3) Whitlock *v.* Underwood, 2 *B. et C.* 157.
(4) Roche *v.* Campbell, 5 *Camp.* 247 ; Gibb *v.* Mather, 8 *Bing.* 214.
(5) Exon *v.* Russell, 4 *M. et S.* 505; Williams *v.* Waring, 10 *B. et C.* 1; Hardy *v.* Woodroofe, 2 *Stark.* 519 ; Wild *v.* Rennard, 1 *Camp.* 425 n.; Callaghan *v.* Aylett, 2 *Camp.* 551.
(6) Rex *v.* Box, 6 *Taunt.* 525.

lettre de change a été endossée en blanc par Pierre, elle oblige le tireur ainsi que l'accepteur à en payer le montant au porteur, quoique le tireur et l'accepteur connussent la fiction (1).

6. La lettre de change doit indiquer le nom du tireur; elle peut être signée par le tireur ou par son agent dûment autorisé à cet égard, mais il suffit que le nom du tireur soit indiqué dans le contexte de l'acte (2).

7. Elle doit indiquer le nom du tiré; néanmoins elle peut être tirée à l'ordre du tireur lui-même; en ce cas, elle est un billet à ordre plutôt qu'une lettre de change (3).

Tout changement dans les énonciations essentielles fait après l'émission de la lettre de change, en entraîne la nullité (4), à moins qu'il ne s'agisse de la simple rectification d'une erreur; mais il en sera autrement si le changement a été fait du consentement des parties avant l'émission (5).

En Écosse, la lettre de change doit énoncer : la somme d'argent à payer; le nom du créancier et du tiré; elle ne peut en outre subordonner à aucune condition l'obligation elle-même. Il faut qu'elle soit écrite sur le même timbre qu'en Angleterre et qu'elle porte la signature du tireur.

(1) Tatlock v. Harris, 3 *T. R.* 174; Vere v. Lewis, *Ibid.* 182; Minet v. Gibson, *Ibid.* 481.

(2) Taylor v. Dobbins, *Str.* 399 ; Elliot v. Cowper, *Str.* 609 ; Smith v. Jarvis, *Lord Raym.* 1484; Erskine v. Murray, *Ibid.* 1542. CHITTY, *Treatise on Bills*, p. 89.

Il y a exception pour les lettres de change au-dessous de cinq livres sterling qui doivent être signées par le tireur. 17 Georges 3, c. 30.

(3) Block v. Bell, 1 *M. et Rob.* 149 ; Starke v. Cheesman, *Carth.* 509 ; Robinson v. Bland, 2 *Burr.* 1077; Joceline v. Lacerre, *Fost.* 282.

(4) Master v. Miller, 4 *T. R.* 520; Cowie v. Halsall, 4 *B. et A.* 197; Macintosh v. Haydon, 1 *R. et M.* 362; Desbrowe v. Witherby 1 *M. et R.* 458.

(5) Stevens v. Lloyd, 1 *M. et M.* 292; Kennerly v. Nash, 1 *Stark.* 452.

11. On appelle lettres de change étrangères, celles qui sont ou tirées ou payables dans un pays étranger, ou celles qui étant tirées en Angleterre, sont payables en Écosse ou en Irlande, ou *vice versâ*.

La forme suivante est celle d'une lettre de change étrangère (1) :

Londres, 1er *janvier 1860.*

Échange pour 10,000 francs.

A deux mois de date (ou de vue, etc.)
[Stamp.] *vous voudrez bien payer par cette première de change (la seconde et la troisième de la même teneur et date n'étant pas payées) à Monsieur ...... ou à son ordre (ou au porteur) la somme de dix mille francs valeur reçue de lui, laquelle somme vous passerez à mon compte suivant avis de.*

à Monsieur ...... à Paris.   JACQUES ....

Pour payer à ......

Les lettres de change étrangères sont tirées généralement par première, seconde, etc., et chacune doit indiquer le nombre des exemplaires délivrés et énoncer la condition : qu'elle ne sera payée qu'autant que les autres ne l'auront point été encore (2). Faute de cette énonciation, le tireur est obligé envers tous les

____

(1) *London January 1, 1860.*

Exchange for 10,000 francs.

Two months after date (or after sight, etc.) pay this, my first bill of exchange (second and third of the same tenor and date not paid) to Mr. .... or order (or bearer), ten thousand francs value received of him, and place the same to account, as per advice from

To Mr. ..., at Paris   JAMES ....

Payable at....

(2) Davison *v.* Robertson, 3 *Dow.* 218; Cheap *v.* Hartley, 4 *T. R.* 127.

porteurs de bonne foi au paiement de tous les exemplaires (1).

Toute lettre de change tirée en Angleterre sur une personne résidant dans un pays étranger, doit être tirée sur papier timbré suivant les dispositions du statut 55 Georges 3, c. 184 (2) ; et par le même statut les promesses payables au porteur sur demande souscrite par un individu résidant hors de la Grande-Bretagne (à l'exception de celles qui sont souscrites et payables en Irlande), ne sont pas négociables dans la Grande-Bretagne, à moins qu'elles ne soient tirées sur papier frappé du même timbre que les promesses au porteur sur demande souscrite en Grande-Bretagne.

Les lettres de change tirées en pays étranger ou sur la mer, et payables en Angleterre, sont aussi regardées comme lettres de change étrangères et sont soumises aux mêmes conditions avec cette exception qu'il n'est pas nécessaire qu'elles soient tirées sur papier timbré (3). Ainsi, dans un procès qui se vida en Angleterre où un fondé de pouvoirs dans ce pays avait été chargé par son commettant habitant Anvers, de rédiger une lettre de change et de l'envoyer à ce dernier pour la souscrire, les tribunaux anglais décidèrent que cette lettre de change avait été de fait tirée à l'étranger, et que le timbre n'était pas nécessaire (4). Une lettre de change étrangère sera valable en Angleterre quoique par les lois du pays où elle est tirée, elle doive avoir été écrite sur papier timbré (5). Ceci découle du principe général que les règlements fiscaux d'un État n'ont point d'effet en dehors

(1) Pereira *v.* Jopp , 10 *B. et C.* 450 , n.
(2) Pour le timbre, voyez à la fin de l'ouvrage.
(3) Boehm *v.* Campbell, *Gow. N. P. C.* 56 ; Snaith *v.* Mingay, 1 *M. et S.* 87 ; Crutchley *v.* Mann , 5 *Taunt.* 529 ; Ximenes *v.* Jacques, 1 *Esp.* 311.
(4) Boehm *v.* Campbell, *ubi supra.*
(5) James *v.* Catherwood , 3 *D. et R.* 190.

du territoire, et par conséquent le défaut de timbre exigé par la *lex loci contractûs* ne peut pas être allégué devant les tribunaux d'un autre pays.

SECTION 2. — *De la capacité des parties contractantes.*

En général, toute personne capable de s'obliger, le peut aussi par la voie d'une lettre de change. Ainsi, ne peuvent souscrire de lettres de change, ni un mineur (1) ni une femme mariée (2), à moins qu'elle ne soit autorisée par son mari (3), ou que celui-ci ne soit mort civilement (4) ; mais si une lettre de change est payable à une femme mariée, le mari peut la transmettre par endossement, et intenter une action pour en réclamer le paiement (5).

Bien qu'on ne puisse intenter d'action contre un mineur ou une femme mariée pour réclamer le paiement d'une lettre de change tirée, acceptée ou endossée par l'un ou l'autre, encore sera-t-elle valable quant aux tiers intervenants (6).

SECTION 3. — *De la provision.*

La provision doit être faite par le tireur qui est responsable du refus d'acceptation et de paiement. Cette responsabilité a même lieu à l'égard du tireur pour compte d'autrui, à moins qu'il n'ait exprimé sa qualité de simple mandataire.

(1) Williams v. Harrison, *Carth.* 160 ; Gibbs v. Merrell, 5 *Taunt.* 307. Williamson v. Watts, 1 *Camp.* 522 ; Trueman v. Hurst, 1 *T. R.* 40.
(2) Marshall v. Rutten, 8 *T. R.* 545 ; Caudell v. Shaw, 4 *T. R.* 361.
(3) Cotes v. Davis, 1 *Camp.* 485 ; Prestwick v. Marshall, 7 *Bing.* 567 ; Prince v. Brunatte, 1 *Bing. N. C.* 458.
(4) Derry v. Duchess of Mazarine, *Ld. Raym.* 147.
(5) Arnould v. Revoult, 1 *B. et B.* 443 ; Philliskirk v. Pluckwell, 2 *M. et S.* 595.
(6) Taylor v. Croker, 4 *Esp.* 187 ; Drayton v. Dale, 2 *B. et C.* 299 ; Prince v. Brunatte, *ubi supra* ; Brown v. Joddrell, 1 *M. et M.* 105 ; Levy v. Baker, *Ibid.* 106.

Il n'est pas nécessaire que la lettre de change exprime la valeur fournie; cependant, en pratique, il est usuel d'ajouter les mots « valeur reçue », mais cette condition n'est pas requise pour la validité de la lettre de change (1). On présume toujours que la valeur a été fournie. Cependant, dans certains cas, le porteur peut être tenu de prouver qu'il a acquis la traite de bonne foi et à titre onéreux; par exemple, lorsque le défendeur justifie que la lettre de change a été perdue ou obtenue par fraude (2). Dans ce cas, l'usage veut que le tiré prévienne le porteur de son intention d'exiger cette preuve. En Écosse, la jurisprudence a établi une présomption à cet égard au profit du porteur, et la preuve contraire ne peut résulter que d'un écrit ou d'un serment émané de ce dernier. Il en est de même dans les deux royaumes à l'égard du porteur d'une lettre de change égarée.

SECTION 4. — *De l'acceptation.*

Nous avons déjà dit que le tireur de la lettre de change est obligé de garantir que celui sur qui la lettre de change est tirée l'acceptera, dès qu'on l'en requerra. On appelle cette réquisition, la présentation de l'accepter (*presentation for acceptance*), par opposition à la présentation à l'échéance, qu'on appelle la présentation pour paiement (*presentation for payment*). Par l'acceptation, le tiré contracte l'obligation de payer le montant de la lettre de change à l'échéance. La présentation ne peut avoir lieu quand il s'agit de billet à ordre pour lequel il n'y a pas de tiré; mais si le billet à ordre est payable à une certaine époque

(1) White *v.* Ledwich, *Bayley*, 54 ; Grant *v.* Da Costa 3 *M. et S.* 351 ; Popplewell *v.* Wilson, 1 *Stra.* 264.

(2) Rolt *v.* Watson, 4 *Bing.* 275 ; Meyer *v.* Johnson, 3 *Camp.* 524 ; Pierson *v.* Hutchinson, 2 *Camp.* 201 ; Long *v.* Baillie, *Ibid.* 214 ; Hansard *v.* Robinson, 7 *B. et C.* 90.

de vue, il doit être présenté au souscripteur, afin que le temps puisse commencer à courir (1).

L'acceptation d'une lettre de change étrangère peut être donnée par écrit ou même verbalement (2), et à cet égard l'Angleterre, l'Écosse et l'Irlande sont regardées comme étant pays différents l'un à l'égard de l'autre (3). Cependant, s'il s'agit d'une lettre de change de l'intérieur, d'après les dispositions du statut 1 et 2 Georges 4, c. 78, s. 2, l'acceptation doit être donnée par écrit sur la lettre elle-même. Les dispositions du statut ci-dessus mentionné s'étendent également aux lettres de change tirées et payables en Irlande ou en Écosse (4).

L'acceptation n'est assujettie à aucune formalité spéciale; il n'est pas même nécessaire qu'elle soit signée par l'accepteur (5), et toute expression écrite sur la lettre de change par le tiré indiquant son intention d'en payer le montant à l'échéance, constitue une acceptation valable. Elle peut aussi être donnée avant que la lettre de change ne soit tirée (6). On est même arrivé à étendre cette interprétation large aux acceptations verbales des lettres de change étrangères, et il paraît résulter des décisions des tribunaux que la promesse d'accepter une lettre de change tirée au montant de la promesse pour une cause exécutée, peut

(1) Sturdy *v.* Henderson, 4 *B. et A.* 592; Dixon *v.* Nuttall, 6 *C. et P.* 320.

(2) Lumley *v.* Palmer, *Str.* 1000; Julian *v.* Shobrook, 2 *Wils.* 9; Powell *v.* Monnier, 1 *Atk.* 612; Pillans *v.* Van Mierop, 1 *Burr.* 1662; Sproat *v.* Matthews, 1 *T. R.* 182. Voyez *Jur. de Belg.* 1848, 1, 86.

(3) Mahoney *v.* Ashlin, 2 *B. et Ad.* 478.

(4) Mahoney *v.* Ashlin, *ubi supra.*

(5) Dufaur *v.* Oxenden, 1 *M. et Rob.* 90.

(6) Molloy *v.* Delves, 7 *Bing.* 428; Leslie *v.* Hastings, 1 *M. et Rob.* 119; Simon *v.* Lloyd, 5 *Dowl.* 816; Schultz *v.* Astley, 2 *Bing. N. C.* 544.

valoir acceptation (1); mais qu'il en sera autrement si la lettre de change n'a pas été tirée au moment de la promesse, à moins qu'il ne soit prouvé qu'en conséquence de la promesse, la lettre de change a été reçue par un tiers en donnant la valeur (2); toutefois, l'on ne peut établir à cet égard des règles constantes : les cas de cette nature doivent être régis d'après les circonstances particulières de chaque affaire (3).

L'acceptation peut être absolue ou conditionnelle. L'acceptation est absolue lorsqu'elle porte un engagement absolu de payer le montant de la lettre de change sans aucune condition ou qualification; elle est conditionnelle lorsque, par exemple, elle exprime que la lettre de change sera payable après la vente de certaines marchandises, ou l'accomplissement de quelque autre condition : en ce cas, l'acceptation sera valable aussitôt après l'événement de la condition (4). Mais celui au profit de qui la lettre de change est tirée, ou le porteur, peut refuser une acceptation conditionnelle, parce que la lettre elle-même ne peut être tirée que pour le paiement d'une somme d'argent sans aucune condition; mais s'ils y ont consenti, ils sont tenus de s'y conformer (5).

L'acceptation sera aussi conditionnelle si elle diffère de la teneur de l'ordre à l'égard de la somme d'argent à payer, l'époque et le lieu où le paiement doit s'effectuer, ou la manière dans laquelle le paiement doit être fait; dans tous ces cas, le porteur peut demander que l'acceptation soit donnée par écrit con-

(1) Pillans *v.* Van Mierop, 1 *Burr.* 1662; Mason *v.* Hunt, *Doug.* 284, 297; Pierson *v.* Dunlop, *Cowp.* 571.

(2) Pierson *v.* Dunlop; *ubi supra*; Johnson *v.* Collings, 1 *East*, 98.

(3) Powell *v.* Jones, 1 *Esp.* 17; Anderson *v.* Hicks, 3 *Camp.* 179; Anderson *v.* Heath, 4 *M. et S.* 303.

(4) Milne *v.* Prest, *Holt*, 181; Banbury *v.* Lisset, *Str.* 1211; Sproat *v.* Matthews, 1 *T. R.* 182.

(5) Smith *v.* Abbott, *Str.* 1152; Julian *v.* Shobrook, 2 *Wils.* 9.

forme à l'ordre du tireur. Mais, soit que le porteur accepte soit qu'il refuse l'acceptation conditionnelle, il doit en donner avis aux parties antécédentes (1).

Celui qui a accepté une lettre de change ne peut rétracter l'acceptation après que la lettre de change a été mise en circulation; les tribunaux ont décidé qu'une rétractation avant que la lettre soit remise au porteur, est valable (2). « La raison est, » dit Pothier, « que le concours de volontés, qui forme un contrat, est un concours de volontés, que les parties se sont réciproquement déclarées; sans cela, la volonté d'une partie ne peut acquérir de droit à l'autre partie, ni par conséquent être irrévocable. Suivant ces principes, pour que le contrat entre le propriétaire de la lettre, et celui sur qui elle est tirée, soit parfait, il ne suffit pas que celui-ci ait eu pendant quelque temps la volonté d'accepter la lettre, et qu'il ait écrit au bas qu'il l'acceptait; tant qu'il n'a pas déclaré cette volonté, le contrat n'est pas parfait ; il peut changer de volonté et rayer son acceptation. »

Par l'acceptation, l'accepteur reconnaît le droit du tireur de tirer la lettre de change (5); il admet aussi la signature du tireur, si la lettre a été signée avant l'acceptation (4); cependant il n'admet pas la signature ou le droit de quelqu'un des endosseurs (5); il n'admet pas l'écriture de l'endossement fait par le tireur (6), quoiqu'il reconnaisse le droit qu'a le tireur de

(1) Sebag v. Abithol, 4 *M. et S.* 466; Bentinck v. Dorrien, 6 *East*, 199.

(2) Cox v. Troy, 5 *B. et A.* 474; Bentinck v. Dorrien, 6 *East*, 199.

(5) Porthouse v. Parker, 1 *Camp.* 82 ; Prince v. Brunatte, 1 *Bing. N. C.* 438.

(4) Wilkinson v. Lutwidge, *Str.* 648; Jenny v. Fowler, *ibid.* 946.

(5) Smith v. Chester, 1 *T. R.* 465; Carvick v. Vickery, *Doug.* 650.

(6) Robinson v. Yarrow, 7 *Taunt.* 455; Cooper v. Meyer, 10 *B. et C.* 471.

l'endosser (1). L'acceptation emporte la présomption que le tiré possède la provision nécessaire, excepté dans le cas où la lettre de change est tirée à l'ordre du tireur, et qu'elle est causée valeur en compte.

A défaut d'acceptation de la lettre de change par le tiré, elle peut être acceptée par un tiers intervenant pour le tireur ou pour un des endosseurs. En Angleterre, on appelle cette acceptation par intervention, *acceptation pour l'honneur*. Faute par l'intervenant de mentionner pour laquelle des parties il intervient, il est censé être intervenu pour le tireur (2). S'il intervient pour un des endosseurs, l'acceptation donnée par lui, profite à tous les endosseurs postérieurs à celui en honneur de qui il a accepté (3).

La même lettre de change peut être acceptée concurremment par différentes personnes, et pour l'honneur de plusieurs personnes (4). Le porteur ne doit pas admettre cette acceptation pour l'honneur, si celui pour le compte duquel elle est offerte, le lui a expressément défendu. Le tiré lui-même peut intervenir pour un endosseur. Dans tous les cas, le porteur n'est pas obligé à consentir à l'acceptation pour l'honneur (5).

A l'égard des lettres de change étrangères, payables à une certaine époque de vue, l'intervention n'a lieu qu'après le protêt, faute d'acceptation. En ce cas, on l'appellera *acceptation sur protêt* (*acceptance supra protest*).

Nonobstant le refus d'acceptation par le tiré, le porteur de la lettre de change doit en demander le paiement au tiré le

(1) Taylor *v.* Croker, 4 *Esp.* 187 ; Bass *v.* Clive, 4 *M. et S.* 13.
(2) Byles, *Law of Bills of Exchange*, p. 171.
(3) *Ex parte* Wackerbarth, 5 *Ves.* 574.
(4) Beawes, pl. 42.
(5) Mutford *v.* Wolcot, 12 *Mod.* 401 ; Gregory *v.* Walcup, *Com.* 76.

jour de l'échéance, sinon l'accepteur pour l'honneur cesse
d'être responsable, parce que l'acceptation n'est qu'une obligation d'en payer le montant faute de paiement pour le tiré qui,
pendant le délai, peut avoir reçu la provision (1). D'après l'o-
pinion de Chitty (2), si la lettre de change est payable à un ou
plusieurs jours ou mois de date, le paiement doit être demandé
au tiré le jour de son échéance, sans ajouter quelques jours de
grâce ; mais si elle est payable à un ou plusieurs jours ou mois
de vue, l'échéance se règle par la date de l'acceptation pour
l'honneur, y ajoutant les jours de grâce. Faute de paiement par
le tiré, la lettre de change doit être protestée une seconde fois (3),
et le paiement doit être alors demandé à l'accepteur pour
l'honneur, le jour qui suit l'échéance, à moins que celui-ci ne
réside dans un autre lieu que celui dans lequel la lettre de
change est payable : en ce cas, il suffit que la lettre de change
soit envoyée au lieu de paiement indiqué par l'accepteur pour
l'honneur, le jour après l'échéance (4).

L'accepteur pour l'honneur peut avoir son recours contre le
tireur ou l'endosseur, pour lequel il est intervenu sans qu'il soit
nécessaire qu'il en ait donné avis (5). S'il est intervenu pour un
des endosseurs, il est subrogé, contre le tireur et les endosseurs
antérieurs, à tous les droits de celui pour qui il intervenait (6).

SECTION 5. — *De la solidarité.*

Tous ceux qui ont signé, accepté ou endossé une lettre de

---

(1) Williams *v.* Germaine, 7 *B et C.* 477 ; Hoare *v.* Cazenove, 16
East, 591 ; Mitchell *v.* Baring, 10 *B.* et *C.* 4.

(2) CHITTY, *Treatise on Bills of Exchange,* 8me. ed. 580.

(3) Hoare *v.* Cazenove, 16 *East,* 591.

(4) Stat. 6 et 7 Guill. 4, c. 58. Le même délai est aussi accordé par
le statut pour demander le paiement aux *besoins.*

(5) BEAWES. pl. 47. Smith *v.* Nissen, 1 *T. R.* 269.

(6) *Ibid.*

change, sont tenus à la garantie solidaire envers le porteur. Il en est de même du donneur d'aval, lorsque cette garantie est écrite sur la traite elle-même. Si une traite est souscrite par plusieurs personnes qui ne sont pas associées, elles sont toutes tenues solidairement, faute de stipulation spéciale contraire. Cette question fut agitée dans une affaire où fut produit un billet à ordre commençant par ces mots : « *Je promets,* » lequel était signé par plusieurs personnes ; le tribunal décida que tous les signataires étaient tenus solidairement au paiement (1).

SECTION 6. — *De l'endossement.*

Pour qu'une lettre de change soit transmissible par la voie de l'endossement, elle doit, d'après le droit anglais, être payable *à ordre* ou *au porteur,* ou contenir un terme équipollent. Cependant, l'endosseur lui-même ne saurait se prévaloir du défaut de cette mention (2). Si les mots *ordre* ou *porteur* sont omis par erreur, la lettre de change ne sera pas invalidée si ces mots sont insérés après que la lettre a été rédigée (3). En Écosse, on n'exige pas le mot *ordre* dans la lettre de change pour la rendre transmissible par l'endossement.

Aucune loi ne prescrit de termes sacramentels pour l'endossement, et l'endossement peut s'effectuer, soit par un endossement complet, soit par un endossement en blanc. L'endossement complet énonce le nom de celui à l'ordre de qui il est passé ; pour l'endossement en blanc, la simple signature de l'endosseur suffit.

La propriété d'une lettre de change payable *au porteur,* ou

(1) Clark *v.* Blackstock, *Holt,* 474 ; March *v.* Ward, *Peake,* 130 ; Lord Galway *v.* Matthew, 1 *Camp.* 403.

(2) Hill *v.* Lewis, 1 *Salk.* 132 ; Penny *v.* Innes, 1 *C. M. et R.* 439.

(3) Kershaw *v.* Cox, 3 *Esp.* 246.

d'une lettre de change endossée en blanc, peut se transmettre par la remise du titre au cessionnaire; mais la propriété d'une lettre de change qui porte un endossement complet, ne peut se transmettre sinon par endossement de celui à l'ordre de qui elle a été passée par la voie dudit endossement complet.

L'énonciation de la valeur fournie n'est pas requise dans l'endossement, et il n'est pas nécessaire que celui-ci soit daté. Toutefois, s'il s'agit d'une lettre de change au-dessous de cinq livres sterling, la loi exige que l'endossement soit daté et qu'il indique le nom et la demeure de celui au profit duquel il est passé, et qu'il soit signé d'un témoin (1).

L'endossement peut être donné de telle manière que la lettre de change ne soit plus transmissible par voie de l'endossement. On l'appelle un endossement *restrictif;* par exemple, si l'endossement est conçu dans ces termes : « Payez à Pierre seulement, » ou « payez à Pierre sur mon compte: » dans ces cas, l'endossement est restreint, parce qu'il n'est fait qu'au profit de la personne y désignée (2). Mais dans les endossements de cette nature, il faut toujours que l'intention de l'endosseur d'en restreindre l'effet soit évidente (3), et, par conséquent, si un endossement complet est fait « à Pierre ...., » sans ajouter les mots « *ou ordre,* » Pierre ne sera pas privé de ses droits de transmettre la lettre de change par voie d'endossement (4). Cependant l'endossement ne peut être restreint quant à la somme, et s'il a été donné pour une somme inférieure au montant total de la lettre de change, il sera nul, même entre l'endosseur et celui

(1) Stat. 17 Georges 3, c. 30, s. 1.
(2) Robertson *v.* Kensington, 4 *Taunt.* 30 ; Sigourney *v.* Lloyd, 8 *B. et C.* 622 ; Archer *v.* Bank of England, *Doug.* 615, 637.
(3) Treuttel *v.* Barandon, 8 *Taunt.* 100 ; Potter *v.* Reid, 6 *Esp.* 57.
(4) Moore *v.* Manning, *Com.* 311 ; Acheson *v.* Fountain, *Str.* 557 ; Edie *v.* E. I. Compy, 2 *Burr.* 1216.

au profit duquel il a été fait, à moins que la différence n'ait été payée antérieurement (1). De même, l'endossement partiel est valable à l'égard du tiré, s'il n'a donné son acceptation qu'après l'endossement.

L'endossement peut être donné par tout porteur; s'il vient à mourir, l'endossement peut être donné par ses exécuteurs ou administrateurs testamentaires (2); s'il tombe en faillite, par les syndics (3); si une femme mariée est le porteur, l'endossement peut être donné par son mari (4); cependant il faut observer que les personnes qui sont porteurs de lettres de change du chef d'une autre, doivent exercer la faculté de les endosser avec caution, ou bien elles seront personnellement responsables, faute d'un endossement spécial portant la qualité d'après laquelle ils les ont endossées (5).

L'endossement peut être donné valablement, même après l'échéance de la lettre de change (6). Il faut excepter les lettres de change au-dessous de cinq livres sterling, qui ne peuvent être transmises par voie de l'endossement après l'échéance (7).

(1) Hawkins v. Cardy, *Carth.* 466. 12 *Mod.* 213 ; Johnson v. Kennion, 2 *Wils.* 262.

(2) Rawlinson v. Stone, 3 *Wils.* 1.

(3) Ramsbottom v. Cator, 1 *Stark.* 228 ; *Ex parte* M'Gae, 2 *Rose,* 376 ; Arden v. Watkins, 3 *East,* 317 ; Willis v. Freeman, 12 *East,* 656 ; Gladstone v. Hadwen, 1 *M. et S.* 517 ; *Ex parte* Rowton, 1 *Rose,* 15 ; *Ex parte* Towgood, 19 *Ves.* 229 ; *Ex parte* Harford, 2 *Rose,* 162 ; Thompson v. Giles, 2 *B. et C.* 422.

(4) Mason v. Morgan, 2 *Ad. et Ell.* 31 ; M'Neilage v. Holloway, 1 *B. et A.* 218 ; Connor v. Martin, *Str.* 516.

(5) Childs v. Monims, 2 *B. et B.* 460 ; King v. Thorn, 1 *T. R.* 487 ; Goupy v. Harden, *Holt,* 342 ; Eaton v. Bell, 5 *B. et A.* 34 ; Thomas v. Bishop, *Str.* 955.

(6) Dehers v. Harriot, 1 *Show.* 163 ; Mutford v. Walcott, *Ld. Raym.* 575 ; Charles v. Marsden, 1 *Taunt.* 224 ; Graves v. Key, 3 *B. et Ad.* 313 ; Stein v. Yglesias, 3 *Dowl.* 252.

(7) 17 Geo. 3, c. 30, s. 1.

Cependant, si une lettre de change n'a été endossée que depuis l'échéance, ou si le porteur a eu connaissance du refus de l'accepter, tous les signataires antérieurs à l'époque de l'échéance ou du refus d'acceptation, peuvent opposer au porteur les exceptions qu'ils ont droit de faire valoir contre la personne de l'auteur de l'endossement postérieur à l'échéance. Ces exceptions sont seulement celles qui sont personnelles au porteur ou qui résultent de la nullité de la lettre de change elle-même, et non de quelque cause extrinsèque; ainsi, par exemple, la lettre de change ne peut pas venir en compensation de la dette que l'accepteur doit à celui qui l'a transmis au porteur (1).

La lettre de change qui a été payée par l'accepteur, soit avant, soit à l'échéance, ne peut plus être remise de nouveau en circulation par la voie de l'endossement, si cette circulation nouvelle a pour effet de lier ceux qui, sans elle, seraient libérés (2). Mais l'endosseur qui, sur un recours exercé contre lui, a payé le montant de la lettre de change, peut, en biffant les noms des endosseurs subséquents qui sont libérés, transmettre la propriété par un nouvel endossement, puisque cet endossement ne peut valoir que contre lui-même et contre ceux auxquels il peut avoir recours (3).

Tout endosseur est considéré à l'égard des endosseurs subséquents comme un nouveau tireur, et il se rend, envers celui au profit de qui l'endossement est donné et envers les endosseurs subséquents, garant de la sincérité de la lettre de change et de son paiement à l'échéance (4).

(1) Borough v. Moss, 10 *B. et C.* 558; Stein v. Yglesias, 3 *Dowl.* 252; Chalmers v. Lanion, 1 *Camp.* 383; Bosanquet v. Dudman, 1 *Stark.* 1; Dunn v. O'Keefe, 6 *Taunt.* 305. 5 *M. et S.* 282.

(2) Beck v. Robley, 1 *H. Bl.* 89 n.

(3) Callow v. Lawrence, 5 *M. et S.* 95; Hubbard v. Jackson, 4 *Bing.* 380; Graves v. Key, 3 *B. et Ad.* 516.

(4) Allen v. Walker, 2 *M. et W.* 317.

Les endossements donnés en pays étrangers doivent être faits d'après les formalités requises par la *lex loci contractûs* (1).

SECTION 7. — *De l'échéance.*

Bien que la lettre de change exprime qu'elle sera payable à vue (2), ou à un certain temps de vue ou de date, ou à jour fixe, elle ne sera payable que le troisième jour à dater de l'époque de l'échéance. Il en est de même à l'égard des billets à ordre (3). Les trois jours sont appelés *jours de grâce* (*days of grace*). Ce délai n'a pas lieu à l'égard des effets de commerce payables sur demande (4), comme les billets de banque en Angleterre, ni à l'égard de ceux qui n'énoncent aucune époque d'échéance.

Le jour où la lettre de change a été créée et celui de la présentation pour la payer ne sont jamais comptés dans le délai fixé pour l'échéance d'une lettre de change payable à un certain temps de date. Ainsi, si une lettre de change, payable à deux mois de date, est datée du 1er décembre 1800, le 2 février 1801 sera le premier jour de grâce, et la présentation doit être faite le 5 février 1801. Si la lettre de change est payable après qu'un certain événement arrive, comme par exemple à un certain temps de vue, le jour où l'événement arrivera ne sera pas compté (5). Ainsi, si une lettre de change, payable à six jours de vue, a été présentée le 1er janvier, elle ne sera payable que le

(1) Trimby *v.* Vignier, 1 *Bing. N. C.* 151.

(2) Si le délai de grâce est accordé en faveur de lettres de change payables à vue, c'est une question douteuse, mais les décisions des tribunaux paraissent incliner vers l'affirmative. Dehers *v.* Harriott, 1 *Show.* 163; Coleman *v.* Sayer, 1 *Barn.* 303; Dixon *v.* Nuttall, 1 *C. M. et R.* 309.

(3) Brown *v.* Harraden, 4 *T. R.* 148.

(4) BYLES, *Law of Bills of Exchange*, p. 135.

(5) BAYLEY, *Treatise on Bills of Exchange*, 5me ed. 250. Coleman *v.* Sayer, 1 *Barn.* 303.

10 janvier. Il faut aussi observer que, pour les mois, le délai de l'échéance est celui du calendrier grégorien.

Toutefois, si le dernier jour de grâce est un dimanche, le vendredi-saint, la fête de Noël ou un jour d'abstinence ou de réjouissance décrété par proclamation royale, la lettre de change est payable la veille (1).

SECTION. 8. — *Des droits et des devoirs du porteur.*

Le porteur d'une lettre de change doit en exiger le paiement le dernier des jours de grâce, à moins que ce jour ne soit un jour de repos, comme nous l'avons dit dans la dernière section. A cet effet, il présentera la traite à l'accepteur ou au mandataire ayant les pouvoirs de ce dernier. Si la lettre de change n'a pas encore été acceptée, le porteur doit en faire la présentation au tiré de l'accepter, à moins qu'il ne s'agisse d'une lettre de change payable à vue, qu'il n'est pas d'usage d'accepter. Nous examinerons : — 1° à qui cette présentation doit être faite; — le lieu où elle doit avoir lieu; — 3° l'époque où elle doit avoir lieu.

1. En général, la présentation doit être faite au tiré, mais si la lettre de change est payable à une certaine maison de banque, pour être valable, il suffit que la présentation ait lieu dans la maison indiquée (2). En cas de décès du tiré avant l'acceptation, la lettre de change sera présentée aux exécuteurs ou administrateurs testamentaires, après qu'ils auront accepté leur mission (3); s'il vient à mourir après l'acceptation, il suffit de présenter la lettre de change dans le lieu de paiement y indiqué.

(1) Stat. 7 et 8 Georges 4, c. 15.
(2) Saunderson *v.* Judge, 2 *H. Bl.* 509 ; Harris *v.* Packer, 3 *Tyrwh.* 570.
(3) SMITH , *Compendium of Mercantile Law.* 3me ed. 196.

2. Si la lettre de change indique que le paiement doit s'effectuer dans telle maison de banque, ou dans tel autre lieu particulier, elle doit être présentée dans le lieu indiqué. Si le lieu de paiement a été indiqué par l'acceptation, il fallait autrefois que la lettre de change fût présentée dans ce lieu, afin que le porteur pût exercer son recours contre le tireur ou l'accepteur (1). Mais il est ordonné par le statut 1 et 2 Georges 4, c. 78, s. 1, que si l'acceptation d'une lettre de change payable dans telle maison de banque ou dans tel autre lieu, ne porte aucune autre indication, l'acceptation est censée une acceptation générale; et en ce cas, le paiement peut être exigé au domicile de l'accepteur, et le porteur a le droit d'exercer son recours contre l'accepteur et les endosseurs, sans qu'il soit nécessaire de prouver que la lettre de change a été présentée dans le lieu indiqué. Si, au contraire, l'acceptation porte la déclaration expresse que la lettre de change est acceptée pour être payée dans telle maison de banque ou dans tel autre lieu, et non autrement ou ailleurs, le porteur est tenu d'en exiger le paiement dans le lieu indiqué; et ce n'est qu'après y avoir dûment présenté la lettre de change et éprouvé un refus qu'il peut exercer son recours contre l'accepteur.

3. Nous avons dit qu'il n'est pas d'usage d'accepter les lettres de change payables à vue; il suffit de les présenter le lendemain du dernier jour de grâce, mais le porteur d'une lettre de change payable à un certain temps de vue, doit en exiger l'acceptation endéans un délai raisonnable, suivant les circonstances de chaque cas (2). Bien qu'il ne soit pas nécessaire qu'une lettre de

(1) L'acceptation portant que la lettre de change est payable dans un certain lieu, était regardée comme une acceptation qualifiée. Rowe *v.* Young, 2 *B. et B.* 165.

(2) Muilman *v.* d'Eguino, 2 *H. Bl.* 569 ; Fry *v.* Hill, 7 *Taunt.* 597 ; Shute *v.* Robins, 1 *M. et M.* 133 ; Mellish *v.* Rawdon, 9 *Bing.* 423.

change payable à un certain temps de date soit acceptée, il est usuel et prudent de le faire, parce que, si le tiré l'accepte, il devient solidairement responsable avec les autres signataires.

La lettre de change doit être acceptée à sa présentation, ou au plus tard dans les vingt-quatre heures de la présentation. Après les vingt-quatre heures, si elle n'est pas rendue acceptée ou non acceptée, le tiré peut être regardé comme l'ayant acceptée (1).

Si le paiement de la lettre de change n'est pas exigé à l'échéance, l'accepteur ne sera libéré que pour autant que les fonds destinés au paiement, soient perdus par la négligence du porteur. Cependant le tireur et tous les endosseurs seront libérés si le paiement n'est pas exigé à l'échéance.

Nous avons indiqué le jour où le paiement doit être exigé; il faut observer en outre, que le porteur doit présenter la lettre de change et en exiger le paiement dans le lieu indiqué, à des heures convenables. Si la lettre de change est payable au comptoir d'un commerçant, la présentation doit avoir lieu à son comptoir aux heures ordinaires du travail établies par l'usage. Si la lettre de change est payable dans une maison de banque, elle doit être présentée avant que le comptoir ne soit fermé (2); mais si la lettre de change est payable au domicile particulier de l'accepteur, huit heures du soir sont encore regardées comme une heure convenable pour en exiger le paiement (3). En Irlande, le paiement doit être exigé et le protêt fait avant neuf heures du soir (4).

(1) BAYLEY, *Treatise on Bills of Exchange*, 5ᵐᵉ ed. 251.
(2) Parker *v.* Gordon, 7 *East*, 385 ; Elford *v.* Teed, 1 *M. et S.* 28 ; Whitaker *v.* Bank of England, 1 *C. M. et R.* 744.
(3) Barclay *v.* Bailey, 2 *Camp.* 527 ; Wilkins *v.* Jadis, 2 *B. et Ad.* 188 ; Morgan *v.* Davidson, 1 *Stark.* 114.
(4) Stat. 9 Geo. 4, c. 24. s. 12.

Section 9. — *De l'avis et du protêt.*

En cas de refus d'acceptation ou de paiement de la lettre de change, le porteur est tenu d'en donner avis aux obligés. Les jurisconsultes anglais ne sont pas d'accord sur la question de savoir si cet avis doit être donné à chacun des obligés contre lequel le porteur entend exercer son recours, ou s'il suffit que l'avis soit donné au tireur seul ou au dernier endosseur. Cependant, dans tous les cas, il vaudra mieux que le porteur donne avis à tous les obligés qu'il se propose de poursuivre (1); car, s'il ne donne avis qu'à son cédant immédiat, il est possible que l'avis ne soit pas régulièrement transmis aux endosseurs précédents, qui par suite se trouveront libérés. Mais, si le porteur donne avis en temps utile à son cédant immédiat, et que celui-ci agisse de même vis-à-vis le sien, et ainsi d'endosseur à endosseur jusqu'au tireur, le porteur peut à son choix poursuivre tous les obligés ou l'un d'eux seulement, et on ne saurait lui opposer le fait qu'il n'a pas transmis l'avis immédiatement au défendeur (2).

L'avis doit être donné dans un délai raisonnable (3); si les parties résident dans la même ville, l'avis ne doit être donné plus tard que le lendemain (4); mais si elles ne résident pas dans la même ville, l'avis doit être donné par le courrier du

(1) Lafitte *v*. Slatter, 6 *Bing*. 623.

Mais il n'est pas nécessaire que l'avis soit donné à l'accepteur. Treacher *v*. Hinton, 4 *B. et A*. 413; Smith *v*. Thatcher, 4 *B. et A*. 200; Pearce *v*. Pemberthey, 3 *Camp*. 261.

(2) Hilton *v*. Shepherd, 6 *East*, 14.

(3) Ce que la législation entend par un délai raisonnable est une question de fait, dont les règles ne sont pas constantes et dont la détermination dépend de circonstances particulières de chaque affaire. Darbishire *v*. Parker, 6 *East*, 3.

(4) Scott *v*. Lifford, 9 *East*, 347; Smith *v*. Mullett, 2 *Camp*. 208; Marsh *v*. Maxwell, 2 *Camp*. 210; Jameson *v*. Swinton, 2 *Camp*. 574; Hilton *v*. Fairclough, 2 *Camp*. 633; Fowler *v*. Hendon, 4 *Tyrwh*. 1002.

lendemain (1), et chacun des obligés jouit du même délai pour donner avis à son cédant (2). Toutefois, si le lendemain est un dimanche, le vendredi-saint, la fête de Noël ou un jour d'abstinence ou de réjouissance décrété par proclamation royale, il suffit que l'avis soit donné le jour suivant (3).

En pratique, l'avis est donné par écrit; mais il peut être donné même verbalement (4). Dans tous les cas, il faut qu'il constate clairement le refus d'acceptation ou de paiement (5).

Faute par le porteur d'avoir donné cet avis, il est déchu de tout recours contre le tireur et les endosseurs (6). Toutefois, un empêchement survenu sans sa faute, tel que l'interruption des communications, l'indisposition du porteur ou de son mandataire suffit pour l'excuser de l'omission de la démarche et pour empêcher qu'il ne soit déchu de son droit de recours (7). Si le tireur n'a pas fait provision, il ne peut opposer l'omission de l'avis dans une action intentée contre lui par le porteur (8).

S'il s'agit d'une lettre de change étrangère, le refus d'acceptation ou de paiement doit être constaté par un protêt le même jour (9), pendant les mêmes heures et au même lieu (10) où le

(1) Williams *v.* Smith, 2 *B. et A.* 496.

(2) Grill *v.* Jeremy, 1 *M. et M.* 61.

(3) Stat. 39 et 40 Georges 5, c. 42; 7 et 8 Geo. 4, c. 15; Lindo *v.* Unsworth, 2 *Camp.* 602; Tassell *v.* Lewis, 1 *Lord Raym.* 743.

(4) Cross *v.* Smith, 1 *M. et S.* 545; Goldsmith *v.* Bland, *Bayley*, 201; Bancroft *v.* Hall, *Holt*, 476; Housego *v.* Cowne, 2 *M. et W.* 348.

(5) Hartley *v.* Case, 4 *B. et C.* 559; Hedger *v.* Stavenson, 2 *M. et W.* 799.

(6) Bridges *v.* Berry, 3 *Taunt.* 130; Dennis *v.* Morrice, 3 *Esp.* 150; Hillier *v.* Heap, *Dowl. et R.* 59.

(7) BYLES, *Law of Bills of Exchange*, pp. 192, 193.

(8) Bickerdike *v.* Bollman, 1 *T. R.* 406.

(9) BYLES, *Law of Bills of Exchange*, p. 167. Une lettre de change de l'intérieur ne peut être protestée que le lendemain du jour de l'échéance. Voyez Stat. 9 et 10 Guill. 3, c. 17.

(10) Mitchell *v.* Baring, 10 *B. et C.* 4.

paiement a dû être exigé (1). A cet effet, le porteur se présente chez un notaire (2) immédiatement après avoir réclamé sans succès l'acceptation ou le paiement de la lettre de change. Le notaire fait présenter la lettre de change une seconde fois le même jour, et si l'acceptation ou le paiement est encore refusé, il dresse une courte indication du refus paraphée par lui et contenant la date et le motif du refus, si quelque motif est allégué : c'est ce qu'on appelle *noter la lettre de change*. Cette note forme une espèce de protêt provisoire en vertu duquel le notaire rédige plus tard un acte en forme. Cet acte contient la transcription littérale de la lettre de change, la déclaration que le notaire s'est rendu au domicile indiqué pour le paiement de la lettre de change ; il énonce la sommation de payer le montant, le refus d'y satisfaire et le protêt fait en conséquence ; enfin, la date de l'acte.

Le protêt doit être timbré, et ne peut comprendre plus d'une lettre de change sous peine de nullité, comme tendant à éluder la loi du timbre (3).

Quant aux lettres de change de l'intérieur, la loi n'exige pas le protêt faute d'acceptation ou de paiement. Cependant, il est d'usage de les *noter*, mais cette formalité n'est pas nécessaire, à moins de constater la preuve de la présentation (4). A l'égard des lettres de change étrangères, faute de protêt, le porteur est

(1) Par le statut 2 et 3 Guill. 4, c. 98, il est ordonné qu'une lettre de change dans laquelle le tireur a indiqué un lieu de paiement autre que le lieu du domicile du tiré, et dont l'acceptation est refusée, peut être protestée dans le lieu de paiement y indiqué, à moins que le montant de la lettre de change ne soit payé au porteur le jour qui aurait été celui de l'échéance, si la traite avait été dûment acceptée.

(2) S'il n'y a pas de notaire dans les lieux, le protêt peut être fait par un habitant en présence de deux témoins. *Byles*, 166.

(3) Stat. 55 Georges 3, c. 184.

(4) Smith, *Compendium of Mercantile Law*, 3me ed. 206.

déchu de tous ses droits contre le tireur et contre les endosseurs (1).

Après le protêt, le porteur est tenu d'en donner avis au tireur, si celui-ci réside en pays étranger (2). C'est un principe
reconnu qu'il n'a pas l'obligation de faire notifier judiciairement
le protêt, ni même d'en communiquer une copie (3); le simple
avis suffit (4). L'avis doit constater expressément que la lettre
de change a été protestée. Si le tireur n'a pas fait provision, il ne
peut opposer l'omission de l'avis dans une action intentée contre
lui par le porteur.

D'après les jurisconsultes anglais, l'avis du protêt doit être
donné au tireur, afin que le porteur puisse exercer son recours
contre celui-ci ; mais pour éviter toute contestation , il vaut
mieux que l'avis soit donné aux mêmes parties que celles auxquelles le porteur d'une lettre de change de l'intérieur est tenu de
donner avis du refus d'acceptation ou de paiement, et dans le
même délai. Après que l'avis a été donné, le porteur peut poursuivre les obligés individuellement ou collectivement pour le
paiement.

Outre le protêt faute d'acceptation et de paiement, on connaît aussi en Angleterre le protêt de *sûreté*. Lorsque l'accepteur
tombe en état d'insolvabilité ou lorsque son crédit est ébranlé
avant l'échéance de la lettre de change, le porteur peut demander une garantie, et faire dresser un protêt en cas de refus. Le
porteur doit donner avis du protêt aux signataires antérieurs,
mais il ne peut faire des poursuites avant l'échéance. Le seul

(1) Gale *v.* Walsh, 5 *T. R.* 239 ; Orr *v.* Magennis, 7 *East,* 358.

(2) Cromwell *v.* Hynson, 2 *Esp.* 511 ; Robins *v.* Gibson, 1 *M. et S.*
288.

(3) Goodman *v.* Harvey, 4 *Ad. et Ell.* 870.

(4) Rogers *v.* Stephens, 2 *T. R.* 713 ; Gale *v.* Walsh, 5 *T. R.* 239.

avantage de ce protêt parait être qu'après le protêt la lettre de change peut être acceptée pour l'honneur (1) ; d'autant que, sans l'intervention du protêt, la loi ne permet pas deux acceptations de la même lettre de change (2).

Section 10. — *Du paiement.*

Le paiement doit être fait au porteur ou à son mandataire. L'accepteur doit veiller que la lettre de change ne porte pas un endossement restrictif (3); s'il paie le montant avant l'échéance de la lettre de change, il est responsable de la validité du paiement qui a lieu à ses risques et périls. Lors du paiement, l'accepteur a le droit d'exiger la remise de la lettre de change dûment acquittée pour sa sûreté et pour sa décharge *pro tanto* dans ses comptes avec le tireur (4).

Une lettre de change protestée peut être payée par tout intervenant pour le tireur ou pour un des endosseurs, et s'il y a concurrence pour le paiement par intervention, celui qui se présente pour le compte du tireur, est admis de préférence; de même celui qui offre de payer pour le compte d'un endosseur antérieur, est préféré à l'intervenant qui se présente pour le compte d'un endosseur subséquent. L'intervenant est subrogé aux droits du porteur contre celui pour le compte duquel il est intervenu, et aux droits de ce dernier contre ceux qui sont obligés vis-à-vis de lui ; dans l'exercice de son recours, il doit observer les mêmes

(1) *Ex parte* Wackerbarth, 5 *Ves.* 574.

(2) Jackson *v.* Hudson, 2 *Camp.* 447.

(3) Sigourney *v.* Lloyd, 8 *B. et C.* 622. 5 *Bing.* 525 ; Archer *v.* Bank of England, *Doug.* 615, 637. Stewart *v.* Lee, 1 *M. et M.* 158.

(4) Da Silva *v.* Fuller, *Chitty,* 148. Burbidge *v.* Manners, 5 *Camp.* 194.

(5) Hansard *v.* Robinson, 7 *B. et C.* 90 ; Powell *v.* Roach, 6 *Esp.* 76.

formes et les mêmes délais, que ceux qui sont imposés au porteur (1).

Contrairement au principe général qui régit les autres simples contrats, l'obligation qui naît d'une lettre de change est regardée comme fondée sur une cause suffisante, à moins que le contraire puisse être prouvé. Bien que le contraire soit prouvé, si le porteur a acquis la lettre de change en donnant la valeur, il n'est pas dépouillé de son droit de recours contre les obligés, à moins que le porteur n'ait eu connaissance de l'insuffisance ou de l'illégalité de la cause (2).

Une autre exception qui peut être opposée au porteur, est que l'obligation, quoique valable dans l'origine, s'est éteinte par le paiement, ou d'une autre manière; comme par exemple, si le montant de la lettre de change a été payé par l'accepteur. En dehors de ces exceptions et de celles qui peuvent résulter de la nullité évidente de la lettre de change elle-même (comme par exemple, l'insuffisance du timbre), on ne peut opposer au porteur de bonne foi d'autres exceptions quelconques.

Quant à la prescription, toutes actions relatives aux effets de commerce se prescrivent par le même délai que les autres actions personnelles, c'est-à-dire par six ans; nous parlerons ci-après dans le chapitre « de la prescription » de la législation à cet égard, nous nous bornerons à remarquer ici que le délai commence, en règle générale, du jour où l'effet est payable (3).

SECTION 11. — *Des intérêts et du rechange.*

Si la lettre de change ne contient pas l'obligation de payer les intérêts, le porteur peut réclamer les intérêts d'après les

(1) BAYLEY, *Treatise on Bills of Exchange*, 259. BYLES, *Law of Bills of Exchange*, 175.

(2) SMITH, *Compendium of Mercantile Law*, p. 216.

(3) Wittersheim *v.* Lady Carlisle, 1 H. *Bl.* 631.

règles suivantes : si la lettre de change est payable à un certain temps de vue ou de date, il peut réclamer les intérêts du principal à compter du jour où le paiement devait être effectué. Si la lettre de change est payable sur demande, les intérêts ne sont dus qu'au jour de cette présentation (1). Le tireur et les endosseurs ne doivent les intérêts que du jour où ils ont reçu l'avis du refus d'acceptation ou de paiement (2). Ces intérêts ne peuvent être réclamés qu'à titre de dommages-intérêts résultant de l'inexécution de l'obligation, et si le jury est d'avis que le retard du paiement est la suite de la négligence du porteur, il les abjugera (3). Les intérêts sont dus jusqu'au jour du jugement, et sont calculés à 4 pour cent, jusqu'à ce que le jugement soit exécuté complétement (4).

Dans les lettres de change étrangères, le porteur peut exiger le rechange, quoiqu'il ne se rembourse pas réellement sur le tireur ou sur un endosseur au moyen d'une retraite ; il suffit qu'il y ait possibilité d'employer ce moyen. Le rechange se compose du change et des autres frais légitimes que le porteur a faits pour parvenir à recouvrer par la voie de la retraite le montant de la lettre de change contre le tireur ou un endosseur. Le porteur a le droit de tirer successivement autant de retraites qu'il y a d'endosseurs (5). Chaque endosseur qui rembourse peut recourir de la même manière contre son cédant. Des auteurs prétendent que le rechange ne peut être exigé de l'accepteur,

(1) Blaney *v.* Bradley, 2 *Bl.* 761 ; Pierce *v.* Fothergill, 2 *Bing. N. C.* 167 ; Borough *v.* White, 4 *B. et C.* 527.

(2) Walker *v.* Barnes, 5 *Taunt.* 240.

(3) Du Belloix *v.* Lord Waterpark, 1 *D. et R.* 16 ; Brooke *v.* Coleman, 1 *Cr. et M.* 621 : Latreille *v.* Hoepfner, 10 *Bing.* 354.

(4) Robinson *v.* Bland, 2 *Burr.* 1077.

(5) Kendrick *v.* Lomax, 2 *Tyrwh.* 447 ; Mellish *v.* Simeon, 2 *H. Bl.* 378.

mais nous pensons que cette question est au moins fort douteuse (1).

SECTION 12. — *Des billets à ordre et des autres effets de commerce.*

Les billets à ordre où promesses de payer sont, comme nous l'avons dit, entièrement assimilés aux lettres de change par le statut 3 et 4 Anne, c. 9. Toutefois, s'ils sont payables sur demande (à présentation), ils sont assujettis à un droit de timbre plus élevé que celui qui est perçu sur les lettres de change.

Les mandats sur banquier sont des mandats tirés sur un banquier par une personne qui a déposé des fonds entre ses mains pour le charger de faire un paiement au porteur. Si le banquier sur lequel ces mandats sont tirés réside endéans quinze milles du lieu d'où ils sont tirés, et qu'ils soient datés du jour où ils sont tirés ou d'un jour antérieur, ils ne sont soumis à aucun droit de timbre (2). Ils sont toujours payables à présentation et ils doivent être présentés dans un délai raisonnable, autrement le porteur sera déchu de ses droits contre le tireur en cas de faillite du banquier. En cas de refus de paiement, le banquier peut être poursuivi s'il y a provision entre ses mains. Ils sont transmissibles par simple remise du titre et non par voie d'endossement; si un mandat est tiré sur un banquier pour faire un paiement à un individu désigné « ou à son ordre », il sera transmissible par voie d'endossement; mais en ce cas il doit être rédigé sur papier timbré.

Les billets de banque sont les promesses émises par certains banquiers autorisés à cet effet: ils sont payables au porteur et à

(1) Napier v. Schneider, 12 *East,* 420; Francis v. Rucker, *Ambl.* 672; Woolsey v. Crawford, 2 *Camp.* 445.

(2) Stat. 9 Geo. 4, c. 49, s. 15.

présentation, et sont mis en circulation comme argent comptant. Il n'est pas nécessaire d'exiger le paiement de ces billets aussi promptement que celui des autres effets de commerce. Les restrictions établies par les statuts 48 Georges 3, c. 88; 7 Georges 4, c. 6; et 17 Georges 3, c. 30, à l'égard de l'émission de lettres de change ou de billets à ordre, 1° pour une somme inférieure à une livre, et 2° pour une somme au-dessus d'une livre et inférieure à cinq livres, sont également applicables aux billets de banque.

La Banque d'Angleterre jouit de certains priviléges à l'égard des billets émis par elle. Le plus important de ces priviléges est, que ces billets ont cours forcé pour les offres réelles de sommes au-dessus de cinq livres sterling, à moins que les offres ne soient faites à la requête de la banque elle-même ou d'une de ses succursales.

CHAPITRE QUINZIÈME.

DES COMMERÇANTS ET DES SOCIÉTÉS COMMERCIALES.

SECTION 1. — *Des commerçants.*

On fait usage du mot « commerçant » dans les lois sur les faillites, dans un sens défini et particulier, comme nous le verrons en traitant de ces lois. Cependant cette expression prend généralement une acception plus étendue, et on peut vraisemblablement affirmer que toute personne qui fait une opération quelconque qui tombe sous l'application des lois commerciales, devient à l'égard de cette chose un commerçant, même si ses affaires ordinaires ne se rapportent pas au commerce. Ainsi la souscription même d'une lettre de change faite par tout individu quelconque, fait considérer celui-ci comme commerçant (1).

Les lois de l'Angleterre, suivant à cet égard les principes d'une politique judicieuse et libérale, accordent à tout individu le droit de s'attribuer la qualité et la profession de commerçant, à moins qu'il ne tombe sous quelque prohibition spéciale par laquelle il cesse d'être soumis à la règle générale, et qu'il ne se trouve assujetti à quelque incapacité particulière. De plus, telle est la sollicitude avec laquelle la loi veille sur les intérêts du commerce, qu'elle ne permet à personne de se dépouiller du droit de s'engager dans une entreprise commerciale. Un contrat par lequel

(1) COMYN, *Digest,* Tit. « Merchant, » A. 1.

une personne s'oblige en termes généraux à ne pas exercer son métier ou sa profession dans le royaume, est nul (1), parce que « la loi, » suivant les paroles d'un savant juge (2) « ne permet à » aucun citoyen d'empêcher un autre de faire ce que son propre » intérêt ou l'intérêt public peut exiger de lui. » Cependant une restriction partielle de cette espèce pourra être valable lorsqu'elle est raisonnable dans sa nature et dans son étendue et qu'elle est fondée sur une cause suffisante (3).

Nous avons dit qu'il existe encore quelques incapacités particulières à l'exercice du commerce. Ces incapacités sont celles qui résultent de l'état des individus ou de leur incapacité de contracter. Tels sont les étrangers, les mineurs, les femmes mariées, les membres du clergé. Mais à l'égard des étrangers leur incapacité ne dure que pendant qu'ils sont ennemis; l'incapacité cesse aussitôt qu'ils ont obtenu l'autorisation du Roi de faire le commerce. Les mineurs et les femmes mariées sont incapables de contracter des obligations commerciales; néanmoins, d'après la coutume de la cité de Londres, une femme mariée peut y être commerçante comme une femme libre (4). Si le mari est mort civilement, la femme peut faire le commerce comme une femme libre : dans ce cas, comme dans le précédent, elle est soumise aux lois sur les faillites (5).

La prohibition de faire le commerce s'étend au clergé. Par le statut 57 Geo. 3, c. 99, s. 3, il est défendu aux ecclésiastiques

(1) Mitchell v. Reynolds, 1 *P. Wms.* 181; Horner v. Graves, 7 *Bing.* 743.

(2) Le chef-juge Lord Wynford, dans l'affaire Homer v. Ashford, 5 *Bing.* 528.

(3) Mitchell v. Reynolds, *ubi supra.* Chesman v. Nainby, 2 *Str.* 739; 2 *Bro. P. C.* 349; Mallan v. May, 11 *M. et W.* 635.

(4) Beard v. Webb, 2 *B. et P.* 93.

(5) *Ex parte* Franks, 7 *Bing.* 762; Marshall v. Rutton, 8 *T. R.* 545; Williamson v. Dawes, 9 *Bing.* 293.

de faire le commerce sous peine de la confiscation de la valeur de toutes les marchandises vendues, et tous les contrats passés par eux relativement au commerce sont déclarés nuls de plein droit. Ce statut fut le sujet de débats importants dans l'affaire Hall v. Franklin (1), dans laquelle il fut jugé par la Cour de l'Échiquier qu'une société de banque, dont quelques-uns des actionnaires étaient ecclésiastiques, ne pouvait intenter d'action pour réclamer le paiement d'une lettre de change dont la société était devenue porteur par voie d'endossement. En conséquence, il fallut avoir recours au Parlement, et le statut 1 Vict., c. 10, fut passé immédiatement, par lequel fut rendue valable toute société qui consiste en plus de six individus, bien qu'elle se compose partiellement d'ecclésiastiques.

Les règles sur la capacité individuelle des commerçants s'étendent également à leur capacité de s'associer dans un but commercial; passons maintenant à l'examen de la législation sur la nature du contrat qui se forme entre les associés et la responsabilité y résultant.

SECTION 2. — *De la nature du contrat de société.*

La société est un contrat par lequel deux ou plusieurs personnes conviennent de mettre en commun de l'argent ou d'autres biens ou leur industrie, dans la vue de partager les bénéfices communs qui pourront en résulter.

La communauté des bénéfices est le vrai indice de l'existence du contrat de société; car un des associés peut stipuler qu'il sera affranchi de toute participation aux pertes, et la stipulation sera valable quant à ses associés (2), mais elle sera nulle à l'é-

(1) 5 *Mee. et W.* 259.

(2) Fereday *v.* Horden, *Jac.* 144; Gilpin *v.* Enderby, 5 *B. et A.* 954; Jestons *v.* Brooke, *Cowp.* 793; Morse *v.* Wilson, 4 *T. R.* 353.

gard des tiers (1). Ainsi un des associés peut fournir tout le fonds ou toute l'industrie nécessaire à la société; mais s'il n'y a pas de communauté des bénéfices, il n'y a pas de société réelle (2), et d'un autre côté, dans le cas où il existe une communauté des bénéfices, chacun de ceux qui y participent est regardé comme associé par les créanciers de la société, bien qu'on ait stipulé qu'il ne sera pas responsable pour les engagements contractées envers les tiers. En effet, en enlevant une partie des bénéfices, il diminue ce qui est le gage commun de tous les créanciers (3). Sur ces considérations est fondé le principe qu'un associé, qui n'est qu'un commanditaire, est tenu solidairement des dettes de la société (4).

Par exemple, deux personnes conviennent de mettre de l'argent en commun pour acheter un lot de marchandises avec l'intention de les partager. En ce cas, après l'achat et avant le partage, ils sont co-propriétaires de ces marchandises, mais ils ne sont pas associés. Au lieu de partager les marchandises, ils les revendent, et partagent ce qu'ils gagnent par la revente, ils deviennent associés parce qu'il y a une communauté des bénéfices.

Bien qu'il soit nécessaire que les associés soient intéressés en commun dans les bénéfices, ils peuvent convenir, s'ils le jugent con-

(1) Waugh v. Carver, 2 *H. Bl.* 235.

(2) Hoare v. Dawes, 1 *Doug.* 371; Coope v. Eyre, 1 *H. Bl.* 47; Finckle v. Stacey, *Sel. Ca. Ch.* 9.

(3) Le chef-juge Eyre dans l'affaire Waugh v. Carver, *ubi supra.* Voyez *Ex parte* Rowlandson, 1 *Rose*, 89.

(4) Robinson v. Wilkinson, 3 *Price*, 338; Wintle v. Crowther, 1 *Cr. et Jer.* 316. Mais bien que le tiers puisse intenter une action contre un commanditaire concurremment avec les autres associés, il n'est pas tenu de le faire, parce qu'il est possible qu'on ne puisse le découvrir qu'avec difficulté. Mullett v. Hook, *M. et M.* 88. De Mautort v. Saunders, 1 *B. et Ad.* 398.

venable, que le partage sera fait par portions inégales (1), il faut observer aussi que l'associé doit participer aux bénéfices résultant de la société, comme principal, c'est-à-dire que ce ne peut être ni en qualité de commis, ni en celle d'agent salarié à proportion des bénéfices gagnés par ses commettants (2). Cependant s'il a été stipulé qu'un commis ou un agent aura part dans les bénéfices, de telle manière que les autres participants dans les bénéfices sont tenus de lui en rendre compte, il devient un associé vis-à-vis des tiers (3), quoiqu'il ne soit pas regardé comme associé vis-à-vis de ses commettants (4). Bien que la distinction soit un peu subtile, néanmoins cette doctrine a été établie par une haute autorité (5).

Il est presque inutile de remarquer que le contrat de société est soumis aux mêmes règles que les autres contrats, quant à la capacité des parties contractantes, et l'objet du contrat; ainsi les mineurs (6), les femmes mariées (7), sont incapables de con-

(1) Coope v. Eyre, 1 *H. Bl.* 48; Fromont v. Coupland, 2 *Bing.* 170; *Ex parte* Langdale, 18 *Ves.* 500.

(2) Dixon v. Cooper, 3 *Wils.* 40. Wilkinson v. Frazier, 4 *Esp.* 182; Mair v. Glennie, 4 *M. et S.* 240; Dry v. Boswell, 1 *Camp.* 330; Rex v. Hartley, *Russ. et Ry.* 139; Benjamin v. Porteus, 2 *H. Bl.* 590; Perrott v. Bryant, 1 *Y. et Coll.* 68; Wish v. Small, *ibid.* 331; Smith v. Watson, 2 *B. et C.* 401; Green v. Beesly, 2 *Bing. N. C.* 108.

(3) Smith v. Watson, *ubi supra;* Green v. Beesley, *ubi supra; Ex parte* Rowlandson, 1 *Rose,* 91.

(4) Geddes v. Wallace, 2 *Bligh,* 270; Rex v. Hartley, *Russ. et Ry.* 159.

(5) Voyez le jugement du lord-chancelier Eldon, dans l'affaire *Ex parte* Hamper, 17 *Ves.* 412.

(6) Holmes v. Blogg, 1 *Moore,* 466. 2 *Moore,* 552; Corp v. Overton, 10 *Bing.* 252.

Le mineur peut annuler le contrat quand il atteindra sa majorité, mais il faut qu'il l'annule dans un délai raisonnable, et en donne avis, sinon il sera responsable à l'égard des contrats faits après qu'il aura atteint sa majorité. Goode v. Harrison, 5 *B. et A.* 150.

(7) Mais il paraît qu'une femme mariée qui fait commerce d'après

tracter ; et il en est de même à l'égard d'un étranger ennemi, à moins qu'il ne soit autorisé par le Roi. Ainsi, encore, la société ne peut avoir pour objet qu'un commerce licite (1).

Le contrat de société peut être fait par écrit, ou même verbalement ; il peut même être inféré des faits et gestes des parties.

Quoique la société, vis-à-vis des associés eux-mêmes, résulte d'un contrat entre les parties, un individu, sans s'obliger par contrat, peut se rendre responsable solidairement à l'égard des tiers ; car, d'après la législation anglaise, celui qui prête son nom et son crédit à une maison de commerce, et qui se fait passer aux yeux du monde pour un des associés, devient par ce seul fait responsable solidairement de tous les engagements de la société, soit qu'il ait ou qu'il n'ait pas un intérêt réel aux bénéfices de l'association ; parce qu'il serait fort nuisible au commerce qu'un individu riche, en prêtant son nom (2), pût donner aux autres individus un crédit artificiel, et ensuite refuser de satisfaire les créanciers qui avaient donné leur confiance à la société, sur la foi de sa responsabilité et de sa solvabilité (3).

Mais bien que l'individu qui se donne pour associé soit regardé comme tel à l'égard des tiers, il n'est pas un associé proprement dit, parce que la société résulte d'un contrat auquel il n'a pas pris part. Ce contrat doit être fait entre toutes les par-

la coutume de Londres, peut être une associée. Beard v. Webb, 2 *B. et P.* 93.

(1) Aubert v. Maze, 2 *B. et P.* 371 ; Mitchell v. Cockburn, 2 *H. Bl.* 397 ; Booth v. Hodgson, 6 *T. R.* 405 ; De Begnis v. Armistead, 10 *Bing.* 111 ; Duvergier v. Fellows, 10 *B. et C.* 826 ; Armstrong v. Lewis, 2 *Cr. et Mee.* 274.

(2) On appelle un associé de cette espèce, un associé en nom (*nominal partner*).

(3) Guidon v. Robson, 2 *Camp.* 302 ; Waugh v. Carver, 2 *H. Bl.* 235.

ties qui s'obligent, et personne ne peut s'associer à la société, sans le consentement de tous les autres associés (1) ; ce consentement est même si nécessaire que les exécuteurs testamentaires d'un associé décédé ne peuvent prendre sa place, à moins qu'il n'y ait une condition expresse à cet effet dans l'acte de la société, dans lequel cas *modus et conventio vincunt legem* (2).

Le contrat fixe ordinairement la durée de la société. S'il n'y a pas de convention à cet égard, elle est censée contractée jusqu'à révocation, et en ce cas, chaque associé peut en demander la dissolution quand il lui plaira (3). Quelquefois, s'il s'agit d'une affaire dont la durée est limitée, bien qu'il n'y ait pas de stipulation expresse à l'égard de la dissolution, la société est censée contractée pour tout le temps que doit durer cette affaire (4).

La société finit aussi par le consentement mutuel des parties, par la mort naturelle ou civile de quelqu'un des associés, par la faillite de l'un d'eux (5), et si une femme fait partie de l'association par son mariage (6). La dissolution peut être demandée devant la Cour d'Équité par un des associés, pour autant qu'il existe de justes motifs (7), comme par exemple, lorsque son co-associé est dans un état d'incapacité mentale (8), s'est rendu

----

(1) *Ex parte* Barrow, 2 *Rose*, 255.

(2) Pearce *v.* Chamberlain, 2 *Ves.* 53.

(3) Nerot *v.* Burnand, 4 *Russ.* 247 ; Peacock *v.* Peacock, 16 *Ves.* 50; Featherstonhaugh *v.* Fenwick, 17 *Ves.* 298; Heath *v.* Sansom, 4 *B. et Ad.* 172.

(4) Crawshay *v.* Maule, 1 *Swanst.* 521.

(5) Fox *v.* Hanbury, *Cowp.* 449; *Ex parte* Smith, 5 *Ves.* 295.

(6) Nerot *v.* Burnand, 4 *Russ.* 247 ; Wrexham *v.* Huddlestone, 1 *Swanst.* 571. n.

(7) Baring *v.* Dix, 1 *Cox*, 213 ; Waters *v.* Taylor, 2 *V. et B.* 299.

(8) La démence d'un associé n'opère pas de plein droit dissolution de la société, mais elle constitue un motif en raison duquel la Cour d'Équité peut ordonner la dissolution. Jones *v.* Noy, 2 *M. et K.* 125.

coupable de malversation, ou s'il refuse de rendre compte de ses recettes (1).

Bien que la société puisse être dissoute entre les associés eux-mêmes, de la manière ci-dessus indiquée, pour qu'elle soit dissoute à l'égard des tiers, avis doit être donné de la dissolution (2). Nous parlerons ci-après de la manière dont cet avis doit être donné.

Section 3. — *Des devoirs et des obligations des associés entre eux.*

Les associés sont intéressés en commun (3) dans le fonds de la société, et à défaut de preuve du contraire, ils sont censés intéressés pour des portions égales (4). D'après les principes généraux de la loi, quand deux ou plusieurs personnes sont co-propriétaires d'une chose, la propriété entière, au décès de l'un d'eux, reste aux survivants qui en deviennent les propriétaires exclusifs. On appelle ce droit le *jus accrescendi* (5). Mais en matière commerciale, la portion de chaque associé dans le fonds de la société ne passe pas à ses co-associés, mais elle appartient à ses héritiers : *Jus accrescendi inter mercatores locum non habet* (6).

Afin de trouver la portion de chaque associé dans le fonds, il est important de déterminer ce qui est compris sous cette déno-

---

(1) Goodman *v.* Whitcomb, 1 *Jac. et W.* 589; Chapman *v.* Beach, *ibid.* 594. Marshall *v.* Coleman, 2 *Jac. et W.* 266.

(2) Parkin *v.* Carruthers, 3 *Esp.* 248.

(3) A défaut de stipulations contraires, les droits d'un associé sont les mêmes que les droits d'un autre co-propriétaire ; s'il y a deux associés, moitié appartient à chacun d'eux ; s'il y en a trois, un tiers, etc. Voyez 16 *Ves.* 56.

(4) Farrar *v.* Beswick, 1 *M. et Rob.* 527.

(5) Littleton, 280, 281. 2 Blackstone, 184.

(6) Coke, *Littleton*, 182 a. Comyn, *Digest*, Tit. « Merchant, » D.

mination. Les biens qui ont été employés ou exposés dans les affaires de la société, ne constituent pas nécessairement quelque partie du fonds, mais ils peuvent être la propriété exclusive de l'un des associés. Par exemple, Pierre ayant des marchandises propose à Joseph de mettre en commun leurs efforts afin de les vendre et d'en partager les bénéfices; Joseph, quoique associé dans les bénéfices, ne l'est pas dans les marchandises qui ne forment pas une partie du fonds social, mais elles appartiennent exclusivement à Pierre quoiqu'elles aient été exposées par lui au service de la société (1). Il y a même des sociétés dans lesquelles le fonds est fourni par un des associés et l'autre n'en apporte rien que son industrie. En ces cas, la commune intention des parties fait loi à cet égard, et en général l'on se conforme aux principes admis par les jurisconsultes du continent (2).

Le contrat de société établit entre les associés un lien dont la probité et la bonne foi forment la base. Le désintéressement des uns envers les autres est un devoir exigé par la loi, et l'intérêt commun doit être toujours préféré par eux à leur avantage personnel. Ainsi nul associé ne peut faire des opérations commerciales ou contracter des obligations au détriment de la société, parce que toutes les opérations et les obligations sont censées contractées pour le bénéfice commun (3).

Nous nous bornerons à indiquer les stipulations usuelles qui se sont introduites dans les actes de société, ainsi que la manière dont les contestations entre les associés peuvent être portées devant les tribunaux. Il suffit de dire qu'en cas de violation d'une stipulation du contrat, l'associé peut poursuivre son co-associé

(1) Smith v. Watson, 2 *B. et C.* 401; Meyer v. Sharpe, 5 *Taunt.* 74.
(2) POTHIER, Contrat de société, c. 2, § 1.
(3) Russell v. Austwick, 1 *Sim.* 52; Maddeford v. Austwick, *ibid.* 89; Somerville v. Mackay, 16 *Ves.* 382; Fawcett v. Whitehouse, 1 *Russ. et M.* 132.

en dommages-intérêts devant les cours du droit coutumier, où il peut demander la dissolution de la société devant les cours d'équité; mais quand les parties ont le droit de recourir aux cours du droit coutumier, les cours d'équité sont lentes à s'interposer (1).

Section 4. — *Des devoirs et des obligations des associés envers les tiers.*

Chaque associé est regardé comme l'agent reconnu de ses co-associés, qu'il soit associé administrateur, associé *en nom*, ou seulement associé *dormant* (2); et chaque associé peut obliger les co-associés envers tout créancier de bonne foi, soit par des contrats relatifs aux marchandises ou aux affaires de la société, soit par les effets de commerce mis en circulation pour compte de la société (3).

Examinons en détail le principe général que nous venons d'énoncer.

Chaque associé peut par contrat obliger ses co-associés; mais il ne peut les obliger par acte, à moins qu'il n'y ait été autorisé spécialement (4).

Bien qu'il puisse avoir été convenu entre les associés que l'un d'eux ne pourra lier les autres (5), néanmoins tous les associés sont solidairement responsables de tout engagement contracté par l'un d'eux, à moins que la personne avec laquelle l'enga-

(1) Marshall *v.* Coleman , 2 *Jac. et* W. 266.

(2) On appelle en jurisprudence anglaise un associé dormant (*sleeping partner*), l'associé qui n'est qu'un simple bailleur des fonds, c'est-à-dire l'associé commanditaire.

(3) Vere *v.* Ashby, 10 *B et C.* 288; Bond *v.* Gibson, 1 *Camp.* 185; Wintle *v.* Crowther, 1 *C. et Jer.* 316; Beech *v.* Eyre, 5 *M. et Gr.* 424.

(4) Harrison *v.* Jackson, 7 *T. R.* 207.

(5) South Carolina Bank *v.* Case , 8 *B. et C.* 427.

gement a été fait n'ait eu connaissance de cette convention (1).
Pour que les associés soient tenus solidairement des engagements, il n'est pas nécessaire que l'obligation soit contractée au
nom de tous les associés; il suffit qu'elle soit contractée au nom
de la raison sociale, même quand la raison sociale n'est qu'une
supposition (2). Les tribunaux ont aussi décidé, que s'il y a deux
sociétés ayant un associé commun et une même raison sociale,
chaque société peut obliger l'autre au paiement des effets de
commerce tirés, endossés ou acceptés sous la raison sociale commune (3).

Le contrat doit *avoir rapport aux affaires de la société.* De
sorte que si l'objet du contrat ne concerne pas la société, la
dette n'est pas réputée dette sociale lors même qu'elle a été
contractée au nom de la société, à moins de circonstances
spéciales (4).

Ainsi la société ne peut être obligée par un contrat fait par un
des associés sur sa seule responsabilité, bien que les autres
associés en aient reçu le profit (5). Il résulte de ce qui précède,

(1) Minnett *v.* Whinney, 5 *Bro. P. C.* 489; Willis *v.* Dyson,
1 *Stark.* 164.

(2) Il arrive souvent en Angleterre que la raison sociale ne consiste
que dans le nom d'un des associés avec l'addition « et Compagnie. »
Quelquefois le nom même est fictif. Par exemple, si une maison de
commerce a acquis une grande réputation sous le nom du fondateur,
ses co-associés, après sa mort, continuent le commerce sous la même
raison sociale qui peut durer des siècles. Ainsi les maisons de banque
à Londres de « Child et Cie » et de « Coutts et Cie », qui jouissent
d'une réputation universelle, ne possèdent pas parmi tous les associés
un seul individu qui porte le nom du fondateur, resté comme raison
sociale.

(3) Swan *v.* Steele, 7 *East,* 209; Baker *v.* Charlton, *Peake,* 80.

(4) Sandilands *v.* Marsh, 2 *B. et A.* 675; Marsh *v.* Keating, 1 *Bing.*
N. C. 199.

(5) Beckham *v.* Knight, 1 *M. et G.* 243.

que les associés ne sont pas responsables solidairement, si l'un d'eux, sous sa seule responsabilité, a emprunté de l'argent pour le verser dans le fonds de la société (1). Toutefois si le contrat a rapport aux affaires de la société, et s'il y a bonne foi de la part du tiers envers lequel un des associés a contracté, quel que soit l'objet du contrat, la fraude ou la mauvaise foi de l'associé contractant, tous les associés n'en sont pas moins tenus solidairement au paiement (2).

En outre, un des associés peut obliger ses co-associés *au moyen d'effets de commerce mis en circulation pour compte de la société* (3). Ceci a lieu quand les effets de commerce sont mis en circulation sous la raison sociale; mais alors il faut qu'ils le soient pour compte de la société; d'où il suit que si les affaires de la société ne sont pas de nature à exiger l'émission d'effets de commerce, il n'est pas probable qu'ils ont été mis en circulation pour compte de la raison sociale, et, dans ce cas, les associés ne sont pas tenus solidairement. Ainsi les tribunaux ont décidé que l'associé, dans une exploitation rurale, ou dans une exploitation de mines, ou dans une maison d'hommes de loi (*solicitors*), ne peut point obliger ses co-associés au moyen d'effets de commerce (4).

(1) Siffkin *v.* Walker, 2 *Camp.* 508; Emly *v.* Lye, 15 *East*, 7; Lloyd *v.* Freshfield, 2 *C. et P.* 325; Smith *v.* Craven, 1 *Cr. et Jer.* 500.

(2) Willett *v.* Chambers, *Cowp.* 814; Ropp *v.* Latham, 2 *B. et A.* 795; Bond *v.* Gibson, 1 *Camp.* 185.

(3) Pinckney *v.* Hall, 3 *Salk.* 126; Harrison *v.* Jackson, 7 *T. R.* 207; Sutton *v.* Gregory, 2 *Peake*, 150; Wintle *v.* Crowther, 1 *Cr. et Jer.* 316. Si une lettre de change est tirée sur la raison sociale et si elle est acceptée par un des associés en son propre nom, la société sera responsable. Wells *v.* Masterman, 2 *Esp.* 731; Mason *v.* Rumsey, 1 *Camp.* 384.

(4) Greenslade *v.* Dower, 7 *B. et C.* 635; Dickenson *v.* Valpy, 10 *B. et C.* 139.

Enfin, pour qu'il y ait lieu à appliquer vis-à-vis des tiers le principe de la solidarité des associés, il est essentiel que le tiers envers lequel l'obligation a été contractée ait agi de bonne foi. Si celui qui cherche à rendre les associés responsables solidairement au paiement d'une obligation contractée par l'un d'eux, avait connaissance de la fraude, ou s'il y avait des circonstances qui suffissent pour indiquer que l'associé envers lequel l'obligation a été contractée n'était pas autorisé à cet effet, il sera déchu de ses droits à leur égard (1).

Quant aux effets de commerce souscrits sous la raison sociale, les tribunaux ont décidé que celui qui les reçoit avec connaissance de la fraude est déchu de ses droits (2); il en est de même si, les ayant reçus sans cette connaissance, il n'en a pas donné la valeur (3). Néanmoins, s'il en a donné la valeur sans connaissance de la fraude, il peut exercer son recours contre tous les associés, soit individuellement, soit collectivement (4).

La solidarité de chaque associé à l'égard des tiers commence à partir du jour de son admission dans la société, et il ne peut être tenu des obligations contractées antérieurement (5), à moins qu'il n'y consente (6).

La solidarité cesse du jour de la dissolution de la société, ou du jour où un associé a retiré son nom de la raison sociale et a donné avis de son intention de cesser de faire partie de la

______

(1) Hope v. Cust, 1 *East*, 53; Lloyd v. Freshfield, 2 *C. et P.* 325; Smith v. Burridge, 4 *Taunt.* 684.

(2) Arden v. Sharpe, 2 *Esp.* 524.

(3) Heath v. Sansom, 4 *B. et Ad.* 172.

(4) Wintle v. Crowther, 1 *Cr. et Jer.* 316; Swan v. Steele, 7 *East*, 210; Lacy v. Woolcott, 2 *Dow. et Ry.* 458.

(5) Catt v. Howard, 3 *Stark.* 3; Vere v. Ashby, 10 *B. et C.* 288; Young v. Hunter, 4 *Taunt.* 582; Saville v. Robertson, 4 *T. R.* 720.

(6) *Ex parte* Jackson, 1 *Ves.* 131; *Ex parte* Peele, 6 *Ves.* 602; Helsby v. Mears, 5 *B. et C.* 504.

société (1). A l'égard des individus qui n'ont pas eu des relations commerciales avec la société, avis de la dissolution dans la *London Gazette* suffit (2); mais à l'égard des créanciers et de la clientèle de la société, avis doit en être donné par lettres circulaires (3); toutefois il suffit de prouver que le créancier a eu connaissance de la dissolution (4).

L'associé qui se retire reste responsable des obligations contractées avant la date de la dissolution, à moins que les créanciers ne consentent à accepter la responsabilité des co-associés restants (5).

(1) Parkin *v.* Carruthers, 3 *Esp.* 248 ; Graham *v.* Hope, *Peake*, 154 ; Jones *v.* Shears, 4 *Ad. et Ell.* 832.

(2) Godfrey *v.* Turnbull, 1 *Esp.* 371 ; Wright *v.* Pulhan, 2 *Chit.* 121.

(3) Kirwan *v.* Kirwan, 4 *Tyrwh.* 491 ; Newsome *v.* Coles, 2 *Camp.* 617 ; Jenkins *v.* Blizzard, 1 *Stark.* 418.

(4) Maciver *v.* Humble, 16 *East*, 169.

(5) Kirwan *v.* Kirwan, *ubi supra.*

CHAPITRE SEIZIÈME.

DES SOCIÉTÉS PAR ACTIONS.

Une société par actions ou compagnie publique, mais qu'on appelle en Angleterre *Joint Stock Company*, est une société d'un nombre considérable d'associés dont les droits et les obligations seraient précisément les mêmes que ceux qui affectent un associé dans une société particulière s'il n'était devenu nécessaire, par suite du nombre des associés et de l'étendue de l'entreprise, d'adopter des règlements spéciaux pour l'administration de leurs affaires. Ce genre de société est celui qui se prête le plus à l'exécution et au développement des grandes entreprises pour lesquelles il est nécessaire de rassembler des capitaux considérables, et qui peuvent entraîner une grande responsabilité sur les entrepreneurs. Tous les autres genres de société ont une raison sociale composée de tout ou partie des noms des associés. Dans la compagnie publique, au contraire, il n'y a pas de raison sociale; mais elle est qualifiée par la désignation de son entreprise. Bien que la durée d'une société de cette nature soit illimitée, chaque associé peut se retirer sans entraîner la dissolution de la société. La responsabilité personnelle des associés est aussi limitée; dans quelques-unes de ces compagnies, cette responsabilité est limitée aux sommes que chacun d'eux croit pouvoir, en raison de ses facultés, exposer aux chances de l'entreprise; comme, par exemple, dans les compagnies établies par statut du

Parlement ou par lettres patentes. Dans toutes les autres compagnies, la responsabilité des associés est partagée également entre tous, à l'exception des compagnies de banque dans lesquelles la responsabilité de chaque associé est illimitée comme nous verrons ci-après. C'est en raison de ces avantages présentés aux associés que ces sociétés sont appliquées à l'assurance contre les risques de toute espèce, à la construction de canaux , de chemins de fer, etc., et aux autres entreprises, dans lesquelles aucun particulier ne voudrait engager indéfiniment sa responsabilité personnelle.

On peut trouver un exemple de l'immense importance de ces sociétés par le seul fait qu'endéans quelques années, la somme colossale de dix milliards de francs a été appliquée par des compagnies publiques à la construction de chemins de fer dans la Grande-Bretagne seule ; et ce n'est là qu'un des objets auxquels les sociétés de ce genre sont applicables. Toutefois la législation à l'égard de ces sociétés, a moins d'intérêt pour un étranger que pour un habitant du royaume ; aussi dans l'aperçu sommaire que nous donnerons de cette législation, nous bornerons-nous à l'examen des obligations contractées par les associés envers leurs co-associés et envers les tiers ; néanmoins, pour donner une notion claire et intelligible de l'effet de ces obligations, il est nécessaire d'expliquer brièvement la nature et la constitution des sociétés par actions ou compagnies publiques.

La législation à cet égard était autrefois très-imparfaite. Ces compagnies se constituaient, par acte de société, et par cet acte étaient nommés les administrateurs et les employés supérieurs en même temps que des fidéicommissaires des biens et des effets de la compagnie, parce que la compagnie, n'étant pas une corporation, ne pouvait pas, d'après les règles du droit coutumier, posséder des biens en son propre nom, et en conséquence elle était forcée d'avoir recours à l'intervention de fidéicommissaires.

L'acte contenait aussi diverses stipulations à l'égard de l'administration des affaires de la compagnie, et à l'égard des obligations des administrateurs et des associés ou actionnaires. L'acte énonçait en outre le montant du capital social, en combien d'actions ce capital était partagé, la manière de les transférer, etc. L'acte indiquait aussi les pouvoirs des assemblées générales des actionnaires et la manière de convoquer ces assemblées. Toutes les affaires de la compagnie étaient réglées d'après les dispositions de cet acte, et en cas de silence de l'acte constitutif, on y suppléait en recourant aux principes de la législation sur les sociétés particulières.

Les principes de la législation sur les sociétés particulières étaient tellement applicables aux compagnies publiques, que l'acte constitutif ne pouvait en aucune façon déroger aux conditions essentielles des contrats de société; ainsi, par exemple, il était interdit d'apposer aucune limite à la responsabilité personnelle des associés. On ne tarda pas en outre à trouver que, par suite du nombre des associés et de l'étendue des affaires des compagnies, il devenait difficile, sinon impossible, d'administrer leurs affaires selon les règles strictes de la loi à l'égard des sociétés particulières. Ainsi, toutes les obligations contractées par la compagnie devaient l'être au nom d'un tiers, parce que la compagnie ne pouvait intenter d'action pour en réclamer l'exécution en son propre nom et, de même, les associés, et non la compagnie, étaient tenus vis-à-vis des tiers, qui ne pouvaient les actionner qu'individuellement. Ces compagnies furent donc forcées souvent d'avoir recours au Parlement pour obtenir les pouvoirs nécessaires à l'administration de leurs affaires et pour mitiger la rigueur des règles du droit coutumier.

En conséquence la Législature, au moyen de statuts particuliers, autorisa certaines compagnies à ester en justice au nom du secrétaire ou d'une autre personne nommée à cet effet, et d'autres dispositions y furent insérées pour aplanir les difficultés qui environnaient l'administration des affaires d'une société composée d'un si grand nombre d'associés. Mais quoique cette autorisation pût être suffisante pour l'administration des affaires des compagnies d'assurance, etc., elle ne l'était pas pour les compagnies établies pour la construction de canaux, de chemins de fer, de ponts, de marchés, etc., parce que l'exécution de travaux de cette nature exige la concession de certains droits et priviléges qui ne peuvent être accordés que par la Législature; par exemple, le pouvoir d'exproprier forcément, l'autorisation de percevoir les péages et de posséder des terres à perpétuité, de contracter des obligations en nom propre, etc. Des statuts particuliers du Parlement comblèrent cette lacune chaque fois que le cas se présentait.

Dans l'année 1844, par suite de la fureur de spéculation qui commença à cette époque, et qui bientôt s'étendit sur toute l'Angleterre et sur une grande partie du continent européen, la loi à l'égard des compagnies publiques fut soumise à la révision de la Législature, et le statut 7 et 8 Vict. c. 110, fut passé. C'est ce statut qui régit aujourd'hui presque toutes les compagnies créées et établies en Angleterre depuis le 1er novembre 1844.

Les dispositions de ce statut sont déclarées s'étendre à toute compagnie qui sera établie dans le Royaume-Uni pour un but commercial d'assurance ou de spéculation, et tombant sous la définition ci-après énoncée. Sont exceptées les compagnies de banque, les écoles, les institutions scientifiques et littéraires, et certaines sociétés de bienfaisance établies et enregistrées d'après les dispositions des statuts y relatifs.

Les dispositions de ce statut ne sont applicables qu'en partie aux compagnies établies pour l'exécution de travaux, tels que ponts, routes, chemins de fer, canaux, aqueducs, ports, bassins, et autres entreprises qui ne peuvent être exécutées que par autorisation spéciale du Parlement. Les dispositions ne s'étendent également qu'en partie « aux compagnies qui sont incorporées, » ou qui seront incorporées par statut du Parlement, ou par let- » tres patentes de la Couronne, ou aux compagnies autorisées, ou » qui seraient dorénavant autorisées à ester en justice au nom » d'un tiers, par quelque statut particulier du Parlement. »

Nous avons dit que le statut ne s'étend pas aux compagnies de banque. Ces compagnies sont régies exclusivement d'après les dispositions du statut 7 et 8 Vict., c. 113. Elles diffèrent principalement des autres compagnies publiques, en ce que chaque action ne peut être inférieure à 100 livres sterling ; et que la compagnie ne peut être établie qu'après que la somme de 100,000 livres sterling (2,500,000 frs.) aura été souscrite, et la moitié versée par les actionnaires dans la caisse de la banque. La responsabilité personnelle de chaque actionnaire n'est pas limitée à sa mise dans le capital social, mais tous les actionnaires sont responsables solidairement des engagements de la compagnie.

Les compagnies pour l'exploitation des mines sont souvent établies d'après un système particulier qu'on appelle la *cost-book system* (1). Les compagnies établies d'après ce système ne sont pas soumises aux dispositions du statut 7 et 8 Vict. c. 110.

Toutefois, en exceptant les compagnies ci-dessus indiquées, les dispositions du statut 7 et 8 Vict. c. 110 s'étendent à toute compagnie tombant sous les termes du statut ; et ce dernier déclare que ses dispositions se rapportent :

A toute société dont le capital social est divisé ou est divisible en actions qui peuvent être transférées sans l'assentiment exprès de tous les co-associés ;

(1) Ce système paraît être particulier aux compagnies pour l'exploitation des mines dans le comté de Cornwall seul, et ne peut s'étendre aux compagnies établies pour l'exploitation des mines hors de ce comté. Voyez « *The Gold Companies and the Cost-book system,* » par J. N. Higgins.

A toute compagnie ou association d'assurance sur la vie, ou contre les risques de l'incendie ou de l'orage ou tout autre cas fortuit, ou contre les risques de la mer, ou pour la vente ou l'achat de rentes viagères;

A toute société qui, dans sa formation ou par l'admission subséquente d'associés, compte plus de vingt-cinq membres, à moins que cette admission subséquente n'ait lieu par suite de succession ou ne résulte de la loi.

Est applicable à toute compagnie de cette nature, soit que l'objet puisse être accompli sans l'autorisation du Parlement, soit que cette autorisation devienne nécessaire, la disposition que voici :

Avant que l'intention d'établir une compagnie pour l'exécution de quelques-uns des objets qui se trouvent endéans les dispositions de ce statut, puisse être rendue publique par voie de prospectus, affiche ou annonce, les fondateurs de la compagnie sont tenus de fournir au bureau de l'enregistrement de *Joint Stock Companies*, les détails suivants :

1º Le nom qu'on se propose de donner à la compagnie;

2º L'objet de l'entreprise;

3º Les noms, professions et résidences de fondateurs;

Et de faire connaître les articles suivants au fur et à mesure qu'ils seront adoptés par la compagnie :

4º Le siége de la compagnie;

5º Le nom, la profession et la résidence de chacun des membres du comité ou du conseil constitué pour la formation de la compagnie. Doit être joint le consentement par écrit de chaque membre du comité déclarant qu'il accepte les fonctions qui lui sont attribuées, et cette déclaration est accompagnée d'un contrat signé par lui, d'après lequel il s'engage à prendre une ou plusieurs actions dans l'entreprise projetée;

6º Les noms, les professions et les résidences de tous les principaux intéressés;

7° Les noms, les professions et les résidences de tous les souscripteurs ;

8° Copies de chaque prospectus, lettre circulaire, affiche ou annonce adressés au public ou aux actionnaires relativement à la formation de la compagnie ;

9° Tout changement qui pourrait survenir dans les détails ci-dessus énoncés.

Aussitôt après l'enregistrement du nom, de l'objet de la compagnie et des noms de ses fondateurs, on délivrera un certificat de l'enregistrement provisoire de la compagnie, qui peut prendre dès lors le nom qu'elle se propose d'adopter, en y annexant les mots : « enregistrée provisoirement » (*registered provisionally*). Cette formalité remplie, les fondateurs peuvent ouvrir des listes pour recevoir les noms des souscripteurs pour les actions, distribuer les promesses d'actions et recevoir à compte sur chaque action une somme qui ne pourra excéder un demi pour cent, à moins que l'objet de la compagnie ne puisse être accompli sans l'autorisation du Parlement. Dans ce dernier cas, il est permis de recevoir, en outre de la somme ci-dessus mentionnée, un tantième sur le montant de chaque action, à l'effet de satisfaire aux exigences du Parlement, qui veut qu'une somme de dix pour cent sur les trois quarts du montant du capital social soit déposée à titre de caution avant la présentation du projet de loi à la Chambre. Les fondateurs peuvent aussi faire tout ce qui est nécessaire pour organiser la compagnie et obtenir un statut du Parlement ou des lettres patentes s'il y a lieu.

Jusque-là les dispositions du statut sont applicables à toute compagnie publique qui rentre dans les termes dudit statut, que l'objet de la compagnie puisse ou ne puisse pas être accompli sans l'autorisation du Parlement. Mais les formalités ultérieures diffèrent essentiellement et, par conséquent, nous considérerons ces compagnies d'après l'ordre suivant : celles qui sont soumises entièrement aux dispositions du statut 7 et 8 Vict. c. 110; celles qui doivent être établies par statut particulier du Parlement; et celles qui sont établies par lettres patentes de la Couronne.

Section 1. — *Des compagnies publiques enregistrées d'après les dispositions du statut 7 et 8 Vict. c. 110.*

La compagnie doit être formée par acte signé et scellé par tous les actionnaires. Cet acte contient les conventions faites entre les parties et les règlements pour l'administration des affaires de la compagnie. Il doit surtout contenir un contrat de la part de chaque actionnaire, par lequel celui-ci s'oblige envers la compagnie à fournir le capital du montant de ses actions aux époques fixées par l'acte ou aux époques à fixer par les administrateurs. Provision doit aussi être faite pour la convocation périodique des actionnaires en assemblée générale et pour l'arrêté annuel de la situation de la compagnie. L'acte doit être soumis à l'approbation du chef du bureau de l'enregistrement avant qu'il soit signé par les actionnaires. Quand l'acte aura été signé par les actionnaires, le chef du bureau accordera un certificat de l'enregistrement complet de la compagnie; si tous les actionnaires ne signent pas, le certificat ne sera accordé qu'autant que les signataires composeront au moins le quart du nombre total des actionnaires au moment de l'acte et le quart en somme du capital social.

Dès l'obtention du certificat de l'enregistrement complet, les actionnaires et toutes les personnes qui peuvent devenir dorénavant porteurs d'actions sont constitués en corporation sous le nom de la compagnie, jusqu'à la dissolution de celle-ci. Par suite de l'enregistrement complet, la compagnie est aussi autorisée :

1° A faire usage du nom qu'elle porte;

2° A avoir un sceau sur lequel le nom de la compagnie doit

être inscrit; au moyen de ce sceau la compagnie peut s'obliger de la manière ci-après mentionnée :

3° A ester en justice en son propre nom, soit contre les actionnaires, soit contre toute autre personne, pour réclamer l'exécution des engagements contractés envers la compagnie;

4° A contracter des engagements pour l'exécution des travaux ou toute autre chose qui forme l'objet de la compagnie ;

5° A acheter et à posséder en son propre nom les terres et les ténements, si la possession de terres ou ténements est requise pour les besoins de la compagnie;

6° A émettre des titres d'actions ;

7° A recevoir les versements des actionnaires;

8° A emprunter de l'argent dans les limites prescrites par l'acte;

9° A distribuer les dividendes résultant des bénéfices faits par la compagnie;

10° A convoquer périodiquement les actionnaires en assemblée générale;

11° A faire en assemblée générale des statuts et des règlements pour l'administration des affaires de la compagnie, pourvu que ces statuts et règlements ne soient pas incompatibles avec les dispositions du statut 7 et 8 Vict. c. 110, ou avec l'acte de la compagnie;

12° A exécuter toute autre chose nécessaire à l'administration des affaires de la compagnie.

Le statut ordonne aussi que, à l'exception des contrats pour l'achat de quelque chose au-dessous de la valeur de cinquante livres sterling et de contrats pour des services dont la durée n'excède pas six mois, et à l'exception de lettres de change, tout contrat passé par la compagnie doit être fait par écrit et signé par deux administrateurs au moins ; il doit aussi être scellé du sceau de la compagnie ou signé par le secrétaire ou tout autre fonctionnaire de la compagnie autorisé expressément à cet effet par une résolution spéciale du conseil d'administration, le tout sous peine de nullité, sauf à l'égard de la compagnie elle-même. Les contrats pour l'achat de choses dont la valeur serait inférieure à cinquante livres sterling, peuvent être faits par un fonctionnaire de la compagnie autorisé par ses règlements à cet effet.

A l'égard des lettres de change et des billets à ordre, ils peuvent être souscrits, tirés, acceptés et endossés pour compte de la compagnie par deux administrateurs; mais il doit toujours être énoncé dans la lettre de change ou le billet à ordre, que les signataires agissent pour compte de la compagnie et non pour leur propre compte.

Quant à la responsabilité personnelle que les actionnaires contractent, la section 66 du même statut ordonne que tout jugement rendu contre la compagnie doit être d'abord mis en exécution contre les biens de la compagnie; mais si ces biens ne suffisent pas, le jugement peut être exécuté sur la personne et les biens de quelqu'un des actionnaires qui sont porteurs d'actions au moment de l'exécution du jugement; il peut aussi être mis à exécution contre la personne et les biens de l'un ou l'autre des actionnaires qui étaient porteurs d'actions au moment où fut contracté l'obligation pour l'inexécution de laquelle le jugement a été rendu, à moins que cet actionnaire n'ait cessé d'être membre de la compagnie depuis trois ans. L'actionnaire contre lequel le jugement est mis à exécution peut réclamer de la compagnie le montant des pertes, dommages et frais qu'il aura soufferts à raison de ces poursuites; faute de remboursement par la compagnie, il peut demander la contribution de tous les autres actionnaires contre lesquels le jugement pouvait avoir été mis en exécution.

SECTION 2. — *Des compagnies établies par statut particulier
du Parlement.*

Nous avons dit que les compagnies qui ont pour objet la construction de canaux, de chemins de fer, de routes, de ponts, d'aqueducs et autres travaux de cette nature, ne peuvent être investies des pouvoirs nécessaires pour l'accomplissement et l'exécution de ces objets sans l'autorisation du Parlement. D'après la Constitution anglaise, personne ne peut percevoir des péages sans l'autorisation du Parlement, personne ne peut être privé de sa propriété, sans son consentement, sinon au moyen d'une autorisation semblable. Cette autorisation n'est accordée que par statut particulier de la Législature.

Un exemple du mode d'après lequel ces compagnies sont organisées donnera au lecteur une idée plus claire de la différence qui existe entre les compagnies enregistrées selon les dispositions du statut 7 et 8 Vict. c. 110, et celles qui sont établies par statut particulier du Parlement. Nous indiquerons très-brièvement la marche à suivre pour obtenir un statut autorisant la construction d'un chemin de fer.

D'après les dispositions du statut 7 et 8 Vict. c. 110, la compagnie doit être enregistrée provisoirement avant qu'on puisse même essayer de la former. Cette formalité remplie, les fondateurs peuvent ouvrir des listes pour l'admission des actionnaires ; ils peuvent émettre les promesses d'actions et recevoir le premier versement à titre de dépôt. La marche à suivre ultérieurement pour former la compagnie est réglée d'après les règlements du Parlement. Ces règlements sont décrétés par chacune des chambres du Parlement, pour faciliter l'exécution de ses affaires relativement aux projets particuliers de loi (*private bills*).

Voici les principaux de ces règlements à l'égard d'un projet de loi relatif à la formation d'une compagnie pour la construction d'un chemin de fer.

Les actionnaires doivent s'obliger par acte au paiement total du montant de leurs actions aux époques à déterminer suivant les besoins de la compagnie. Cet acte doit être signé par un nombre de porteurs de promesses d'actions représentant au moins les trois quarts du capital social.

Les plans et les coupes du projet du chemin de fer doivent être déposés, avant le jour déterminé par les règlements, au ministère du commerce et au bureau des *bills* particuliers, accompagnés d'une liste de tous les propriétaires et tenanciers de terres et de ténements traversés par la ligne du chemin de fer, ou qui se trouvent endéans une certaine distance de chaque côté du centre de cette ligne.

Une copie de ces plans et coupes doit aussi être déposée au greffe de chaque comté traversé par le chemin de fer ; et ces plans et coupes doivent être accompagnés également d'une liste des propriétaires et des tenanciers qui se trouvent sur la ligne du chemin de fer.

L'intention de la compagnie, de s'adresser au Parlement pour obtenir un statut autorisant la construction d'un chemin de fer, doit être publiée pendant trois semaines consécutives dans la « *London Gazette,* » dans deux journaux quotidiens de la métropole, et dans un journal imprimé, ou répandu dans chacun des comtés traversés par le chemin de fer. Avis de cette intention doit aussi être donné par affiche apposée sur les portes de l'église de chaque paroisse traversée par le chemin de fer. Avis doit également être donné à tous les propriétaires et les tenanciers portés sur les listes ci-dessus mentionnées, pour qu'ils puissent, s'ils le jugent convenable, former opposition au projet de loi quand il sera porté devant le Parlement.

Une somme égale à dix pour cent du capital social doit être déposée entre les mains du trésorier de la Cour de la Chancellerie à titre de caution, avant que le projet de loi ne puisse être présenté aux Chambres.

Quand toutes les formalités prescrites par les règlements du Parlement, dont nous avons indiqué les principales, sont remplies, le projet de loi peut être soumis à la Législature, et il est examiné dans les deux Chambres par un comité des membres. Devant ces comités, tout intéressé qui croit que ses intérêts sont lésés, peut être entendu contre le projet par son avocat et par ses témoins. Tel est le respect du Parlement pour les droits de propriété, qu'il ne veut exproprier personne forcément, à moins qu'il ne soit prouvé que l'expropriation a pour cause l'utilité publique ; on donne toute latitude aux intéressés, afin de s'opposer à la mesure s'ils la jugent contraire à leurs intérêts ; en tout cas, le Parlement prend soin que l'expropriation n'ait jamais lieu sans une juste et préalable indemnité.

Si la loi est adoptée par le Parlement, la compagnie est constituée par le statut en corporation (1) perpétuelle ; des pouvoirs lui sont accordés pendant une période déterminée, pour acquérir des terres au moyen d'expropriation forcée, et elle est revêtue de tous les pouvoirs et de tous les priviléges nécessaires à l'administration de ses affaires, et à l'exécution des travaux. La responsabilité de chaque actionnaire envers la compagnie et envers les tiers, est limitée par le statut au montant de ses actions ; il doit fournir le capital de ses actions aux époques à fixer par les administrations, et en cas de retard, la compagnie peut le poursuivre en justice pour le paiement, ou elle peut confisquer à son profit les sommes précédemment versées, si elle le juge convenable ; et l'emploi de ces deux moyens de forcer l'exécution de l'obligation de l'actionnaire envers la compagnie, est facultatif et même cumulatif. Toutefois, l'actionnaire ne doit rien au delà de sa part du capital social ; quand il l'a payée, toute obligation de sa part est éteinte.

(1) Le trait distinctif d'une corporation est que les membres, et tous les membres successifs, ne forment qu'une seule personne.

Les noms de tous les actionnaires sont portés sur le registre destiné à les recevoir, et un certificat est accordé à chacun d'eux constatant l'inscription de son nom et de ses actions sur le registre. Faute de preuve contraire, la propriété des actions s'établit par l'inscription sur le registre. Tous les six mois la liste des actionnaires est arrêtée, et cette liste est scellée dans une assemblée générale qui doit être tenue tous les six mois.

Les actions se transfèrent par acte signé et scellé par le vendeur et par l'acheteur, et frappé du timbre proportionnel au montant du prix de la vente; mais le transfert n'est valable qu'entre le vendeur et l'acheteur, jusqu'à ce que l'acte de transfert ait été inscrit sur les registres de la compagnie. Si le vendeur est en retard pour ses versements, l'acte ne peut être inscrit tant que ces versements sont en souffrance; mais aussitôt que l'acte est inscrit, le vendeur cesse entièrement d'être responsable, soit envers la compagnie, soit à l'égard des obligations contractées entre la compagnie et des tiers; et à l'égard de ce dernier, il faut encore observer que la responsabilité des actionnaires d'une compagnie dans laquelle les membres sont incorporés par statut particulier du Parlement, soit vis-à-vis de la compagnie, soit vis-à-vis des tiers, est limitée au montant du capital de leurs actions.

SECTION 3. — *Des compagnies établies par lettres patentes.*

Par le statut 6 Georges 4, c. 91, la Couronne a été autorisée à accorder des priviléges aux compagnies établies dans un but de commerce par une *charte royale*; depuis le statut 1 Vict. c. 73, la Couronne est autorisée à accorder ces priviléges par lettres patentes.

Avant que les lettres patentes soient accordées, la compagnie doit être constituée par acte de la manière ci-dessus indiquée à l'égard des compagnies enregistrées suivant les dispositions du statut 7 et 8 Vict. c. 110, et avis préalable de l'intention de demander au pouvoir royal d'accorder des lettres patentes, doit être donné par annonce dans certains journaux.

Ces lettres patentes peuvent déclarer que les actionnaires ne seront pas responsables personnellement des engagements de la compagnie au delà du montant indiqué dans les lettres patentes; et il est d'usage que cette responsabilité soit limitée au montant de leur mise dans le capital social.

Il est rare que les compagnies soient établies par lettres patentes, parce que le Gouvernement se refuse d'accorder sans le concours du Parlement des priviléges qui peuvent entraver les intérêts des tiers. Par conséquent les priviléges accordés par lettres patentes sont généralement limités aux compagnies établies dans un but spécial de commerce; par exemple, aux compagnies de navigation, de banques coloniales, etc.

CHAPITRE DIX-SEPTIÈME.

DE LA PRESCRIPTION.

La sagesse de la Législature, en mettant un terme à l'exercice des actions, n'a jamais été contestée ; si ce terme n'existait pas, personne ne serait certain de la jouissance de ses biens. Après un certain laps de temps, la preuve des droits de propriété est affaiblie ou éteinte, et le créancier qui a dormi longtemps sur sa créance ne peut se plaindre s'il est non recevable à intenter l'action qui en dérive, puisqu'il n'a qu'à s'imputer à lui-même les conséquences de son inaction.

La prescription est également un moyen d'acquérir par un certain laps de temps la propriété des héritages incorporels. On peut acquérir ainsi le droit de faire usage d'un sentier sur les terres d'autrui ; mais il faut distinguer la coutume et la prescription, la coutume étant un usage local, et la prescription étant annexée à la personne. Nous nous bornerons à l'examen des règles de prescription en tant qu'elles peuvent être invoquées comme une exception qui empêche le demandeur d'être écouté en justice.

La prescription doit toujours être opposée par le débiteur, les juges ne peuvent jamais suppléer d'office le moyen en résultant.

La prescription qui est une fin de non-recevoir, peut être envisagée à deux points de vue : — 1° comme exception opposée à l'exercice des actions réelles ; — 2° comme exception à l'exercice des actions personnelles et mixtes.

I. Par la section 2 du statut 3 et 4 Guillaume 4, c. 27, personne ne peut intenter d'action pour la revendication d'un immeuble ou d'un droit immobilier ou d'une rente foncière, qu'endéans vingt ans à partir du jour où la demande a été intentée, ou à partir du jour où la personne du chef de laquelle le demandeur réclame la revendication, pouvait avoir intenté sa demande.

Quant au temps où la prescription commence à courir, la section 3 du même statut ordonne :

1° Lorsque celui qui exerce la revendication ou l'individu du chef duquel il intente son action a eu la jouissance ou la possession des revenus, et que pendant cette période il a été dépossédé, ou que sa jouissance a été interrompue, le temps de la prescription commence à courir du jour de la dépossession ou de l'interruption de la jouissance, ou du jour où les arrérages de la rente foncière ont été reçus pour la dernière fois.

2° Quand le demandeur réclame la possession de l'immeuble ou la jouissance d'un droit immobilier ou de la rente foncière appartenant au défunt qui aura eu la possession ou la jouissance jusqu'à sa mort, et qui sera la dernière personne qui en ait eu la possession ou la jouissance, la prescription commence à courir du jour de la mort du défunt.

3° Quand le demandeur réclame la possession ou la jouissance en vertu d'un acte passé par le possesseur en sa faveur ou en faveur de celui du chef duquel il en réclame la possession ou la jouissance, et que personne n'a eu la possession en vertu dudit acte, la prescription commence à courir à partir du jour où le demandeur avait droit à la possession en vertu dudit acte.

4° Quand l'immeuble a été en expectative et que personne n'en a pris la possession, le temps de la prescription ne commence à courir que du jour où les héritiers ou autres ayants droit auraient dû en prendre possession.

5° La prescription ne commence pas à courir tant que la réclamation du demandeur est suspendue par une condition, et que cette condition n'est pas arrivée.

Si la prescription a commencé à courir, la prescription ne peut être interrompue que par citation en justice, par saisie ou par la reconnaissance que le possesseur fait du droit de celui contre lequel il prescrivait, mais il faut que cette reconnaissance soit faite par écrit et signée par le possesseur.

Tout individu qui, au moment où l'action est ouverte, se trouve dans un état d'incapacité soit à cause de sa minorité, soit par démence, soit par mariage (s'il s'agit d'une femme mariée), soit par absence au delà des mers, jouit d'un délai de dix ans à partir de l'expiration de l'incapacité pendant lesquels il doit intenter son action. Le même délai est accordé à l'héritier en cas de mort de l'individu qui se trouvait en état d'incapacité.

Mais dans tous les cas d'incapacité au moment où l'action est ouverte, le délai pendant lequel l'action peut être intentée, ne peut excéder quarante ans, même si les héritiers de la personne incapable sont incapables eux-mêmes.

Le statut déclare qu'aucune partie du Royaume-Uni ni les îles de Man, de Guernesey, Jersey, Alderney ou Sark, ni aucunes îles voisines faisant partie des domaines de la Couronne, ne sont regardées comme étant au delà des mers d'après l'esprit du statut.

Par la section 42 du même statut, les arrérages de loyers ou des intérêts dus pour une somme hypothéquée sur les immeubles ou sur les legs, et tous dommages-intérêts résultant de ces arrérages ne peuvent être réclamés qu'endéans les six ans, à partir du jour de leur échéance, ou à partir du jour de la reconnaissance par écrit remise aux ayants droit, et signée par le débiteur ou par l'agent de celui-ci.

II. Par la section 3 du statut 21 Jacques 1, c. 16, toutes les actions mixtes, les actions en reddition de comptes (à l'exception des comptes qui ont rapport au commerce de marchandises entre commerçants ou leurs mandataires, ou leurs commis), toutes les actions *de dettes* (1) ou celles qui se résument en dommages-intérêts pour l'inexécution des obligations nées des simples contrats ou des promesses, se prescrivent par six ans à partir du jour où le demandeur a pu intenter son action. Sont exceptées certaines actions pour blessures, attaques et arrestations illégales qui se prescrivent par quatre ans, et certaines actions pour injures qui se prescrivent par deux ans.

Il faut indiquer les exceptions suivantes aux dispositions que nous venons d'énoncer :

1° Par la section 9 du même statut, si l'individu qui a droit d'intenter l'action, se trouve dans un état d'incapacité pour cause de minorité, de mariage (s'il s'agit d'une femme mariée), de démence, d'emprisonnement ou d'absence au delà des mers, au moment où l'action est ouverte, il pourra l'intenter endéans les six ans, à partir du jour où cessera son incapacité.

2° Si le demandeur a intenté l'action, par suite de laquelle le défendeur a été proscrit (2), ou si le demandeur a obtenu un jugement contre le défendeur, et que le jugement ait été cassé ou mis à néant, une nouvelle action peut être intentée endéans l'année qui suivra l'annulation de la proscription, la cassation ou l'annulation du jugement, bien que les six ans soient écoulés.

3° D'après la section 19 du statut 4 Anne, c. 16, si le défendeur est au delà des mers au moment où l'action est ouverte, le demandeur peut intenter son action dans les six ans, à partir du jour du retour du défendeur (3).

4° D'après la section 1 du statut 9 Georges 4, c. 14, si une

---

(1) Pour la définition d'une action de dette voyez *supra*, p. 117.
(2) Pour la signification du mot « proscrit » voyez p. 250 (*note.*)
(3) Le demandeur peut entamer l'action pendant le séjour du défendeur en pays étranger s'il le juge convenable, ou il peut attendre le

reconnaissance de sa responsabilité envers le demandeur a été donnée par écrit et signée par le défendeur, la prescription est interrompue par cette reconnaissance et le temps ne commence à courir qu'à partir de la date de la reconnaissance (1). Si la reconnaissance a été donnée par un co-obligé, les autres co-obligés ne sont pas responsables des faits de ce dernier.

5° D'après la même section dudit statut le paiement partiel, soit du principal, soit des intérêts, interrompt également la prescription.

6° La dernière exception résulte du statut 21 Jacques 1, c. 16 lui-même, qui concerne l'exception pour actions en reddition de comptes entre commerçants. Mais il faut observer que l'exception n'a rapport qu'aux actions qui y sont spécifiées et non aux actions *de dette* ou celles qui se résolvent en dommages-intérêts.

La forme de l'action en reddition de comptes est aujourd'hui presque entièrement inusitée et n'est applicable que dans les cas où , d'après une convention entre parties , les marchandises vendues et achetées doivent être portées en compte courant entre elles.

retour du défendeur. Le Veux *v.* Berkeley, 5 *Q. B.* 836; Pigott *v.* Rush, 4 *A. et E.* 912.

Voyez aussi la section 18 du statut 15 et 16 Vict. c. 76, par laquelle un sujet anglais, même résidant à l'étranger, peut être cité devant les tribunaux anglais pour l'exécution des obligations par lui contractées dans la Grande-Bretagne. Par la section 19 du même statut, l'étranger même non résidant dans ce dernier pays peut y être cité devant les tribunaux pour l'exécution des obligations y contractées par lui.

S'il y a deux ou plusieurs co-obligés, dont l'un se trouve au delà des mers au moment où l'action est ouverte, la prescription est suspendue jusqu'à son retour. Fannin *v.* Anderson, 14 *Law Journ. Q. B.* 282.

(1) La reconnaissance doit être expresse et ne peut être subordonnée à aucune condition; elle doit être donnée avant que l'action ne soit entamée. Tanner *v.* Smart, 6 *B. et C.* 603; Hart, *v.* Prendergast, 15 *Law Journ. Ex.* 223; Bateman *v.* Pindar, 3 *Q. B.* 574.

Par la section du statut 3 et 4 Guillaume 4, c. 42, toute action *de dette* pour les loyers payables par suite d'un acte de bail, et toutes les actions *de dette* ou celles qui se résument en dommages-intérêts pour inexécution des obligations nées de contrats spéciaux ou d'autres espèces d'actes scellés, doivent être intentées endéans les vingt ans à partir du jour où le demandeur a pu intenter son action.

Sont portées par le statut lui-même, les exceptions suivantes aux dispositions ci-dessus énoncées :

1° D'après la section 4, si l'individu qui a droit d'intenter l'action se trouve dans un état d'incapacité pour cause de minorité, de mariage (s'il s'agit d'une femme mariée), de démence ou de l'absence au delà des mers au moment où l'action est ouverte, il pourra l'intenter endéans les vingt ans à partir du jour où cessera son incapacité.

2° Si le défendeur est au delà des mers au moment où l'action est ouverte, la prescription ne court que du jour de son retour.

3° Si une reconnaissance de sa responsabilité envers le demandeur a été donnée par écrit et signée par le défendeur ou par son agent (1), la prescription court à partir de la date de la reconnaissance.

4° Le paiement partiel, soit du principal, soit des intérêts, interrompt également la prescription.

Dans ces deux derniers cas, si le demandeur est en état d'incapacité, pour quelques-uns des motifs susdits, au moment où la reconnaissance est donnée ou que le paiement s'effectue, ou si à cette époque, le défendeur est au delà des mers, la prescription ne commence à courir qu'au moment où l'incapacité cesse.

5° Le statut contient une disposition semblable à celle qui se

______

(1) Il faut observer que la reconnaissance peut être signée par l'agent du débiteur ; mais si l'obligation naît d'un simple contrat, la signature d'un agent n'est pas admissible.

trouve dans le statut 21 Jacques 1, c. 16, à l'égard de la proscription du défendeur ou la cassation ou l'annulation du jugement rendu contre celui-ci.

Par la section 7, le statut déclare qu'aucune partie du Royaume-Uni, ni les îles de Man, de Guernesey, Jersey, Alderney ou Sark, ni aucunes îles voisines faisant partie des domaines de la Couronne, ne sont regardées comme étant au delà des mers, d'après l'esprit de ce statut, ou du statut 21 Jacques 1, c. 16.

La disposition que nous venons d'énoncer, ne fait aucune mention du statut 4 Anne, c. 16, donc l'expression « au delà des mers » contenue dans ce dernier, doit être prise dans son acception littérale d'après le droit coutumier. Ainsi nous trouvons que, dans une affaire récente portée devant la Cour de l'Échiquier (1), les juges ont décidé que l'Irlande ne tombe pas sous les dispositions de la section 19 du statut 4 Anne, c. 16, ci-dessus indiquées; et par conséquent que le demandeur pouvait intenter l'action dans les six ans à partir du retour du défendeur qui se trouvait dans cette partie du Royaume-Uni au moment où l'action était ouverte.

(1) Lane v. Bennett, 5 C. M. et Ros. 72.

CHAPITRE DIX-HUITIÈME.

DE LA FAILLITE.

D'après le Code de commerce français, deux termes différents
servent à désigner le commerçant de bonne ou de mauvaise foi qui
a cessé ses paiements par suite du dérangement de ses affaires.
Dans le premier cas, on l'appelle *failli*, dans le second, *banqueroutier*. Si nous remontons à la source primitive des lois concernant les commerçants en Angleterre qui sont tombés en décon-
fiture, nous trouvons que les lois ont été d'abord écrites avec un
sentiment de sévérité qui n'admettait pas de distinction entre le
failli et le banqueroutier; car, d'après la législation anglaise,
le failli (*bankrupt*) est un « commerçant qui se cache ou qui
» fait un acte quelconque ayant pour but de frauder ses créan-
» ciers; » et sir Édouard Coke nous dit (1), « qu'en Angleterre
» on a emprunté des pays étrangers le nom aussi bien que la
» méchanceté de banqueroutiers. » Mais aujourd'hui, bien que le
nom subsiste encore, la sévérité des lois a été modifiée, et la
législation à l'égard des faillites est regardée comme une législation faite en faveur du commerce, et fondée sur les principes
de l'humanité aussi bien que sur ceux de l'équité. Dans ce but,
la législation accorde des priviléges tant au débiteur qu'aux
créanciers; au débiteur, en ce qu'il est exempté des dispositions
de la loi en vertu desquelles on peut l'emprisonner, bien qu'il

(1) Coke, *Institutes*, 4, 277.

ne possède rien, lorsqu'il a néanmoins agi de bonne foi; aux créanciers, en ce que le débiteur est d'un seul coup dépouillé de ses biens, lesquels sont divisés au prorata entre les créanciers.

De ce que nous avons dit, il paraît que la législation à l'égard des faillites se borne à deux grands objets; — 1° la distribution des biens du débiteur entre ses créanciers d'après le mode le plus prompt et le plus économique; — 2° la libération de la personne du débiteur de toute poursuite de la part de ses créanciers après qu'il a déclaré l'état de ses affaires et qu'il a fait une cession entière de ses biens.

La législation sur les faillites a mainte fois été l'objet des discussions et de la sollicitude du pouvoir législatif en Angleterre; le premier statut sur les faillites est le statut 34 Henri 8, c. 4, par lequel fut créée une commission composée de membres du Conseil privé. Cette commission pouvait, sur la demande écrite de tout créancier, disposer de la personne et des biens du débiteur qui se trouvait en fuite ou se célait dans sa maison; elle pouvait vendre les biens et en distribuer le prix entre les créanciers au prorata de leurs créances. Dans l'année 1570, le statut 13 Élisabeth, c. 7, modifia notablement le statut d'Henri 8, et la législation spéciale des faillites fut restreinte aux commerçants. D'autres statuts modificatifs intervinrent successivement dans les années suivantes; enfin, par le statut 6 Georges 4, c. 16, tous les statuts antérieurs, au nombre de vingt et un, furent abrogés et la législation entière fut réformée et réédifiée. Ce statut fut suivi de divers statuts passés sous le règne de Guillaume IV et pendant les douze premières années du règne de la Reine Victoria; enfin, en 1849, la législation fut de nouveau révisée et le statut 6 Georges 4, c. 16, fut abrogé à son tour par le statut 12 et 13 Vict., c. 106, qui modifia en même temps les dispositions des statuts passés sous le règne de Guillaume IV et pendant les douze premières années qui suivirent ce dernier règne.

La loi sur les faillites est appliquée par des tribunaux, qu'on appelle cours de banqueroute, établis à Londres et dans sept des chefs-lieux du royaume, savoir : à Birmingham, Bristol, Exeter, Leeds, Liverpool, Manchester et Newcastle. A Londres, la cour se compose de quatre juges, qu'on appelle *Commissioners* ou juges-commissaires; dans toutes les autres villes, à l'exception d'Exeter et de Newcastle, la cour se compose de deux juges-commissaires; les cours d'Exeter et de Newcastle n'en ont qu'un seul. Un juge-commissaire seul, peut d'ailleurs, à Londres même, rendre un jugement. Près de chaque cour est établi un greffier et d'autres fonctionnaires dont nous parlerons ci-après.

L'appel des décisions de la cour de banqueroute se porte à la cour d'un des vice-chanceliers, et, des décisions de cette dernière cour, à la cour du lord-chancelier ou des lords-juges d'appel. En outre, on peut se pourvoir en dernier ressort à la Chambre des Pairs, de la même manière qu'en cas de poursuites instituées devant les cours du droit coutumier ou devant les cours d'équité.

Section 1. — *Des individus qui peuvent être déclarés en état de faillite.*

Tout commerçant capable de contracter qui réside en Angleterre ou qui, résidant à l'étranger, fait le commerce en ce pays (1), peut être déclaré en état de faillite dès qu'il pose les actes que la loi répute actes de faillite.

Sont commerçants d'après les dispositions de la loi sur les faillites (statut 12 et 15 Vict. c. 106, s. 65) : les fabricants d'alun, les pharmaciens, les commissaires-priseurs (*auctioneers*),

_____

(1) Dodsworth *v.* Anderson, *T. Raym.* 575; Bird *v.* Sedgwick, *Salk.* 110; Alexander *v.* Vaughan, *Cowp.* 598; Allen *v.* Cannon, 4 *B. et A.* 418.

les banquiers, les courtiers, les entrepreneurs de bâtiments, les briquetiers, les calandreurs, les charpentiers, les voituriers, les marchands de bétail, les blanchisseurs, les propriétaires de voitures publiques, les laitiers, les teinturiers, les foulons, les aubergistes, les cabaretiers, les hôteliers, les cafetiers, les chaufourniers, les propriétaires d'écuries publiques (*livery-stable keepers*), les maraichers, les meuniers, les emballeurs, les imprimeurs, les armateurs, les constructeurs de navires, les pourvoyeurs, les magasiniers, les propriétaires de débarcadères pour marchandises (*wharfingers*), les dépositaires de l'argent appartenant à autrui à la charge de le prêter à intérêt (*scriveners*) (1), les assureurs de navires, de leur affrétement ou de toute autre chose contre les risques de la mer, toute personne faisant un commerce de marchandises par achat, vente, échange, commission, consignation ou autrement, en gros ou en détail, et toutes les personnes qui gagnent leur vie en vendant et achetant, en donnant en louage ou en fabriquant des marchandises ou des denrées, soit pour leur propre compte, soit pour le compte d'autrui (2).

Ne peuvent être regardés comme commerçants assujettis aux lois sur la faillite : les fermiers, les éleveurs, les manœuvres, les ouvriers, les receveurs généraux des impôts ou les actionnaires d'une société commerciale établie par statut du Parlement ou par charte royale.

Pour que le commerçant soit soumis aux dispositions du

____

(1) Harrison *v.* Harrison, 2 *Esp.* 555 ; *In re* Warren, 2 *Sch. et Lef.* 414 ; *Ex parte* Paterson, 1 *Rose*, 402.

(2) Après l'énumération spéciale des professions ci-dessus mentionnées, la Législature a ajouté cette disposition générale : Le motif de l'énumération de certaines professions paraît être que, par suite des anciens statuts, la législation sur les faillites fut étendue par degrés d'une profession à une autre, et que, dans la réunion des dispositions de ces divers statuts, les noms des professions ont été conservés.

statut sur les faillites, les tribunaux ne considèrent pas le *quantum* du commerce, mais il faut que le commerce ait lieu dans un but général de négoce (1). De cette manière, un acte accidentel de commerce ne donne pas lieu à l'application de la loi ; par exemple : un maître d'école qui vend des livres à ses écoliers n'est pas regardé comme commerçant par ce seul fait (2). C'est d'après l'intention plutôt que par la quantité d'actes que se décide cette qualité spéciale.

La section 277 du statut 12 et 13 Vict. c. 106, ordonne que toutes les dispositions des lois sur les faillites s'étendront aux étrangers et aux denisés qui se trouvent dans les catégories ci-dessus indiquées.

SECTION 2. — *Des faits à raison desquels le commerçant peut être déclaré en état de faillite.*

Examinons maintenant les faits à raison desquels le commerçant peut être déclaré en état de faillite, et qu'on appelle, en jurisprudence anglaise, *actes de faillite.* Ces actes sont divisibles en deux catégories : ceux qui sont posés par le débiteur dans le but d'éviter ou d'empêcher le paiement de ses dettes, et ceux qui sont faits par lui sans cette intention spéciale et que la loi fait rentrer dans les actes de faillite, parce qu'ils peuvent avoir l'effet d'empêcher le paiement de ses dettes.

I. Les premiers de ces actes sont énumérés dans la section 67 du statut 12 et 13 Vict. c. 106, d'après laquelle est regardé

---

(1) Cannan *v.* Denew, 10 *Bing.* 292 ; Patman *v.* Vaughan, 1 *T. R.* 572 ; *Ex parte* Blackmore, 6 *Ves.* 5 ; *Ex parte* Moule, 13 *Ves.* 603 ; *Ex parte* Magennis, 1 *Rose,* 84 ; Newland *v.* Bell, 1 *Holt,* 441 ; Milliken *v.* Brandon, 1 *C. et P.* 580 ; Doe *v.* Lawrence, 2 *C. et P.* 155.

(2) Valentine *v.* Vaughan, *Peake,* 76 ; Gibbins *v.* Thompson, 1 *Vent.* 270 ; Summersett *v.* Jarvis, 3 *B. et B.* 2 ; Bolton *v.* Sowerby, 11 *East,* 276, Carter *v.* Dean, 1 *Swanst.* 64.

comme coupable d'un acte de faillite, tout commerçant qui sortira du royaume ou qui, étant hors du royaume, restera en pays étranger ; qui quittera sa maison ou qui s'absentera de quelque autre manière ; qui commencera à se céler dans sa maison ; qui se laissera arrêter pour une créance non encore exigible ; qui se fera proscrire pour les dettes (1) ou mettre en prison, ou qui fera saisir ses biens ; qui fera, soit dans le royaume, soit dans quelque autre pays, une disposition frauduleuse de ses biens mobiliers ou immobiliers par don, cession, transfert ou autrement, avec l'intention de porter préjudice à ses créanciers ou de retarder le paiement de ses dettes.

Il faut observer que l'intention du commerçant de porter préjudice à ses créanciers ou de retarder le paiement de ses dettes, est de l'essence de tous les actes ci-dessus désignés comme constituant les actes de faillite. Ainsi, par exemple, l'acte de faillite, que le statut désigne par l'expression « commencer à se céler dans sa maison » a lieu, quand le débiteur fait dire qu'il n'est pas chez lui dans le but de retarder le paiement de ses dettes ou d'éviter l'importunité de ses créanciers ; si cette intention n'est pas suffisamment évidente, le seul fait que le débiteur s'est célé dans sa maison ou a fermé sa porte à un créancier, ne constitue pas en lui-même un acte de faillite ; ce n'est qu'une forte présomption qui peut être combattue par la preuve contraire ; par exemple, il peut être démontré que le débiteur était malade au lit, ou en compagnie ou occupé de toute

____

(1) L'individu qui est proscrit (*outlawed*) est déchu de la protection des lois et est privé des droits civils et politiques. La proscription n'était autrefois admissible qu'en cas de crime, mais aujourd'hui on peut proscrire un individu s'il se cache ou se retire du royaume dans le but d'éviter les poursuites dirigées contre lui en certaines actions personnelles. L'individu peut se libérer de la proscription toutes les fois qu'il se soumet à être jugé par le tribunal.

autre manière (1); mais il en sera autrement si l'intention existe, soit que le débiteur se soit célé dans sa maison pour une heure ou pour un jour, soit qu'il ait réussi ou non à retarder le paiement de ses dettes (2). Ainsi, dans une affaire portée devant les tribunaux (3), un créancier s'étant présenté chez M. Sherwin pour réclamer le paiement de sa créance, et commençant à faire du bruit parce qu'on lui disait que Sherwin n'y était pas, la femme de Sherwin parut et s'efforça en vain de l'apaiser; au bout de quelque temps, le créancier aperçut Sherwin qui regardait par-dessus l'épaule de sa femme. Un autre créancier se présentant également pour réclamer le paiement de sa créance, vit Sherwin se cacher derrière une cloison de l'arrière-boutique et se retirer aussitôt qu'il l'eut reconnu. La femme de Sherwin se présenta alors et dit que son mari était sorti. Le jury décida que Sherwin était coupable de s'être caché à ses créanciers de propos délibéré, c'est-à-dire qu'il s'était célé dans une partie particulière de sa maison en se retirant de la partie dans laquelle ses créanciers pouvaient le rencontrer, et le tribunal décida que cet acte constituait un acte de faillite.

Il y a encore des actes qui seraient valables s'ils avaient été faits par un particulier, mais qui sont censés frauduleux quand ils sont faits par un commerçant, à cause de leur contravention à l'esprit des lois sur les faillites. Ainsi un commerçant, qui, par acte signé et scellé par lui, fait cession de tous ses biens à ses créanciers, peut être déclaré en état de faillite à la requête d'un de ces derniers, si la créance de celui-ci est d'une valeur suffisante (4); mais par la section 68 du statut 12 et 13 Vict., c. 106,

(1) *Ex parte* Preston, 1 *Rose*, 21; *Ex parte* Hall, 1 *Atk.* 201; Smith *v.* Currie, 3 *Camp.* 549; Shew *v.* Thompson, 1 *Holt*, 159.
(2) Heyler *v.* Hall, *Palmer*, 525.
(5) Key *v.* Shaw, 8 *Bing.* 525.
(4) Stat. 12 et 13 Vict., c. 106, s. 68.

cette cession est valable si aucune pétition pour déclarer la faillite du débiteur n'est présentée à la Cour de banqueroute endéans trois mois à partir du jour de la date de l'acte.

II. Il y a des actes par suite desquels le commerçant peut être déclaré en état de faillite sans même qu'il soit nécessaire de rechercher si l'intention de frauder les créanciers existe ou non.

I. Tout commerçant qui a été mis en arrestation pour non-paiement d'une dette et qui reste en prison pendant vingt et un jours, ou qui, ayant été mis en arrestation pour non-paiement d'une dette, s'échappe, est regardé comme étant en état de faillite à partir du jour de son arrestation (1).

2. Tout commerçant qui fait dépôt au bureau du secrétariat des faillites d'une déclaration constatant qu'il ne peut faire face à ses obligations, peut être déclaré en état de faillite à partir du jour du dépôt de la déclaration, pourvu qu'une pétition pour déclarer la faillite soit présentée endéans deux mois à partir du jour de dépôt (2).

3. La présentation d'une pétition dans le but de profiter du statut à l'égard des débiteurs insolvables, constitue également un acte de faillite (3).

4. Si un commerçant a été condamné par suite d'un jugement d'une des cours du droit coutumier, rendu dans une action personnelle, ou par l'ordonnance ou l'arrêt d'une cour d'équité, au paiement d'une somme d'argent, et qu'il est en retard, soit d'en faire paiement, soit de donner caution, ou de transiger avec le demandeur, il peut être déclaré en état de faillite (4).

5. Tout créancier dont la créance suffit pour demander que son débiteur soit déclaré en état de faillite, peut faire citer

(1) Stat. 12 et 13 Vict., c. 106, s. 69.
(2) *Ibid.*, s. 70.
(3) *Ibid.*, s. 74.
(4) *Ibid.*, ss. 72 et 73.

celui-ci par-devant la Cour de banqueroute. Il suffit pour cela
que le demandeur affirme sous serment que sa réclamation est
sincère, que son débiteur est commerçant et qu'une réquisition
dans la forme indiquée dans le statut de payer son créancier
immédiatement, a été notifiée à ce dernier. Si le débiteur ne
comparaît pas, ou s'il refuse de remplir son obligation ou de
donner caution, comme garantie qu'il se soumettra au jugement
du tribunal s'il est actionné par le créancier pour l'inexécution
de l'obligation, il est regardé comme ayant posé un acte de
faillite, le huitième jour à partir du jour de la notification de la
citation, si une pétition pour déclarer la faillite est présentée
dans les deux mois à dater de ce jour (1).

Les circonstances ci-dessus indiquées constituent ce qu'on appelle actes de faillite de la part du débiteur et par suite desquels tout créancier dont la créance est d'une valeur suffisante,
peut poursuivre le débiteur pour en déclarer la faillite. Il faut
observer qu'en conséquence du principe autrefois reconnu, mais
aujourd'hui presque abandonné, que la faillite était un crime
et que les actes de faillite étaient actes criminels, il a été décidé
fréquemment que les dispositions de la loi sont restrictives, et
ne peuvent être étendues par analogie à des cas non prévus en
termes exprès, et qu'aucun fait ne peut être regardé comme acte
de faillite hors les actes expressément indiqués par la loi (2).
Pour la même raison, il a été décidé qu'un acte de faillite ne peut
être commis hors de l'Angleterre (3), doctrine à laquelle la
Législature a obvié expressément, en divers cas, comme nous
l'avons vu (4).

(1) Stat. 12 et 13 Vict., c. 106, ss. 78 et *seq*.
(2) *Camp.* 350 ; 15 *Ves.* 462 ; 17 *Ves.* 198; 19 *Ves.* 343.
(3) Comyn, *Digest*, Tit. « Bankrupt, » c. 4.
(4) L'acte de faillite peut être quelquefois posé après que le commerçant a fait cesser son commerce. Ballic v. Grant, 9 *Bing.* 121 ; *Ex
parte* Bamford, 15 *Ves.* 449.

SECTION 5. — *Des créanciers qui peuvent demander que le débiteur soit déclaré en état de faillite.*

La section 91 du statut 12 et 13 Vict. c. 106 détermine le montant de la créance pour laquelle le débiteur peut être déclaré en état de faillite à la réquisition d'un créancier, savoir : la créance d'un seul créancier, ou de deux ou de plusieurs créanciers qui sont associés, doit s'élever à cinquante livres sterling (1,250 fr.) au moins; les créances de deux créanciers doivent s'élever à soixante et dix livres sterling (1,750 fr.) au moins; et les créances de trois ou plusieurs créanciers doivent s'élever à cent livres sterling (2,500 fr.) au moins. Tout créancier qui a donné crédit à un commerçant pour une somme non encore exigible au moment de l'acte de faillite peut demander la déclaration en faillite ou peut se joindre à la demande, qu'il ait ou qu'il n'ait pas reçu de gages pour sa créance.

Pour qu'on puisse faire déclarer quelqu'un en faillite, il faut que le débiteur ait contracté pendant qu'il était dans le commerce, ou antérieurement à cette époque, l'obligation pour laquelle il est poursuivi. Mais si la dette a été contractée antérieurement à l'époque du commencement du commerce, elle doit avoir été exigible pendant la durée du commerce (1). La dette doit aussi avoir été exigible avant que l'acte de faillite ait été commis (2), à moins qu'il ne s'agisse d'une lettre de change dont le débiteur est le tireur ou l'accepteur, parce que, quant au tireur et à l'accepteur, la lettre de change est une dette du moment où la signature est apposée (3).

(1) Meggott *v.* Mills, 1 *Lord Raym.* 257 ; Heanny *v.* Birch, 5 *Camp.* 234; Butcher *v.* Easto, *Doug.* 295. Baillie *v.* Grant, 9 *Bing.* 121.

(2) *Ex parte* Wainman, *Cooke's Bankrupt Law,* 51; Hill *v.* Harris, 1 *M. et M.* 448; Mayer *v.* Paine, 2 *C. et P.* 91.

(3) Glaister *v.* Hewett, 7 *T. R.* 498. Cowley *v.* Dunlop, 7 *T. R.* 765.

SECTION 4. — *De la déclaration de la faillite et des conséquences immédiates qui en résultent.*

Nous nous abstenons d'examiner la marche à suivre pour obtenir la déclaration de faillite, pour passer à la déclaration et à ses conséquences immédiates.

La dette, les faits de commerce et les actes de faillite étant prouvés devant le juge-commissaire de la Cour de banqueroute, la faillite est déclarée par jugement de la cour, et en même temps est nommé un syndic officiel (*official assignee*) de la faillite. Le jugement doit être notifié au failli, qui peut faire opposition au jugement endéans les sept jours (1). Faute d'opposition, avis du jugement est donné par annonce dans la « *London Gazette.* » Cette annonce désigne en outre deux assemblées publiques des créanciers, auxquelles le failli doit comparaître et déclarer se soumettre à la juridiction du tribunal. La dernière de ces réunions doit avoir lieu entre le trentième et le soixantième jour à partir de l'insertion de l'annonce; toutefois le juge-commissaire peut prolonger ce délai s'il le juge convenable.

Immédiatement après l'insertion de cet avis, le failli doit délivrer sous serment au syndic officiel, tous les livres de compte et tous les documents et les écritures relatifs à ses biens, et faire connaître tous ses biens, qu'ils soient sous son propre contrôle ou sous le contrôle des tiers. Le failli est aussi tenu d'aider les syndics dans l'investigation des comptes, il peut même être employé par ceux-ci pour faciliter leur gestion; la cour, dans ce cas, fixera les conditions de son travail.

Si le juge-commissaire a lieu de croire que des effets appartenant au failli sont célés dans une maison quelconque, ou dans

______

(1) Ce délai peut être prolongé par la permission du tribunal; mais il ne peut excéder quatorze jours.

un autre endroit, même non appartenant au failli, il peut ordonner que les agents de la cour se transportent sur les lieux pour en faire la perquisition. Ces agents sont revêtus du pouvoir d'ouvrir toute maison, appartement, magasin, malle ou coffre dans lesquels le failli ou des objets appartenant au failli sont présumés avoir été cachés, et de saisir la personne et les effets du failli (1).

Le juge-commissaire peut décerner un mandat de comparution contre le failli, soit qu'il ait obtenu son concordat ou non ; à l'effet d'être interrogé à l'égard de son commerce et de ses biens, ou à l'égard de la disposition de ses biens (2). Le juge-commissaire peut aussi décerner des mandats de comparution contre la femme du failli (3) et contre toutes les personnes qui peuvent avoir connaissance des circonstances de la faillite (4). Faute de comparaître au jour indiqué, le juge-commissaire peut décerner un mandat d'amener contre le failli. Si le failli ne comparaît pas, il peut en outre être déclaré coupable de *felony* et puni de déportation à perpétuité ou à temps, ou d'emprisonnement pour une période qui ne peut excéder sept années. Il y a lieu de le punir des mêmes peines s'il refuse de découvrir ses biens ou de délivrer aux syndics les livres et autres documents relatifs à son commerce, de même s'il cèle ou s'approprie, avec l'intention de frauder ses créanciers, quelque partie de ses biens de la valeur de dix livres sterling au moins (5).

Si le failli n'a pas été mis en arrestation au moment de la déclaration de la faillite, le jugement déclaratif de la faillite sus-

(1) Stat. 12 et 13 Vict., c. 106, s. 109.
(2) *Ibid.*, s. 117.
(3) *Ibid.*, s. 118.
(4) *Ibid.*, s. 120.
(5) *Ibid.*, s. 251.

pend l'exercice de la contrainte par corps sur la personne du failli, jusqu'à ce qu'il ait subi son dernier interrogatoire, et, après ce dernier interrogatoire, pendant le temps que la cour jugera convenable. Si le failli se trouve en prison au moment de la déclaration de la faillite, la cour peut ordonner sa mise en liberté, à moins qu'il n'ait été emprisonné par suite d'un jugement pour calomnie, séduction, adultère, etc., adjugeant des dommages-intérêts (1).

Le failli doit préparer le bilan de ses comptes d'après la forme indiquée par la cour. Le bilan doit être signé par le failli et déposé au greffe de la cour, et une copie doit être délivrée au syndic officiel, dix jours au moins avant le jour désigné pour le dernier interrogatoire du failli. Le failli doit affirmer sous serment la sincérité des articles de son bilan, et il peut être interrogé par le juge-commissaire et par tout créancier, relativement à tous ces articles et relativement à son commerce (2).

La cour peut ajourner le dernier interrogatoire du failli *de die in diem*, même *sine die;* dans ce dernier cas, l'exercice de la contrainte par corps contre le failli, ne sera suspendu que pendant la période que la cour déterminera (3).

La cour peut aussi accorder, à titre de secours alimentaires, telles sommes qu'elle jugera nécessaires à l'entretien du failli et de sa famille; mais aucune somme à titre de secours alimentaires ne peut être accordée lorsque le dernier interrogatoire du failli aura été ajourné *sine die* (4).

Personne ne peut être déclaré en état de faillite après sa mort, mais en cas de mort du failli après le jugement décla-

---

(1) Stat. 12 et 13 Vict., c. 106, s. 12.
(2) *Ibid.,* s. 140.
(3) *Ibid.,* s. 162.
(4) *Ibid.,* s. 194.

ratif de la faillite, la procédure peut néanmoins être continuée (1).

SECTION 5. — *De la vérification des créances.*

La répartition des biens du failli entre ses créanciers est un des deux principaux objets de la législation sur les faillites, et afin que cette opération puisse s'effectuer, la loi détermine d'une manière stricte le mode d'après lequel les créanciers peuvent être admis à la participation des bénéfices résultant de cette répartition. Nous considérerons d'abord la vérification des créances; — ensuite les créances qui peuvent être admises dans le passif de la faillite.

I. Nous avons dit qu'il doit être tenu deux assemblées des créanciers; à ces réunions et à toute autre séance pour la vérification des créances (dont avis préalable doit être donné dans la « *London Gazette* ») les créanciers peuvent faire vérifier leurs créances par affirmation sous serment. Le juge-commissaire a le droit d'interroger sous serment tout créancier à l'égard de sa créance, et de lui demander telles preuves supplémentaires qu'il jugera convenir (2). Si le juge-commissaire refuse d'admettre la créance dans le passif de la faillite, il y a ouverture à appel de sa décision à la Cour du vice-chancelier (3).

Par la section 174 du statut 12 et 13 Vict., c. 106, les individus qui ont fait assurer des navires ou des marchandises par le failli, quoiqu'ils ne soient pas intéressés dans la chose assurée, peuvent être admis dans le passif en cas de perte, pour la somme assurée, si l'individu intéressé est hors du royaume.

Quelquefois la créance ne peut être admise sans l'autorisation spéciale de la cour d'équité; par exemple, quand un exécuteur

(1) Stat. 12 et 13 Vict., c. 106, s. 116.
(2) *Ibid.*, s. 164.
(3) *Ibid.*, s. 12.

testamentaire ou un curateur qui est tombé en faillite, demande que la créance du testateur ou du pupille soit admise. Dans ces cas, la Cour d'équité ordonne en outre les mesures à prendre pour la conservation des bénéfices résultant de la répartition.

Quelquefois, bien qu'un individu ne soit pas actuellement créancier, il peut le devenir par suite de circonstances subséquentes, par exemple l'assuré, qui peut devenir créancier par suite du dommage de la chose assurée. Dans les cas de cette nature, la loi permet d'admettre éventuellement la réclamation, afin que cet individu ne soit pas privé de sa part dans l'actif; mais il ne peut prendre part à la répartition qui aura lieu antérieurement à la vérification de sa créance (1).

II. A l'égard des créances qui sont admissibles dans le passif, il faut mentionner d'abord qu'aucune créance résultant d'une obligation illégale ne peut jouir de ce bénéfice; il en est de même à l'égard d'une créance prescrite (2) ou résultant d'une obligation contractée après la déclaration de la faillite (5). Le montant de la créance doit être certain, et pour cette raison les dommages-intérêts résultant de l'inexécution d'une obligation, ne peuvent être admis à moins que le montant n'en ait été établi préalablement par la déclaration du jury (4).

Tout créancier de bonne foi envers lequel le failli a contracté une obligation quelconque avant la déclaration de la faillite, et qui n'a pas eu connaissance d'un acte de faillite de la part du failli au moment où l'obligation a été contractée, participe à la

(1) Stat. 12 et 15 Vict., c. 106, s. 178.
(2) *Ex parte* Dewdney, 15 *Ves.* 498; *Ex parte* Roffey, 2 *Rose*, 245.
(5) Bamford *v.* Burrell, 2 *B. et P.* 1; *Ex parte* Bowness, 2 *M. et S.* 479; Robinson *v.* Vale, 2 *B. et C.* 762.
(4) Goodtitle *v.* North, *Doug.* 585; Parker *v.* Crole, 5 *Bing.* 65; Parker *v.* Morton, 6 *T. R.* 695; Attwood *v.* Partridge, 4 *Bing.* 209; *Ex parte* Grant, 5 *Dowl.* 520; Buss *v.* Gilbert, 2 *M. et S.* 70.

répartition de la masse et y figure pour le montant total de sa créance (1).

Tout individu qui, sans avoir eu connaissance préalablement d'un acte de faillite posé par le failli, est, au moment de la déclaration de la faillite, garant ou s'est rendu caution pour le failli, ou qui est responsable, solidairement avec le failli, de l'exécution d'une obligation contractée par celui-ci, est compris dans la masse pour la somme qu'il a payée à la décharge du failli ; mais il ne peut participer aux répartitions qui auront lieu avant le paiement à moins que le créancier n'ait été admis lui-même dans le passif ; dans ce cas, il peut se faire subroger aux droits du créancier à l'égard des dividendes (2). D'après cette disposition du statut, les tribunaux ont décidé qu'un associé solvable, qui a payé une dette sociale contractée avant la faillite de son co-associé, peut être admis dans le passif de la faillite à l'égard de ce paiement (3).

Le créancier qui aura placé son argent chez le failli en rente viagère, est admis dans le passif pour la valeur de la rente viagère au moment de la faillite (4).

Si le failli a contracté une obligation subordonnée à une condition qui n'est pas encore accomplie au moment de la faillite, l'individu envers lequel l'obligation a été contractée, peut demander qu'elle soit évaluée, et il est admis dans le passif pour le montant de la valeur estimée (5).

Le failli peut aussi avoir contracté des obligations qui ne sont pas exigibles au moment de la faillite, mais qui sont *debita in præsenti solvenda in futuro*. A l'égard de ces créances, le

(1) Stat. 12 et 13 Vict., c. 106, s. 165.
(2) *Ibid.*, s. 173.
(3) Affalo *v.* Fourdrinier, 6 *Bing.* 509.
(4) Stat. 12 et 13 Vict., c. 106, s. 173.
(5) *Ibid.*, s. 177.

statut ordonne (1) que toute personne envers laquelle le failli a contracté à titre onéreux une obligation à terme, et même si cette obligation consiste en une lettre de change ou autre obligation négociable, peut être admis dans le passif pour la valeur nominale de sa créance, comme si elle était actuellement exigible, et il participe à la répartition, distraction faite des intérêts sur les dividendes au pied de cinq pour cent, à partir du jour de la déclaration des dividendes jusqu'à l'avénement du terme fixé.

Les domestiques, les commis, les apprentis du failli sont expressément privilégiés par la Législature. A l'égard des domestiques et des commis, la cour peut ordonner le paiement par privilége de leurs salaires jusqu'à concurrence de trois mois d'arriéré, mais cette somme ne peut excéder trente livres sterling; les ouvriers jouissent du même bénéfice jusqu'à concurrence de deux livres sterling; dans tous ces cas, le surplus est admis purement et simplement dans le passif de la faillite (2). Pour les apprentis seuls, la somme dont la cour peut ordonner le remboursement par privilége, n'est pas limitée par la loi, et le montant est déterminé d'après les circonstances de chaque cas (3).

A l'égard des intérêts, le créancier peut en réclamer si la créance était exigible avant la déclaration de la faillite, pourvu que l'obligation ait été rédigée par écrit; mais si l'obligation n'a pas été contractée par écrit, le créancier ne peut réclamer d'intérêts qu'à partir du jour où il a notifié par écrit au débiteur qu'il aurait à lui payer des intérêts, en cas de non-paiement. Les intérêts ne peuvent excéder quatre pour cent (4).

Si un créancier a obtenu un jugement, un arrêt ou une or-

(1) Stat. 12 et 13 Vict. c. 106, s. 172.
(2) *Ibid.*, ss. 168 et 169.
(3) *Ibid.*, s. 170.
(4) *Ibid.*, s. 180.

donnance d'une cour de justice contre le failli, il est admis dans le passif pour le montant des frais qu'il a encourus (1).

Quelquefois il arrive qu'un associé dans une maison de commerce tombe en faillite, et que les autres associés restent solvables. En ce cas, la société est dissoute de plein droit, et les syndics du failli peuvent demander compte de toutes les affaires de la société, afin que le montant de la part afférente au failli dans les bénéfices et dans le capital social soit établi (2).

Si une société tombe en faillite, il est de règle que les biens communs des associés sont appliqués au paiement des dettes de la société, que les biens particuliers de chaque associé sont appliqués à ses dettes particulières, et que s'il y a un excédant dans l'une de ces catégories, il est applicable en faveur de l'autre (3).

SECTION 6. — *Des créances dont la loi ne requiert pas la vérification.*

Dans certains cas, le créancier peut être remboursé de sa créance, sans qu'il soit nécessaire que la créance soit vérifiée. Les créanciers de cette classe sont :

1° Les créanciers qui opposent leurs créances en compensation de dettes personnelles qu'ils ont eux-mêmes à l'égard du failli ;

2° Les créanciers hypothécaires et ceux qui sont nantis de gages, ou qui ont un droit de rétention sur des biens du failli;

3° Le bailleur qui emploie son droit de saisie pour le recouvrement de ses loyers.

---

(1) Stat. 12 et 13 Vict., c. 106, s. 181.

(2) West v. Skip, 1 *Ves.* 232 ; Fox v. Hanbury, *Cowp.* 445 ; Taylor v. Field, 4 *Ves.* 396 ; Smith v. Stokes, 1 *East,* 365 ; Holderness v. Shackels, 8 *B. et C.* 612.

(3) *Ex parte* Elton 3 *Ves.* 242 ; *Ex parte* Clay, 6 *Ves.* 814 ; *Ex parte* Alcock, 11 *Ves.* 603 ; *Ex parte* Taitt, 16 *Ves.* 193.

I. Par la section 171 du statut, il est ordonné que dans tous les cas de crédit mutuel ou de dettes mutuelles entre le failli et un créancier, la cour doit faire balancer les comptes, et l'une des deux dettes peut être opposée en compensation vis-à-vis de l'autre. Ce qui se trouve rester dû au créancier est admis dans le passif, ou ce qui se trouve rester dû par le créancier, doit être payé par celui-ci. Ainsi toute créance ou réclamation admissible dans le passif, peut être opposée en compensation à une dette due par le créancier, pourvu que celui-ci n'ait pas eu connaissance d'un acte de faillite de la part du failli au moment où le crédit était donné.

Le propriétaire de marchandises données en gage par son mandataire qui est tombé en faillite, peut être admis dans le passif pour la somme qu'il aura payée pour retirer le gage; s'il ne retire pas le gage, il peut être admis pour la valeur des marchandises; mais dans ces cas, les sommes qu'il a payées pour retirer le gage ou la valeur des marchandises, peuvent être opposées en compensation à sa créance (1).

II. Il y a des cas où le créancier peut se rembourser, au moyen des biens du failli sur lesquels il a des droits.

Une saisie-exécution des biens mobiliers ou immobiliers du failli pratiquée de bonne foi avant la présentation de la pétition pour faire déclarer la faillite, est valable, pourvu que le saisissant n'ait pas eu connaissance, au moment où la saisie a été pratiquée, d'un acte de faillite posé par le débiteur. Toutefois le statut déclare qu'aucune exécution n'est valable, si elle est fondée sur un *warrant of attorney* (2) passé dans le but de favoriser un créancier au préjudice de la masse.

(1) Stat. 12 et 13 Vict., c. 106, s. 179.

(2) Un *Warrant of Attorney* est un acte signé et scellé, par lequel le débiteur autorise un individu y désigné de comparaître pour lui devant une des cours du droit coutumier, et s'engage à n'opposer aucune

Les créanciers hypothécaires peuvent retenir les biens grevés d'hypothèque jusqu'à concurrence des sommes chargées et des intérêts dus au moment du paiement. Si les biens sont vendus, les créanciers hypothécaires qui ne viennent point en ordre utile pour la totalité de leurs créances, sont admis dans le passif pour le surplus. Il en est de même à l'égard des créanciers qui sont véritablement nantis de gages (1).

Le vendeur est privilégié sur l'immeuble pour le paiement du prix; le même privilége est aussi accordé au vendeur des effets mobiliers dont le prix n'a pas encore été reçu, si les effets subsistent encore en la possession du vendeur; si les effets sont en transit et non encore délivrés, le vendeur peut également les revendiquer, comme nous l'avons dit plus haut (2).

III. Le bailleur possède des priviléges spéciaux; il a droit de pratiquer, pour paiement des loyers de la dernière année, une saisie des effets mobiliers du failli; pour le surplus de sa créance il reste dans la catégorie des créanciers ordinaires (3).

Section 7. — *Des syndics.*

Nous avons vu quelles sont les créances auxquelles les biens du failli doivent être appliqués : examinons maintenant par qui ces biens doivent être recueillis, et quelles sont les personnes

exception à un procès intenté contre lui par le créancier. Par suite de cet acte, le jugement est immédiatement enregistré et peut être mis à exécution à défaut de paiement de la somme portée sur l'acte, d'après les conditions y insérées. Le statut 12 et 13 Vict., c. 106, s. 135 déclare nul tout *warrant of attorney*, dans une action personnelle passé par le failli dans les deux mois qui précèdent la déclaration de la faillite, si, au moment où l'acte est passé, le débiteur ne peut faire face à ses engagements.

(1) Stat. 12 et 13 Vict., c. 106, ss. 149 et 184.
(2) Voyez *supra*, p. 125.
(3) Stat. 12 et 13 Vict., c. 106, s. 129.

investies de ces biens, pour en faire la distribution entre les créanciers.

Les syndics (*assignees*) du failli sont officiels ou choisis par les créanciers.

Dans toute faillite, la cour nomme un syndic officiel qui, dans l'administration de la faillite, agit concurremment avec les syndics choisis par les créanciers. Tous les effets mobiliers, tous les revenus des biens immobiliers, et le prix de la vente de tous les biens mobiliers et immobiliers appartenant au failli, doivent être reçus par le syndic officiel qui tient les comptes de la faillite (1).

La section 129 du statut 12 et 13 Vict., c. 106, ordonne que dans la première assemblée des créanciers fixée par la cour, ou dans l'assemblée à laquelle l'affaire sera remise, des syndics de la faillite doivent être choisis par les créanciers qui auront fait vérifier leurs créances s'élevant à dix livres sterling au moins. Tous ces créanciers ou leurs fondés de pouvoir peuvent voter pour l'élection des syndics, lesquels sont choisis non à la majorité des créanciers mais d'après le montant des créances.

Dès l'instant de leur élection, les syndics sont mis d'office en possession de tous les biens mobiliers du failli, que ces biens soient présents ou futurs et dans quelque lieu qu'ils se trouvent. Ils sont aussi investis de tous les biens mobiliers qui peuvent échoir au failli jusqu'au moment de son concordat par suite d'achat, de succession, de legs ou de toute autre manière; ils sont également investis de toutes ses dettes actives, et des droits y relatifs (2).

De la disposition du statut que nous venons d'énoncer, il résulte que les biens mobiliers appartenant au failli, quoiqu'en

(1) Stat. 12 et 13 Vict., c. 106, ss. 40 et 43.
(2) *Ibid.*, s. 141.

pays étranger, sont soumis aux lois sur les faillites, à moins toutefois qu'une loi spéciale du pays étranger n'en empêche l'effet (1).

Les syndics, lors de leur nomination, sont également investis d'office de tous les biens immobiliers du failli, situés soit en Angleterre, en Écosse ou en Irlande, soit dans les colonies ou autres établissements appartenant à la couronne d'Angleterre, et de toutes les propriétés et de tous les droits du failli dans ces biens immobiliers. Ils sont aussi investis de tous les biens immobiliers qui peuvent échoir au failli jusqu'au moment de son concordat, par suite d'acquisition, de succession, de legs ou de toute autre manière (2), et ils peuvent exercer au profit des créanciers tous les pouvoirs et tous les droits relatifs à ces biens, aussi complétement et aussi efficacement que le failli lui-même (3).

Lorsqu'un failli a contracté un bail et que les syndics le reconnaissent, le failli n'est pas tenu de payer les termes à échoir après la déclaration de la faillite; si, d'un autre côté, les syndics ne le reconnaissent pas, la responsabilité du failli cesse également s'il a eu soin de rendre la possession au bailleur dans les quatorze jours à partir du refus formé par les syndics de continuer le bail (4).

Les syndics, avec l'autorisation préalable de la cour, peuvent intenter toute action que le failli pourrait avoir intentée, et ils peuvent également faire défense à toute action intentée contre eux relativement à la faillite (5). Avec une autorisation semblable

(1) Hunter v. Potts, 4 T. R. 182; Sill v. Worswick, 1 H. Bl. 665; Phillips v. Hunter, 2 H. Bl. 402; Bank of Scotland v. Cuthbert, 1 Rose, 362; Selkrig v. Davies, 2 Dowl. 230.

(2) Stat. 12 et 13 Vict. c. 106, s. 142.

(3) Ibid., s. 147. Voyez Thorpe v. Goodall, 17 Ves. 270.

(4) Stat. 12 et 13 Vict., c. 106, s. 145.

(5) Ibid., s. 153.

et sous telles conditions à l'égard de l'obtention de l'assentiment des créanciers que la cour jugera convenir, les syndics pourront transiger avec les débiteurs du failli ou accepter une garantie pour le paiement des dettes (1). De la même manière, toute contestation qui s'élève entre les syndics et toute autre personne, peut être jugée par arbitres (2).

Quant à la période où commence le pouvoir des syndics sur les biens du failli, le statut ordonne (3) que tout paiement fait de bonne foi par le failli à un créancier avant le jour de la déclaration de la faillite, est valable pourvu que le créancier n'ait pas eu connaissance d'un acte préalable de faillite de la part du débiteur. Il en est de même à l'égard des paiements faits au failli par ses débiteurs avant cette époque, et à l'égard de tout contrat que le failli a passé de bonne foi ; mais il faut observer qu'il est de l'essence de la validité de tous ces paiements ou contrats, qu'ils soient faits ou passés de bonne foi et sans l'intention de favoriser un créancier au préjudice de la masse.

Les dispositions du statut que nous venons d'énoncer ne vont pas jusqu'à protéger un individu qui a eu connaissance d'un acte de faillite de la part du débiteur ; mais par la section 154 il est ordonné qu'aucune acquisition faite de bonne foi et à titre onéreux, quoique l'acheteur puisse avoir eu connaissance d'un acte de faillite de la part du vendeur, ne sera invalidée, à moins qu'une déclaration de faillite n'ait lieu dans les douze mois à partir du jour où l'acte de faillite a été posé.

Les syndics sont investis non-seulement des biens dont le failli peut avoir disposé, mais dans certains cas, ils sont aussi investis des biens dont le failli ne possède plus la jouissance. Par la section 126 du statut, il est ordonné que dans tous les cas où le

(1) Stat. 12 et 13 Vict., c. 106, s. 155.
(2) *Ibid.*, s. 154.
(3) *Ibid.*, s. 153.

failli avant la déclaration de la faillite, mais pendant son insol-vabilité, a cédé ou délivré à quelques-uns de ses enfants ou à toute autre personne, des biens mobiliers ou immobiliers ou des effets de commerce ou quelque partie de son actif (à l'exception d'une cession ou livraison faite en vue du mariage de quelqu'un de ses enfants ou à titre onéreux), la cour pourra ordonner au profit des créanciers la revendication de tous ces biens.

Mais la disposition principale à cet égard se trouve dans la section 125 du statut, qui ordonne que dans tous les cas où le failli, au moment de la déclaration de la faillite, aura dans sa possession ou sous son contrôle, avec le consentement et la per-mission du véritable propriétaire, quelque effet mobilier dont le failli est réputé le propriétaire, ou dont il s'est chargé d'opérer la vente, la fabrication ou la disposition de la même manière que s'il était le véritable propriétaire, la cour pourra ordonner la vente de ces effets mobiliers au profit de la masse des créanciers.

Le statut déclare que cette disposition ne s'étendra pas à un navire donné en gage pour assurer le paiement d'une dette, si l'acte de nantissement a été enregistré conformément aux dis-positions du statut 8 et 9 Vict., c. 89, intitulé « Acte pour l'en-» registrement des navires britanniques. »

Il faut observer que les dispositions de la section 125 ne s'étendent qu'aux objets mobiliers. Ainsi les tribunaux ont décidé que les navires (1), les meubles meublants (2), les lettres de change (3), les polices d'assurance (4), les actions des compa-gnies commerciales (5), etc., tombent sous ces dispositions;

(1) Stephens v. Sole, cité 1 Ves. 552 ; Ex parte Barn, 1 Jac. et W. 578.
(2) Lingham v. Biggs, 1 B. et P. 82.
(3) Hornblower v. Proud, 2 B. et A. 527.
(4) Falkener v. Case, 3 Bro. C. C. 125.
(5) Nelson v. London Ass. Co. 2 S. et S. 292; Longman v. Tripp, 2 N. R. 67.

mais que les *chattels* réels, les *fixtures*, les actions d'une compagnie commerciale saisie des biens réels, etc., ne tombent pas sous ces dispositions (1).

D'après un examen soigneux des jugements rendus par les tribunaux, nous trouvons que les exceptions suivantes aux dispositions de la section 125 ont été établies :

1° Les cas où les effets mobiliers d'un testateur ou d'un individu mort *intestat* se trouvent entre les mains du failli à la charge d'en disposer au profit des tiers (2).

2° Quand les effets mobiliers se trouvent entre les mains du failli comme mandataire (3). Si le failli a rendu les effets et en a reçu le prix en argent comptant avant la faillite, le mandant doit être admis dans le passif comme créancier ordinaire (4). D'un autre côté, pourra être revendiqué par le mandant le prix, ou la partie du prix, qui n'aura pas été payé ni réglé en valeur, ni compensé en compte courant (5).

3° Quand les effets mobiliers se trouvent entre les mains du failli comme fidéicommissaire (6).

4° Quand les effets mobiliers sont déposés entre les mains du

(1) Ryall *v.* Roll, 1 *Atk.* 165; Horn *v.* Baker, 9 *East*, 215; *Ex parte* Vauxhall Bridge Co. 1 *G. et J.* 101; Clark *v.* Crownshaw, 3 *B. et Ad.* 808; Hubbard *v.* Bagshaw, 4 *Sim.* 526; Trappes *v.* Harter, 5 *Tyrwh.* 605; Coombs *v.* Beamont, 5 *B. et Ad.* 75.

(2) *Ex parte* Ellis, 1 *Atk.* 101; Viner *v.* Cadell, 5 *Esp.* 88. Voyez 3 *Burr.* 1369; 5 *M. et S.* 578.

(3) *B. N. P.* 42; *Cowp.* 255.

(4) Scott *v.* Surman, *Willes,* 400.

(5) Whitcomb *v.* Jacob, 1 *Salk.* 160; Taylor *v.* Plumer; 3 *M. et S.* 562.

(6) Winch *v.* Keeley, 1 *T. R.* 619; Smith *v.* Pickering, *Peake,* 50; Taylor *v.* Plumer, 5 *M. et S.* 576; Caunt *v.* Ward, 7 *Bing.* 616.

failli dans un but spécial (1) : par exemple, les lettres de change déposées entre les mains du banquier avec simple mandat d'en faire le recouvrement (2) ; mais il en est autrement si les lettres de change ont été portées en compte avec le porteur (3).

SECTION 8. — *De la répartition entre les créanciers.*

La cour, après que le dernier interrogatoire a eu lieu, désigne un jour pour l'audition des comptes des syndics toutes les fois qu'elle le juge convenable. A cette audition, les syndics doivent rendre compte de tous les deniers recueillis par eux et de l'emploi qu'ils en ont fait (4).

Afin que l'actif puisse être réparti entre les créanciers, la cour, quand elle le juge convenable, peut convoquer une assemblée des créanciers qui sont inscrits au passif, et dans cette assemblée elle peut ordonner la répartition entre les créanciers de telle ou telle partie de l'actif de la faillite. Avis de cette assemblée doit être donné vingt et un jours d'avance dans la « *London Gazette* (5) »

Si l'actif de la faillite n'est pas réparti en entier par le premier dividende, la cour devra, dans les dix-huit mois, à partir de la déclaration de la faillite, ordonner dans les mêmes formes que ci-dessus, une convocation des créanciers pour leur distribuer un second dividende. Le second dividende sera définitif, à moins

(1) Tooke *v.* Hollingworth, 5 *T. R.* 215 ; Moore *v.* Barthrop, 1 *B. et C.* 5 ; Toovey *v.* Mylne, 2 *B. et A.* 683 ; Collins *v.* Forbes, 3 *T. R.* Rex *v.* Eggington, 1 *T. R.* 570.

(2) Giles *v.* Perkins, 9 *East,* 12 ; *Ex parte* Serjeant, 1 *Rose,* 155 ; Thompson *v.* Giles, 2 *B. et C.* 422.

(3) *Ex parte* Thompson, *M. et M.* 102 ; Carstairs *v.* Bates, 5 *Camp.* 301.

(4) Stat. 12 et 13 Vict., c. 106, s. 185.

(5) *Ibid.*, s. 187.

que quelque procès pendant, ou quelque partie des biens du failli non réalisée n'advienne dans la suite aux syndics, auquel cas ils doivent, dans les deux mois, à partir de la conversion en argent des produits de cet actif, faire un nouveau partage entre les créanciers (1).

Un compte définitif de la liquidation de la faillite sera remis aux syndics par le syndic officiel quatorze jours au moins avant le jour désigné pour la répartition finale. Copie de ce compte sera aussi remise à tout créancier qui a vérifié ou réclamé sa créance, et à toute autre personne, moyennant une somme qui ne peut excéder 2 *s.* 6 *d.* (3 fr.) (2).

Aucune action pour un dividende ne peut être intentée contre les syndics par un créancier; mais si les syndics refusent de payer le dividende, la cour peut ordonner le paiement avec les intérêts à partir de l'époque du refus de paicment, et avec les frais du procès (3).

SECTION 9. — *Des conséquences de la faillite pour le débiteur.*

Ayant indiqué la manière d'après laquelle les biens du failli sont répartis entre les créanciers, revenons pour un moment au failli lui-même. Nous avons vu qu'après la déclaration de la faillite il est dessaisi de tous ses biens, qu'il doit comparaître devant la cour et se soumettre aux dispositions de la loi; nous avons indiqué les peines dont il est passible à défaut de comparution, et la protection qu'il peut acquérir s'il se soumet. Nous avons indiqué également le pouvoir du juge de l'interroger et d'ajourner son interrogatoire final; nous supposerons maintenant que cet interrogatoire final a eu lieu sans qu'il se

(1) Stat. 12 et 13 Vict., c. 106, s. 188.
(2) *Ibid.*, s. 189.
(3) *Ibid.*, s. 190.

soit attiré les peines que la loi inflige aux banqueroutiers fraudu-leux et par suite desquelles il est exposé à la déportation ou à l'emprisonnement en cas de refus de comparaître, de se sou-mettre à l'interrogatoire ou de découvrir ses biens. Nous allons indiquer brièvement les protections que la loi lui accorde; son droit au surplus de ses biens ; le concordat et son effet.

Par la section 195 du statut 12 et 13 Vict., c. 106, tout failli qui a obtenu un concordat et dont l'actif suffit pour la réparti-tion de cinquante pour cent entre les créanciers inscrits sur le passif jusqu'à l'époque de la répartition, a droit à cinq pour cent sur cet actif, pourvu que cette allocation ne dépasse pas 400 livres sterling. Si son actif suffit pour la répartition de soixante-deux et demi pour cent, il a droit à sept et demi pour cent, pourvu que cette allocation ne dépasse pas 500 livres ster-ling; si l'actif suffit pour la répartition de soixante-quinze pour cent et au-dessus, il a droit à dix pour cent, pourvu que cette allocation ne dépasse pas 600 livres sterling.

Cette allocation ne peut avoir lieu avant l'expiration de douze mois, à partir de la déclaration de la faillite et à moins que la répartition entre les créanciers inscrits sur le passif pen-dant ces douze mois ne s'élève aux sommes ci-dessus indiquées. Si pendant ce temps la répartition est d'une somme inférieure à cinquante pour cent, la cour peut ordonner qu'une somme, ne pouvant excéder trois pour cent ou 300 livres sterling, sera accordée au failli (1).

Si le concordat du failli est de la deuxième ou de la troisième classe, la cour peut réduire l'allocation comme elle le juge con-venable (2).

Quand les dettes du failli suffisent au paiement de toutes ses

<hr>

(1) Stat. 12 et 13 Vict., c. 106, s. 195.
(2) *Ibid.*

dettes avec les intérêts, le surplus appartient au failli. Les intérêts doivent être calculés sur le pied de quatre pour cent sur les créances qui ne portent pas d'intérêts à partir du jour de la déclaration de la faillite (1).

Au commencement de ce chapitre, nous avons dit qu'un des grands objets des lois sur les faillites est la libération de la personne du débiteur de toute poursuite de la part de ses créanciers, après qu'il a déclaré l'état de ses affaires et qu'il a fait une cession entière de ses biens ; l'examen de cet objet nous amène au concordat.

Après que l'interrogatoire final du failli a eu lieu, la cour, en donnant avis préalable dans la « *London Gazette* », convoque une assemblée des créanciers pour décider s'il y a lieu à accorder un concordat (*certificate of conformity*) (2). Dans cette réunion, les syndics et tous les autres créanciers peuvent être entendus contre la concession du concordat. Après que les parties ont été entendues, le juge-commissaire rend son jugement d'après lequel le concordat est accordé, refusé ou différé, ou soumis à telles conditions qu'exigent les circonstances de la faillite.

Le concordat peut être de trois classes. Si le juge a lieu de croire que la faillite a été occasionnée par des pertes et des malheurs inévitables, un concordat de la première classe peut être accordé. Si la faillite n'a été occasionnée que partiellement par des pertes et des malheurs inévitables, il sera accordé un concordat de la seconde classe. Si la faillite n'a pas été occasionnée par des pertes et des malheurs inévitables, le concordat sera de la troisième classe (3).

Ne peut obtenir de concordat (4) :

(1) Stat. 12 et 13 Vict., c. 106, s. 197.
(2) *Ibid.*, s. 198.
(3) *Ibid.*, s. 199.
(4) *Ibid.*, s. 201.

Tout failli qui aura perdu au jeu ou sur pari une somme de 20 livres sterling en un jour, ou de 200 livres sterling dans l'année qui a précédé sa faillite;

Tout failli qui, dans l'année qui précède sa faillite, a perdu 200 livres sterling par des opérations fictives de la bourse ;

Tout failli, qui après que l'acte de faillite a eu lieu, ou en vue de la faillite, a détruit, changé, mutilé ou falsifié quelques-uns de ses livres ou documents avec l'intention de frauder ses créanciers ;

Tout failli qui a caché quelque partie de son actif ;

Tout failli qui a connaissance de la vérification d'une fausse créance, ou qui, en ayant eu connaissance, n'en a pas avisé les syndics dans le délai d'un mois.

Si quelque cause suffisante existe, le concordat peut être annulé par le vice-chancelier de la Cour d'équité dans les six mois à partir de la concession.

Le failli ne peut également obtenir son concordat, et toute suspension de la contrainte par corps doit être refusée, s'il se trouve dans un des cas suivants (1) :

1. Si après la déclaration de la faillite ou dans les deux mois avant sa faillite, il a soustrait quelque livre, écriture ou autre document dans le but de cacher l'état de ses affaires.

2. S'il a tenu de faux livres ou en a frauduleusement altéré, falsifié ou effacé le contenu.

3. Si quelques-unes de ses dettes ont été contractées, ou si le paiement en a été différé par dol ou par fausse représentation.

4. Si dans les deux mois avant la déclaration de la faillite, frauduleusement et en vue de la faillite et avec l'intention de diminuer son actif ou de favoriser un créancier au préjudice de la masse, il a détourné ou a mis en gage une partie de ses biens.

(1) Stat. 12 et 13 Vict., c. 106, s. 256.

5. Si dans le même but il a dissimulé une partie de son actif.

6. S'il a essayé de rendre compte de son actif au moyen de pertes ou de dépenses fictives.

7. Si dans les six mois avant la déclaration de la faillite, il a laissé faire des frais à un créancier par suite d'une opposition inutile et vexatoire faite à une action intentée pour le paiement d'une créance qui pouvait avoir été admise dans le passif.

8. Si le failli a empêché ou refusé de propos délibéré la production d'un de ses livres ou de quelque autre document.

9. Si, avec l'intention de cacher l'état véritable de ses affaires, ses livres sont tenus négligemment ou irrégulièrement, et n'offrent pas sa véritable situation active et passive.

Si le failli se trouve dans une des deux premières circonstances, il peut en outre être poursuivi en justice et puni d'un emprisonnement n'excédant pas trois ans. Il peut aussi être emprisonné pour une période qui ne peut excéder deux ans si, dans les trois mois qui ont précédé la déclaration de la faillite, il a obtenu des marchandises à crédit par voie de fausse représentation ou avec l'intention de frauder le vendeur. Il peut être puni des mêmes peines s'il a enlevé ou caché une partie des marchandises qui ont été obtenues de cette manière (1).

Après l'obtention du concordat le failli ne peut être arrêté ou poursuivi pour une dette ou réclamation admissible dans le passif de la faillite, même s'il s'est obligé, depuis sa faillite, d'en faire le paiement (2).

Le statut contient en outre des dispositions à l'égard des arrangements à l'amiable entre le débiteur commerçant et ses créanciers, qui peuvent avoir lieu avec l'assentiment de trois cinquièmes des créanciers en nombre et en valeur; mais les li-

(1) Stat. 12 et 13 Vict., c. 106, ss. 251 et 252.
(2) *Ibid.*, s. 205.

mites de notre ouvrage ne nous permettent point de les examiner.

Le résumé que nous avons donné de la législation à l'égard des
faillites est sans doute bien court ; mais nous croyons qu'on peut
y trouver tout ce qui est nécessaire pour les relations ordinaires
de commerce.

CHAPITRE DIX-NEUVIÈME.

DES DÉBITEURS INSOLVABLES.

Dans le dernier chapitre nous avons indiqué la législation concernant les commerçants qui se trouvent en état de faillite; ce travail doit être complété au moyen d'un aperçu très-bref de la législation à l'égard des personnes non commerçantes qui se trouvent en état d'insolvabilité.

La différence essentielle qui existe entre le failli et l'insolvable est celle-ci : si le failli reçoit son concordat, il est pour jamais libéré de toutes ses dettes contractées antérieurement à l'époque de sa faillite; l'insolvable, en reçevant sa libération, contracte en même temps, au moyen d'un acte solennel signé et scellé par lui, l'engagement de payer ultérieurement ses dettes. Par cet acte, qu'on appelle « *Warrant of Attorney*, » un jugement est rendu contre le débiteur sans procédure préalable, et tous les biens, soit mobiliers, soit immobiliers, qui peuvent lui échoir avant que ses dettes soient complétement dégrevées, sont chargés d'hypothèque dès que le jugement est enregistré (1).

Le statut 1 et 2 Vict., c. 110, s. 35, ordonne que toute personne incarcérée actuellement dans l'enceinte d'une prison par suite d'un procès pour dette ou d'un procès se résumant en dommages-intérêts, ou qui a été mise en prison pour non-paiement des frais de justice ou d'une somme d'argent dont le paiement a été ordonné par un arrêt de cour, peut, dans les quatorze jours du commencement de son emprisonnement, adresser une pétition

(1) *Voyez*, p. 265 (*Note* 2).

à la Cour des débiteurs insolvables (*Court for the relief of insolvent debtors*) pour sa libération, d'après les dispositions du statut. La pétition doit contenir l'indication du lieu de l'emprisonnement; l'époque où le requérant a été incarcéré; les noms des personnes à la poursuite desquelles il a été mis en prison, et le montant des dettes pour lesquelles il est emprisonné. La pétition doit aussi énoncer que le débiteur a donné avis par écrit au geôlier de son intention de faire présenter la pétition pour sa libération, et qu'il consent que le syndic provisoire de la cour soit investi de tous ses biens mobiliers et immobiliers pour en faire la distribution d'après les dispositions du statut. La pétition se termine par une demande afin d'être libéré, non-seulement des poursuites à raison desquelles le débiteur a été mis en prison, mais de toute autre réclamation au moment où la pétition est présentée. La pétition est signée par le débiteur et déposée au greffe de la cour.

Si le débiteur emprisonné pour quelqu'une des causes susdites, ne se libère pas dans les vingt et un jours, les créanciers à la poursuite desquels il est détenu peuvent présenter une pétition à la cour des débiteurs insolvables, en la priant d'ordonner que le syndic provisoire soit investi de tous les biens mobiliers et immobiliers du débiteur, et qu'il soit ordonné à ce dernier de faire dépôt de son bilan et de se soumettre aux dispositions du statut (1).

Par la section 37 du statut 1 et 2 Vict., c. 110, la cour est autorisée, immédiatement après le dépôt de la pétition du débiteur ou du créancier, à ordonner que le syndic provisoire soit investi de tous les biens mobiliers et immobiliers du débiteur, soit qu'ils se trouvent dans le royaume soit en pays étranger (à l'exception des hardes, literies et des autres choses nécessaires de la même nature appartenant au débiteur et à sa famille, et des ou-

____

(1) Stat. 1 et 2 Vict., c. 110, s. 36.

tils du débiteur pour une valeur totale de vingt livres sterling au plus) et de tous les biens qui peuvent lui échoir par suite de don, succession ou autrement, jusqu'à ce qu'il ait obtenu sa libération complète.

Quatorze jours après l'ordonnance d'investiture, le débiteur doit préparer son bilan où sont indiqués son nom et sa profession, et les diverses résidences qu'il a eues pendant le temps où ses obligations ont été contractées. Le bilan doit contenir le véritable état de son actif et de son passif, avec le nom et la résidence de chacun des créanciers. Le bilan doit aussi contenir un inventaire de tous ses effets et de tous ses biens, soit en possession, soit en expectative (1) ; le tout sous peine d'emprisonnement de trois ans au plus (2).

Après le dépôt du bilan, la cour désigne un jour pour l'interrogatoire du débiteur. La cour peut aussi nommer, parmi les créanciers, des syndics qui, lorsqu'ils ont accepté leur nomination, reçoivent des mains du syndic provisoire l'état des biens mobiliers et immobiliers appartenant au débiteur recueillis au profit des créanciers (3). Ces syndics sont investis de ces biens de la même manière que les syndics du failli, et peuvent les vendre au profit de la masse (4).

Après que le jour a été fixé pour l'interrogatoire du débiteur, la cour peut, si elle le juge convenable, prononcer l'élargissement du débiteur, dans le cas où il peut fournir deux individus comme caution de comparaître au jour désigné pour se soumettre au jugement de la cour. Après cette libération provisoire, le débiteur ne peut être arrêté par aucun créancier désigné au bilan, jusqu'au moment où il comparaît ; mais si le débiteur né-

(1) Stat. 1 et 2 Vict., c. 110, s. 69.
(2) *Ibid.*, s. 99.
(3) *Ibid.*, s. 70.
(4) *Ibid.*, ss. 42, 44 et 45.

glige de comparaître, la cour ordonne son arrestation immédiate et sa réincarcération (1).

Avis du jour désigné pour l'interrogatoire du débiteur doit être donné aux créanciers inscrits au bilan pour une somme de cinq livres et au-dessus. Avis est aussi donné par annonce dans la « *London Gazette* » et dans tels autres journaux que la cour indique (2).

Au jour fixé pour l'interrogatoire du débiteur, tout créancier peut s'opposer à la libération de ce dernier ; et, dans ce but, a le droit, relativement aux articles portés au bilan, de poser telles questions, et d'examiner tels témoins que le juge-commissaire le permettra (3). Si la cour juge qu'il n'y a pas lieu à opposition de la part du débiteur, ou si aucune opposition ne survient, et si la cour est satisfaite de l'examen du bilan du débiteur, elle peut ordonner son élargissement de la prison après un temps qui ne doit pas excéder six mois à compter de l'époque de l'ordonnance d'investiture. Mais si le débiteur a détruit ou falsifié ses livres, ou y a inséré de fausses mentions ou, en un mot, a agi dans une intention frauduleuse vis-à-vis de ses créanciers, il peut être condamné à un emprisonnement de trois ans ; en d'autres cas, tels que dépenses extravagantes, dettes encourues frauduleusement, dommages-intérêts pour cause de calomnie, d'adultère, etc., la cour peut prononcer un emprisonnement de deux ans. Lorsque le débiteur n'est pas élargi, la cour peut aussi ordonner que le créancier à la requête duquel il est incarcéré, paie une somme de quatre *shillings* (5 fr.) au plus par semaine, à titre d'aliments ; à défaut de quoi le débiteur est élargi (4).

La cour, si elle le juge convenable, peut refuser l'élargisse-

____

(1) Stat. 1 et 2 Vict., c. 110, s. 58.
(2) *Ibid.*, s. 71.
(3) *Ibid.*, s. 72.
(4) *Ibid.*, ss. 76, 77, 78 et 86.

ment du débiteur; mais, en général, l'élargissement a lieu immédiatement après l'interrogatoire du débiteur, ou à telle époque subséquente que les circonstances particulières de l'affaire le permettent.

Avant que l'élargissement puisse avoir lieu, le statut exige qu'il soit passé par le débiteur un *warrant of attorney*, en vertu duquel un jugement est rendu contre lui dans une des cours du droit coutumier au nom des syndics ou du syndic provisoire, pour le montant des dettes non payées. Lorsque le débiteur devient capable de payer ces dettes en totalité ou en partie, le jugement peut être exécuté sur ses biens; et cette procédure peut être renouvelée jusqu'à ce que la totalité des dettes ait été soldée (1).

Après l'élargissement du débiteur, il ne peut être poursuivi pour aucune dette portée sur son bilan. S'il refuse de comparaître devant la cour pour être interrogé à l'égard de l'état de ses affaires, il peut être néanmoins renvoyé en prison; et il en est de même s'il refuse de rendre compte de biens qui ne peuvent être saisis par voie d'exécution.

Aucun débiteur auquel ont été accordés les bénéfices conférés par le statut, ne peut les obtenir une seconde fois dans l'espace de cinq ans, à moins que les trois quarts de ses créanciers n'y consentent, ou qu'il ne paraisse évident à la cour que, depuis son élargissement, il a fait tout ce qui était en son pouvoir pour payer ses dettes, et que les dettes contractées depuis étaient inévitables à raison de l'impossibilité où il était de subvenir à ses propres besoins et à ceux de sa famille.

(1) Stat. 1 et 2 Vict., c. 110, s. 87.

CHAPITRE VINGTIÈME.

Le statut qui sert de base à la législation sur les droits des inventeurs est le statut 21 Jacques 1, c. 5, qui déclare que tout monopole est contraire à la loi ; mais d'après le même statut cette disposition ne s'étend pas aux lettres patentes ni aux concessions de priviléges semblables accordées postérieurement au statut. Ces priviléges s'octroient pour le terme de quatorze ans ou au-dessous, et confèrent le droit exclusif de faire ou de fabriquer toutes sortes de nouveaux produits dans le royaume au premier et véritable inventeur de ces produits, pourvu que les lettres patentes et concessions ne soient ni contraires aux lois ni préjudiciables à l'État, en élevant le prix des marchandises à l'intérieur, en lésant le commerce ou en affectant les intérêts généraux. Ce terme de quatorze ans court du jour où le sceau de l'État est apposé aux lettres patentes.

Cette loi, malgré le progrès des lumières, ne subit aucune altération pendant plus de deux siècles ; car ce n'est qu'en 1835 que quelques modifications y furent apportées, et encore ces modifications ne touchent-elles aucunement au fond de la loi. Le motif de ce statut (5 et 6 Guillaume 4, c. 83) se trouve dans le préambule : « Attendu qu'il est convenable de faire des addi-
» tions et des modifications à la loi actuelle concernant les lettres
» patentes pour les inventions, et cela aussi bien pour donner
» une plus grande garantie de leurs droits à ceux qui les ont

» obtenues que pour le plus grand avantage du public. » Ce statut contient des dispositions d'après lesquelles le Conseil privé de Sa Majesté est autorisé à prolonger le terme de quatorze ans pendant un nouveau terme de sept ans, dont nous parlerons ci-après.

Ce statut fut suivi des statuts 2 et 5 Vict., c. 67, et 7 et 8 Vict., c. 69, et par ce dernier la Couronne, sur l'avis du Conseil privé, est autorisée à accorder une prolongation du terme du brevet au delà du terme accordé par les lettres patentes originaires, pour une période qui ne peut excéder quatorze ans, s'il est prouvé que le terme accordé originairement n'a pas suffi à l'inventeur pour recouvrer les frais de son invention.

Mais, malgré cette législation, les vices inhérents au système ancien restaient encore; l'Angleterre, l'Écosse et l'Irlande étaient regardées comme trois royaumes distincts, et l'inventeur qui voulait jouir de son invention dans les trois royaumes, devait obtenir des lettres patentes dans tous les trois; les priviléges accordés par les lettres patentes ne commençaient qu'au moment où le sceau de l'État était apposé aux lettres, et, par conséquent, l'inventeur était sans protection pendant tout le temps qui s'écoulait entre sa demande et la date des lettres patentes; le prix ordinaire des lettres patentes pour les trois royaumes, si l'on n'y formait aucune opposition et si elles étaient délivrées d'après la marche ordinaire, s'élevait à plus de trois cents livres sterling; dans la plupart des affaires portées devant les cours de justice, les frais des poursuites contre les contrefacteurs étaient énormes par suite de l'incompétence des cours du droit coutumier pour réprimer la contrefaçon. Le statut 15 et 16 Vict., c. 83, dont nous examinerons les dispositions plus bas, a apporté des remèdes à ces vices et à d'autres encore.

Mais il convient avant tout d'indiquer les individus qui peuvent obtenir les priviléges exclusifs accordés par les lettres patentes.

Section 1. — *Des individus qui peuvent obtenir des brevets d'invention.*

Pour obtenir un brevet d'invention il faut que le requérant soit le véritable et premier inventeur des produits qui forment l'objet du brevet; il faut en outre que personne n'en ait fait usage antérieurement à la concession du brevet. Si le nouveau produit n'exige ni talent ni adresse, ce n'est pas une invention proprement dite et il ne peut pas être l'objet d'un brevet, parce que le mot « invention » suppose quelque effort de génie ou quelque difficulté vaincue (1).

Nul ne peut réclamer le caractère de véritable et premier inventeur si l'invention lui a été suggérée par une autre personne habitant le royaume (2). Mais si le secret a été acquis en pays étranger et importé ensuite en Angleterre, l'importateur est regardé comme étant le véritable et premier inventeur (3), soit qu'il agisse comme mandataire de l'inventeur, soit que l'inventeur soit un étranger et qu'il réside hors d'Angleterre (4) : l'exploitation ou la publication de l'invention à l'étranger, avant l'obtention de lettres patentes en Angleterre, n'annulera pas celles-ci, si d'ailleurs l'invention n'était pas connue en Angleterre avant la date des lettres patentes. Toutefois, il faut observer que les brevets d'invention accordés pour un objet déjà breveté en pays étranger, ne peuvent durer plus longtemps que le terme fixé pour la durée des droits exclusifs accordés en pays étranger (5).

(1) Quant à ce qui peut former l'objet d'un brevet, voyez *Summary of the Law of Patents*, par Wordsworth, et *The Subject-Matter of Letters Patent for Inventions*, par Webster.

(2) Lewis *v.* Marling, 10 *B. et C.* 22.

(3) Edgeberry *v.* Stephens, 2 *Salk.* 447.

(4) Beard *v.* Egerton, 15 *Law Journ. C. P.* 270.

(5) Voici les dispositions du statut à cet égard :

Dans tous les cas où des lettres patentes sont accordées dans le

L'individu qui a puisé son idée dans un livre ou dans les renseignements obtenus d'autrui, n'est pas le véritable et premier inventeur (1); mais l'inventeur qui a employé un homme habile pour l'aider dans la partie mécanique de son invention, a droit aux additions faites par ce dernier (2).

Si deux personnes ont découvert un secret en même temps, celle qui a obtenu la première un brevet avant que l'invention n'ait été connue du public, possède les droits exclusifs accordés par ce brevet (3).

SECTION 2. — *De la marche à suivre pour obtenir un brevet d'invention.*

Par le statut 15 et 16 Vict., c. 83, sont nommés commis-

Royaume-Uni pour ou relativement à une invention découverte premièrement en pays étranger ou par un étranger, et dans tous les cas où un brevet ou semblable privilége pour le monopole ou l'exploitation exclusive de cette invention à l'étranger y a été obtenu avant l'obtention du brevet dans le Royaume-Uni, tous les droits et priviléges conférés par le brevet (nonobstant toutes clauses contraires y insérées) cesseront et seront nuls à l'expiration du terme pendant lequel le brevet ou semblable privilége obtenu en pays étranger sera en vigueur; ou s'il y a plus d'un seul brevet ou semblable privilége obtenu en pays étranger, à l'expiration du brevet obtenu en premier lieu. Tout brevet accordé après l'expiration d'un brevet obtenu en pays étranger est nul. Stat. 15 et 16 Vict., c. 83, s. 25.

Les lettres patentes pour une invention n'empêchent pas l'emploi de cette invention à bord des navires étrangers qui se trouvent dans un port ou dans les eaux appartenant à la Couronne de la Grande-Bretagne, s'il n'est pas fait usage de cette invention pour la fabrication des marchandises destinées à être vendues dans les pays soumis à la Couronne, ou à être exportées hors de ce pays. Cette disposition ne s'étend pas aux navires appartenant à un État étranger où des priviléges semblables sont refusés aux navires britanniques qui se trouvent dans ses ports. *Ibid.*, s. 26.

(1) Arkwright's Case, *Dav. P. C.* 129.
(2) Bloxam v. Elsee, 1 *Car. et P.* 558.
(3) Boulton v. Bull, 2 *H. Bl.* 487 ; Lewis v. Marling, 10 *B. et C.* 22.

saires des brevets d'invention (*Commissioners of Patents*) : le lord chancelier, le maître des rôles et les six officiers légaux des trois royaumes, c'est-à-dire l'*Attorney General* et le *Solicitor General* de l'Angleterre, le *Lord Advocate* et le *Solicitor General* de l'Écosse, et l'*Attorney General* et le *Solicitor General* de l'Irlande. La Couronne peut aussi nommer tels autres commissaires qu'elle le juge convenable (1). Pouvoirs sont accordés aux commissaires aux fins d'arrêter des règlements pour l'administration des affaires y relatives et d'établir, à Londres, un seul bureau des brevets pour les trois royaumes (2).

Le brevet est obtenu par voie de pétition adressée à la Couronne (3). Celui qui désire obtenir un brevet doit remettre au bureau des brevets une pétition adressée au Roi, contenant l'indication de ses nom, prénoms et domicile, et l'objet de sa demande (4);

(1) Stat. 15 et 16 Vict., c. 83, s. 1.

(2) *Ibid.*, ss. 3, 4 et 5.

(3) *Ibid.*, s. 6.

(4) Voici la forme de la pétition qui, d'après les règlements des commissaires, doit être écrite sur papier de douze pouces anglais de longueur et de huit pouces et demi de largeur, avec une marge d'un pouce et demi afin que les pétitions puissent être reliées ensemble.

To the Queen's most excellent Majesty.	A sa très-excellente Majesté la Reine.
The humble petition of for	La humble pétition de (*insérer le nom et le domicile du requérant*) à l'effet d'obtenir, etc.
Sheweth, — That your petitioner is in possession of an invention for which invention he believes to be of great public utility; that he is the true and first inventor thereof; and that the same is not in use by any other person or persons, to the best of his knowledge and belief.	Fait voir, — Que le requérant est en possession d'une invention pour (*Titre de l'invention.*) laquelle invention il croit être d'une grande utilité publique; qu'il en est le véritable et le premier inventeur, et que ladite invention n'est employée par aucune autre personne à sa connaissance.

il y joint une déclaration (1) reçue par un juge de paix ou par un maître ou maître extraordinaire de la Cour de la Chancellerie, affirmant la véracité de la matière de sa demande, accompagnée d'une spécification ou description provi-

Your petitioner therefore humbly prays, that your Majesty will be pleased to grant unto him his executors, administrators, and assigns, your royal letters patent for the United Kingdom of Great Britain and Ireland, the Channel Islands and Isle of Man (*colonies to be mentioned, if any*), for the term of fourteen years, pursuant to the Statutes in that case made and provided.

And your petitioner will ever pray, etc.

(*Signature of the petitioner.*)

Le requérant prie donc humblement Votre Majesté de vouloir bien accorder à lui et à ses exécuteurs testamentaires et à ses ayants droit des lettres patentes royales pour le Royaume-Uni de la Grande-Bretagne et de l'Irlande, pour les îles de la Manche et pour l'île de Man (*mentionner les colonies si l'on désire qu'elles soient comprises dans le brevet*) pour le terme de quatorze ans suivant les statuts passés à cet effet.

Et le requérant priera toujours, etc.

(*Signature du requérant.*)

(1) Voici la forme de la déclaration qui doit être écrite sur papier de la même grandeur que le papier sur lequel la pétition est rédigée.

DECLARATION.

I   of
                    in the county of   do solemnly and sincerely declare that I am in possession of an invention for, etc.

(*The title as in the petition.*) which invention I believe will be of great public utility; that I am the true and first inventor thereof (within this realm), and that the same is not in use by any other person or persons (therein) to the best of my knowledge and belief; (— " and that the instrument in writing under my hand and seal hereunto annexed, particularly describes and ascertains the nature of the said invention and in what manner the same is to be performed"); and I make this declaration, conscientiously believing the same to be true, and by virtue of the

DÉCLARATION.

Je soussigné
de   dans le comté de   déclare sincèrement et solennellement que je suis en possession d'une invention pour, etc.

(*Même titre que dans la pétition.*) laquelle invention, je crois, sera d'une grande utilité publique ; que j'en suis le véritable et le premier inventeur (dans le royaume, *s'il s'agit d'un brevet d'importation*), et que l'invention susdite n'est pas employée par aucune autre personne (dans le royaume, *s'il s'agit d'un brevet d'importation*) à ma connaissance (*si une spécification complète est déposée en même temps que la pétition et la déclaration, ajoutez :* — « et que l'acte y an- » nexé signé et scellé par moi dé- » crit pleinement et détermine la

soire (1) de l'invention ou du secret pour lequel le brevet est

provisions of an Act made and passed in the session of parliament held in the fifth and sixth years of the reign of his late Majesty King William the Fourth, intituled «An Act to repeal an Act of the present session of parliament, intituled, an Act for the more effectual abolition of oaths and affirmations taken and made in various departments of the State, and to substitute declarations in lieu thereof, and for the more entire suppression of voluntary and extra-judicial oaths and affidavits and to make other provisions for the abolition of unnecessary oaths. »

(Signature of the declarant.)
Declared at
    this   day of
Before me

» nature de ladite invention et la » manière de s'en servir »); et je fais cette déclaration, la croyant vraie en conscience, et en vertu des dispositions d'un statut fait et passé dans la session du Parlement tenue dans les cinquième et sixième années du règne de feu Sa Majesté Guillaume IV, intitulé : « Acte pour abroger un acte de la présente session du Parlement intitulé : Acte pour l'abolition plus efficace des serments prêtés et des affirmations faites dans divers départements de l'État, et pour y substituer des déclarations, et pour la suppression plus entière des serments et des *affidavits* volontaires et extra-judiciaires et pour faire de nouvelles dispositions pour l'abolition des serments inutiles. »

(Signature du déclarant.)
Déclaré à   ce   jour de
    devant moi
        Juge de paix
            ou
maître extraordinaire en chancellerie.

On peut se procurer des formules en blanc de la pétition et de la déclaration, à la Librairie polytechnique d'Aug. Decq, rue de la Madelaine, 9, et chez J. B. Tircher, rue de l'Étuve, 20, à Bruxelles.

(1) Voici la forme de la spécification provisoire, qui doit être rédigée sur papier de la même grandeur que le papier sur lequel la pétition et la déclaration sont rédigées.

PROVISIONAL SPECIFICATION.

I   do herely declare the nature of the said invention for

to be as follows :

Dated this   day of   A. D.

SPÉCIFICATION PROVISOIRE.

Je soussigné   déclare par la présente, la nature de ladite invention pour
        (Titre de l'invention.)
être comme suit :
        (Insérer la description.)
Fait ce   jour de   A. D.
(Signature du requérant ou de son mandataire.)

demandé (1). La pétition et la spécification doivent être signées par le requérant ou par son mandataire, et un timbre de cinq livres sterling (125 fr.) doit être apposé sur la pétition (2).

Un procès-verbal de la date précise du dépôt sera dressé au dos de la pétition et des pièces y jointes, et un certificat du

Les plans et les dessins joints à la spécification provisoire, doivent être faits sur papier, parchemin ou toile de douze pouces de longueur et de huit et demi ou de dix-sept pouces de largeur, avec une marge d'un pouce de tous les côtés de la feuille.

(1) D'après les règlements des commissaires, la spécification doit indiquer clairement et intelligiblement la nature de l'invention, afin que l'officier légal puisse avoir connaissance du perfectionnement et des moyens par lesquels elle peut être mise en œuvre. La pétition et la déclaration n'énoncent que le titre de l'invention, mais la spécification provisoire sous le nouveau système créé par le statut 15 et 16 Vict., c. 83, doit fournir des renseignements aussi détaillés que possible pour déterminer la nature de l'invention.

« Les spécifications provisoires, » dit M. Webster dans *La Nouvelle Loi sur les Brevets d'Invention*, « ont jusqu'à présent été regardées comme des documents secrets jusqu'au dépôt de la spécification complète. On a quelquefois conseillé aux inventeurs de ne pas trop se fier à la protection provisoire, mais de demander immédiatement le brevet. Les inventeurs qui suivent ce conseil perdent par là, pendant toute la durée de la protection provisoire, le profit qu'ils pourraient tirer de l'usage de leur invention et de la publicité qu'ils pourraient lui donner, et subissent en une seule fois et sans essai préalable la totalité des frais du brevet et de la spécification. L'inefficacité des spécifications provisoires a été considérée comme un motif suffisant pour donner un conseil si contraire à l'esprit du nouveau système. L'usage de l'ancien régime, d'après lequel la simple possession et la connaissance de l'invention par un concurrent étaient regardées comme devant prévaloir sur toute demande antérieure, est présumé exister encore aujourd'hui, quoique cette présomption soit en opposition directe avec le nouveau système, qui veut qu'on ajoute foi au premier requérant, excepté en cas de dol. C'est ce principe que le lord chancelier et les officiers légaux ont admis dans tous les cas de contestation. » *Webster's New Patent Law, Introduction à la 3me édition.*

(2) Stat. 16 Vict., c. 5.

dépôt sera remis au requérant ou à son mandataire. La pétition, accompagnée de ses annexes, est adressée par le commissaire à un des officiers légaux (1), qui peut la soumettre à des experts ou à des savants aux frais du requérant s'il le juge convenable. Si l'officier légal trouve que le titre de l'invention ou la spécification provisoire est trop étendu ou insuffisant, il peut demander une modification; mais s'il trouve que la spécification provisoire indique suffisamment la nature de l'invention, il donne un certificat à cet effet. Ce certificat est déposé dans le bureau des commissaires, et le requérant peut dès lors faire usage de l'invention et la rendre publique pendant six mois, à partir du jour du dépôt de la pétition. C'est ce qu'on appelle la *protection provisoire* (2).

Si le requérant le juge convenable, il peut ajouter à la pétition et à la déclaration y jointe, une spécification complète au lieu de la spécification provisoire; et, par ces moyens, il peut obtenir non-seulement la protection provisoire sans le certificat de l'officier légal, mais tous les droits et les priviléges qui peuvent lui être donnés par les lettres patentes si elles avaient été accordées sur-le-champ (3). La spécification complète (4) doit décrire d'une manière très-claire et très-intelligible la nature de l'invention et surtout les moyens d'en faciliter l'exploitation. On fera mention de cette spécification complète dans la déclaration. La

(1) Stat. 15 et 16 Vict., c. 83, s. 7.
(2) *Ibid.*, s. 8.
(3) *Idid.*, s. 9.
(4) Voici la forme de la spécification complète qui, d'après les réglements des commissaires, doit être écrite sur parchemin dont chaque feuille doit être de vingt et un pouces et demi de longueur et de quatorze pouces et trois quarts de largeur. La spécification peut être écrite sur chaque côté de la feuille avec une marge d'un pouce et demi. Les plans qui accompagnent la spécification doivent être dessinés sur parchemin de la même grandeur ou d'une largeur double et avec la même

pétition avec la déclaration et la spécification complète y jointe doit être déposée dans le bureau, comme il a été dit en parlant de la spécification provisoire, la spécification complète étant frappée d'un timbre préalable de 5 livres sterling (125 fr.). Les plans doivent aussi être déposés en double. Par suite de ces formalités, l'invention est protégée pendant six mois à partir de la date du dépôt, et le requérant peut en faire usage et la rendre publique, et il est revêtu, à partir de la date du dépôt, des mêmes pouvoirs, droits et priviléges que donnent les lettres patentes elles-mêmes.

La protection provisoire accordée, soit par suite du certificat de l'officier légal, soit par suite du dépôt de la spécification complète, est annoncée sans délai dans la « *London Gazette* (1). »

Après que le requérant a reçu la protection provisoire ou a fait le dépôt de la spécification complète, il peut, s'il le juge

marge. Il est préférable que les plans soient à l'échelle d'un pouce à un pied.

COMPLETE SPECIFICATION.	LA SPÉCIFICATION COMPLÈTE.
To all to whom these presents shall come;	A toutes personnes à qui ces présentes peuvent venir ;
I of	Je soussigné de déclare par la présente que la nature de madite invention pour
do hereby declare the nature of my said invention for	*(Insérer le titre de l'invention.)*
and in what manner the same ought to be performed, to be particularly described and ascertained in and by the following statement (that is to say),	et la manière dans laquelle elle peut être mise en œuvre est décrite et établie avec particularité dans le mémoire suivant, c'est-à-dire,
	(Décrire l'invention et annexer les plans s'il y a lieu.)
In witness whereof I the said have hereunto set my hand and seal this day of A. D.	En témoignage duquel je, ledit ai apposé ma signature et mon sceau ce jour de
(Signature.) (L. S.)	*(La signature.)* (L. S.)

(1) *Voyez* Règlements des commissaires de brevets, 1er octob. 1852.

convenable, donner avis au bureau des commissaires de son intention de poursuivre sa demande pour les lettres patentes. Cet avis doit être donné par écrit (1) et la demande est alors annoncée dans la « *London Gazette*, » et tout intéressé peut opposer la concession du brevet en donnant avis de ses objections, par écrit, au bureau des commissaires, endéans les vingt et un jours à partir de la date de la gazette dans laquelle l'avis a été annoncé (2). Quand le délai pendant lequel on peut présenter les objections est échu, la spécification provisoire ou complète, ac-

(1) Voici la forme de l'avis :

N° . . .

To the Commissioners of patents.

I   of
do hereby give notice of my intention to proceed with the application for letters patent for an invention of

numbered as above and recorded on the   day of   in the office of the commissioners.

Dated this   day of   **A. D.**
(*Signature.*)

N° . . .

Aux Commissaires de brevets d'invention.

Je soussigné   de
vous avertis par la présente de mon intention de poursuivre la demande d'un brevet d'invention de

(*Titre de l'invention.*)
numéroté comme ci-dessus et enregistré le   jour de   dans le bureau des commissaires.

Fait ce   jour de   **A. D.**
(*La signature.*)

(2) Voici la forme des détails des objections :

N° . . .

I   of
hereby give the following particulars of objections to the application of   for the grant of letters patent for an invention of

that is to say,

Dated this   day of   **A. D.**
(*Signature.*)

N° . . .

Je soussigné   de
fais connaitre par la présente les détails suivants des objections à la demande de
pour obtenir les lettres patentes pour l'invention de
(*Titre de l'invention suivant l'annonce.*)

c'est-à-dire,
(*Les objections.*)

Fait ce   jour de   **A. D.**
(*La signature.*)

Les détails des objections doivent être déposés dans le bureau des commissaires ; un timbre de deux livres sterling (50 fr.) doit être apposé au papier sur lequel ils sont rédigés.

compagnée des objections, est envoyée à l'officier légal par les commissaires (1).

Nous n'avons pas à examiner les objections que l'intéressé peut faire valoir devant l'officier légal, d'autant plus qu'elles se bornent. ordinairement à des prétentions à la priorité soit de l'invention soit de la possession, s'il s'agit d'un brevet d'importation (2). S'il n'existe pas d'objections ou quand les objections ont été déterminées, l'officier légal donnera un certificat portant qu'il est d'avis que le brevet peut être accordé au requérant. A ce certificat doit être apposé le sceau des commissaires et un timbre de cinq livres sterling (125 fr.) (3).

Ces formalités remplies, le requérant peut demander des lettres patentes à rédiger conformément aux termes du certificat. Cette demande doit être faite dans les trois mois à partir de la date du certificat de l'officier légal; mais il faut observer que, d'après les dispositions de la section 20 du statut 15 et 16 Vict., c. 83, les lettres patentes doivent être accordées pendant la durée de la protection provisoire ou pendant la durée de la protection qui suit le dépôt de la spécification complète, à moins que l'octroi des lettres patentes ne soit empêché par suite des objections ou d'une requête adressé au lord chancelier pour réviser la décision de l'officier légal. Si le requérant vient à mourir pendant la protection, le brevet peut être accordé à ses exécuteurs ou à ses administrateurs testamentaires pendant les trois mois à partir du jour de son décès (4).

(1) Stat. 15 et 16 Vict., c. 83, s. 13.

(2) L'officier légal peut ordonner que les frais de l'enquête qui aura lieu devant lui, soient acquittés par l'un ou l'autre des concurrents. Stat. 15 et 16 Vict., c. 83, s. 14.

(3) Un tiers qui croit être lésé par la décision de l'officier légal, peut demander qu'un examen nouveau ait lieu devant le lord-chancelier. Stat. 15 et 16 Vict., c. 83, s. 15.

(4) Stat. 15 et 16 Vict., c. 83, s. 21.

Un timbre de cinq livres sterling (125 fr.) doit être apposé aux lettres patentes. Ce timbre et les quatre timbres semblables, qui doivent également être apposés à la pétition; — au certificat de l'enregistrement de l'avis de poursuivre la demande pour les lettres patentes; — au certificat de l'officier légal; — et à la spécification complète déposée soit avant soit après l'obtention du brevet, sont les seuls frais payables au gouvernement par le requérant, s'il n'y a pas d'opposition formée contre l'octroi du brevet.

Section 5. — *Du brevet.*

Les lettres patentes portent le sceau du Royaume-Uni; le lord chancelier est le gardien de ce sceau. Elles s'étendent à la Grande-Bretagne et à l'Irlande, aux îles de la Manche et de Man, et à telles colonies qui sont dénommées dans le certificat de l'officier légal (1). Les lettres patentes portent la date du dépôt de la pétition au bureau des commissaires, et elles accordent les priviléges y mentionnés pendant quatorze ans à partir du jour de la date inclusivement.

Le brevet contient la clause que les conditions y insérées seront interprétées dans le sens le plus favorable à l'impétrant.

Si celui-ci n'a pas fait le dépôt de la spécification complète de l'invention, le brevet contient en outre une clause de nullité pour le cas où le dépôt de la spécification complète ne serait pas fait dans le délai y mentionné (2). Cette clause s'applique

(1) Stat. 15 et 16 Vict., c. 83, s. 18. D'après les règlements des commissaires, il faut que les colonies auxquelles s'étend le brevet, soient désignées dans la pétition, et en conséquence de ce règlement, les noms de toutes les colonies appartenant à l'Angleterre ont été quelquefois portés sur la pétition, et la marche des formalités subséquentes a été suspendue par suite des difficultés en résultant, jusqu'à ce que les noms des colonies eussent été biffés.

(2) D'après les règlements des commissaires, ce délai ne peut excéder six mois à partir de la date du dépôt de la pétition.

également aux cas où la spécification ne contiendrait pas une description très-exacte et très-claire de la nature de l'invention et de la manière dont elle doit être exploitée.

Il faut remarquer ici que l'invention ou le secret doit être décrit avec la plus grande exactitude dans la spécification (1). Si la description est fausse ou si le détail en est donné d'une manière ambiguë, le brevet sera invalidé (2). La description doit aussi se rapporter suffisamment au titre de l'invention (3), autrement le brevet peut être attaqué, à moins que le propriétaire ne fasse le dépôt d'un désaveu d'une partie du titre ou d'une partie de la spécification, comme nous le verrons ci-après.

L'impétrant peut faire la cession de ses droits en tout ou en partie; il peut aussi accorder des *licences* à des tiers à l'effet d'autoriser la confection et l'exploitation de l'objet du brevet par ceux-ci. Autrefois il n'était pas nécessaire que ces *licences* fussent faites par acte scellé ou sur papier timbré (4); mais aujourd'hui il paraît résulter des expressions portées sur le brevet que les *licences*, pour être valables, doivent être faites par acte scellé (5).

(1) La spécification doit décrire l'invention de telle manière que toute personne puisse être enseignée par cette description à l'exécuter, parce que le but de la spécification est de découvrir l'invention après qu'elle est tombée dans le domaine public, et de rendre toute personne capable de l'exécuter. BULLER, *Nisi Prius*, p. 76.

(2) WORDSWORTH, *Summary of the Law of Patents*, p. 50. Bloxam v. Elsee, 6 *B. et C.* 169; Crossley v. Beverley, 9 *B. et C.* 63; Harman v. Playne, 11 *East*, 101; Jessop's Case, 2 *H. Bl.* 489; Beard v. Egerton, 19 *Law Journ. C. P.* 56; Turner v. Winter, 1 *T. R.* 602; Rex v. Wheeler, 2 *B. et A.* 549; Felton v. Greaves, 3 *C. et P.* 611.

(3) Nickels v. Haslem, 13 *Law Journ. C. P.* 146.

(4) Chanter v. Dewhurst, 12 *M. et W.* 823; Chanter v. Johnson, 14 *M. et W.* 408.

(5) Le brevet porte l'expression que l'invention ne peut être exploitée par aucune personne sans le consentement, l'autorisation ou l'accord préalable de l'impétrant, donné par écrit, sous son seing et sous son sceau.

Quant au nombre des individus auxquels la cession partielle ou entière du brevet peut être faite, il n'y a pas aujourd'hui de restriction; mais autrefois le brevet contenait une clause d'après laquelle il y avait nullité en cas de cession à plus de douze personnes. Toutefois, par la section 56 du statut 15 et 16 Vict., c. 83, il est ordonné que nonobstant l'insertion de cette clause dans les lettres patentes accordées antérieurement à ce statut, il est loisible à un nombre quelconque de personnes de s'associer pour l'exploitation d'un brevet.

Il est aussi porté sur les lettres patentes une condition par suite de laquelle le brevet est nul de plein droit à la fin de la troisième et de la septième année, si les timbres fixés par le statut 16 Vict., c. 5, ne sont pas apposés aux lettres patentes avant l'expiration de ces deux époques. Ces timbres sont respectivement du montant de 50 livres sterling (1,250 fr.) et de cent livres sterling (2,500 fr.)

Sont tenus au bureau des commissaires un « registre des spécifications, » un « registre des brevets » et un « registre des propriétaires des brevets. » Tous ces registres peuvent être consultés par ceux qui désirent les examiner, et un extrait certifié conforme d'une partie quelconque des inscriptions, est délivré à tous ceux qui le requièrent, moyennant les droits à payer qui sont fixés à raison de deux *pence* pour chaque nombre de 90 mots.

Si les lettres patentes se trouvent perdues ou détruites, le propriétaire du brevet a droit de recevoir de nouvelles lettres de la même date que les originales, moyennant une somme qui, d'après les règlements des commissaires, est fixée à raison d'une livre sterling.

Section 4. — *Du désaveu et du* caveat.

Si, après l'obtention du brevet, quelque erreur se trouve soit dans le titre de l'invention soit dans la spécification, l'impétran

ou ses ayants droit peuvent le rectifier en déposant la spécification accompagnée d'une demande en désaveu d'une partie
du titre ou de la spécification, avec les motifs du désaveu. S'il
s'agit d'une modification dans la lettre ou dans la spécification,
l'impétrant ou ses ayants droit peuvent faire dépôt d'un *memorandum* portant les modifications qu'ils désirent; mais il faut
que ces modifications ne s'étendent pas aux droits exclusifs
accordés par les lettres patentes. L'autorisation de faire le dépôt
doit être obtenue préalablement de l'officier légal, et celui-ci peut
exiger que le requérant donne avis de sa demande par la voie
des journaux (1).

Tout individu peut faire inscrire un *caveat* ayant rapport à ce
désaveu ou à cette modification. Ce *caveat* doit être inscrit sur
un registre tenu à cet effet dans le bureau des commissaires des
brevets (2), et confère le droit d'avoir connaissance du jour fixé
par l'officier légal pour débattre l'affaire; à cette audience, l'individu qui a fait inscrire le *caveat* sera entendu pour s'opposer à
la concession du désaveu ou de la modification.

SECTION 5. — *De la prolongation du terme des brevets
d'invention.*

Si le propriétaire d'un brevet d'invention ou ses ayants droit
veulent obtenir une prolongation du terme pour lequel les droits
exclusifs ont été accordés originairement, ils doivent, six mois
au moins avant l'expiration de ce terme, présenter à cet effet une
requête au Roi en son Conseil privé. A l'égard de la marche
à suivre, le requérant est tenu, d'après le statut 5 et 6 Guillaume
4, c. 83, de faire précéder sa requête de trois annonces dans

(1) Stat. 5 et 6 Guill. 4, c. 83, s. 4; 7 et 8 Vict., c. 69; 12 et 13
Vict., c. 109; 15 et 16 Vict., c. 83, s. 39. Voyez Reg. v. Mill, 20 *Law
Journ. C. P.* 16; Clark v. Kenrick, 15 *Law Journ. Exch.* 6.
(2) Stat. 15 et 16 Vict., c. 83, s. 39.

la « *London Gazette* » ; ces annonces doivent être répétées dans trois journaux de Londres, et trois fois dans les journaux publiés dans la ville dans laquelle ou près de laquelle il réside ou a établi une fabrique de produits confectionnés conformément à son brevet ; elles doivent indiquer que son intention est de demander une prolongation du terme de ses droits exclusifs, et qu'il va présenter une requête à cet effet.

Tout individu qui se croirait quelques droits peut inscrire un *caveat* contre cette prolongation ; en ce cas, il est prévenu du jour où l'affaire sera débattue devant le comité judiciaire du Conseil privé, et à l'audience il sera entendu par l'organe de son avocat et pourra produire ses témoins.

Après que l'affaire a été plaidée, le Conseil privé peut émettre un avis favorable à la prolongation pendant sept ans du terme fixé dans les lettres patentes ; alors la Couronne peut accorder de nouvelles lettres patentes pour ce délai.

Quant aux annonces, les tribunaux ont décidé que, si le propriétaire réside en pays étranger et n'a pas de fabrique en Angleterre, il suffit que les annonces soient insérées dans les journaux publiés dans les villes ou dans les comtés où résident les personnes qui ont obtenu des permissions d'exploitation (1).

Si l'inventeur ou ses ayants droit peuvent prouver d'une manière satisfaisante que le terme accordé par les lettres patentes primitives n'a pas été suffisant pour les rémunérer, une prolongation de quatorze ans au plus au delà du terme concédé primitivement peut être accordée par la Couronne sur le rapport du comité judiciaire du Conseil privé (2). Mais il faut observer que cette prolongation est refusée, à moins que le requérant ne puisse établir : — 1° qu'il existe une invention réelle ; — 2° que l'objet

(1) Derosne's Patent, *4 Moore's P. C. Rep.* 416.
(2) Stat. 7 et 8 Vict., c. 69, s. 2.

de l'invention est de sa nature ou dans son application utile au public ; — 5° que le terme accordé par les lettres patentes primitives n'a pas été suffisant pour permettre au requérant de récupérer ses frais et pour le rémunérer du travail qu'a nécessité l'invention (1).

Si, dans un procès, il est prouvé et spécialement décidé par la déclaration du jury qu'un individu qui a obtenu des lettres patentes n'était pas le premier auteur de tout ou partie de l'invention brevetée, parce qu'un autre individu aurait découvert ou exécuté tout ou partie de cette invention avant la date de ces lettres patentes ; ou si l'impétrant vient à apprendre qu'un autre individu avait découvert ou exécuté tout ou partie de l'invention avant la date des lettres patentes, l'impétrant peut présenter une pétition à Sa Majesté en conseil, pour confirmer lesdites lettres patentes ou en accorder de nouvelles. Les causes de cette pétition sont développées devant le comité judiciaire du Conseil privé, de la même manière qu'en cas d'une demande en prolongation. Toute personne formant opposition à cette pétition a droit d'être entendue devant ce comité, et toute personne qui a été partie dans un procès intenté antérieurement, concernant de premières lettres patentes, a droit d'avoir connaissance de la pétition avant qu'elle ne soit discutée (1).

Il est hors de l'objet de notre ouvrage d'indiquer les poursuites qui peuvent avoir lieu dans le cas de contrefaçon des inventions qui ont été brevetées. Mais il faut observer que, par le statut 5 et 6 Guill. 4, c. 83, s. 7, il est ordonné que la contrefaçon des estampilles ou de la marque du fabricant apposées sur des objets brevetés, entraine une amende de cinquante

____

(1) Derosne's Patent, *4 Moore's P. C. Rep.* 416 ; Bodmer's Patent, *6 Moore's P. C. Rep.* 468.

(2) Stat. 5 et 6 Guill. 4, c. 83, s. 2 ; 15 et 16 Vict., c. 83, s. 40.

livres sterling (1250 fr.) pour chaque objet ainsi marqué. Dans tous les cas, le contrefacteur d'une invention brevetée peut être poursuivi pour dommages-intérêts par le propriétaire du brevet ou par ses ayants droit, devant les cours du droit coutumier. Le propriétaire peut aussi, en s'adressant à une des cours du droit coutumier ou d'équité, réprimer la contrefaçon de son brevet, et le contrefacteur est tenu de faire cesser la contrefaçon sous peine d'emprisonnement en cas de refus.

FIN.

APPENDICE

CONTENANT LES DROITS DE TIMBRE SUR LES EFFETS DE COMMERCE,
LES ACTES, LES LEGS, LES TESTAMENTS, ETC., ETC.

ACTES D'ACQUISITION.

				L.	s.	d.
Si le prix de la vente n'excède pas 25 *l.*				0	2	6
Au-dessus de 25 *l.* et non au-dessous de		50 *l.*		0	5	0
»	50	»	75	0	7	6
»	75	»	100	0	10	0
»	100	»	125	0	12	6
»	125	»	150	0	15	0
»	150	»	175	0	17	6
»	175	»	200	1	0	0
»	200	»	225	1	2	6
»	225	»	250	1	5	0
»	250	»	275	1	7	6
»	275	»	300	1	10	0
»	300	»	350	1	15	0
»	350	»	400	2	0	0
»	400	»	450	2	5	0
»	450	»	500	2	10	0
»	500	»	550	2	15	0
»	550	»	600	3	0	0

et où le prix de la vente excède 600 livres sterling, alors,
pour chaque 100 livres sterling et pour une partie fractionnaire de 100 livres sterling 10   0

ACTES DE NANTISSEMENT.

Voyez OBLIGATIONS SCELLÉES.

ASSURANCE MARITIME.

Pour chaque police d'assurance par laquelle une assurance est faite sur un navire, ou sur des marchandises à bord d'un navire, ou sur le fret d'un navire ou quelque autre intérêt concernant un navire qui peut être assuré légalement *pour un voyage;* si la totalité de la somme assurée n'excède pas cent livres sterling, ou si elle excède cent livres sterling, alors, pour chaque cent livres et pour une partie fractionnaire de cent livres :

		s.	d.
Si la prime est calculée au pied qui n'excède pas *un demi* pour cent sur la somme assurée.		0	3
Au-dessus d'*un demi* pour cent et n'excédant pas *un* pour cent.		0	6
Au-dessus d'*un* pour cent et n'excédant pas *un et demi* pour cent.		1	0
Au-dessus d'*un et demi* pour cent et n'excédant pas *deux* p. cent.		2	0
Au-dessus de *deux* pour cent et n'excédant pas *deux et demi* p. c.		3	0
Au-dessus de *deux et demi* pour cent.		4	0

Pour chaque police d'assurance par laquelle une telle assurance est faite *pour une certaine période de temps;* sur chaque cent livres sterling et pour une partie fractionnaire de cent livres :

	s.	d.
Si l'assurance est faite pour une période n'excédant pas six mois.	2	6
Excédant six mois	4	0

BAIL.

Bail de terres, ténements ou héritages, à un loyer annuel, lorsqu'aucune somme d'argent n'a été payée à titre de prime :

					s.	d.
Si le loyer annuel n'excède pas 5 livres sterling					0	6
Au-dessus de 5 livres et non au-dessus de 10 livres.					1	0
»	10	»	»	15	»	1	6
»	15	»	»	20	»	2	0
»	20	»	»	25	»	2	6
»	25	»	»	50	»	5	0
»	50	»	»	75	»	7	6
»	75	»	»	100	»	10	0

Et si le loyer excède 100 livres sterling, pour chaque 50 livres et pour une partie fractionnaire de 50 livres.   , 5 0

CHARTE-PARTIE.

Pour chaque charte-partie. 5 0

CONNAISSEMENT.

	s.	d.
Pour chaque connaissement.	0	6

CONVENTION.

Pour chaque convention ou chaque minute ou *memorandum*
d'une convention sous seing privé, dont la valeur dépasse
20 livres sterling et au-dessus, et dont l'étendue n'est pas de
plus de 1080 mots 2 6
Si elle contient 2160 mots ou au-dessus, alors, pour chaque
1080 mots en sus des premiers 1080 mots, un droit addition-
nel de 2 6

EFFETS DE COMMERCE.

Lettres de change de l'intérieur ou billets à ordre :

Ne dépassant pas 2 mois de date, ou 60 jours de vue. / Pour une période plus longue.

Pour 2 l. et non au-dessus de 5 l. 5 s.	1 s.	0 d.	.	1 s.	6 d.
Au-dessus de 5 l. 5 s. » 20 l. .	1	6	.	2	0
» 20 » 50 .	2	0	.	2	6
» 50 » 50 .	2	6	.	5	6
» 50 » 100 .	3	6	.	4	6
» 100 » 200 .	4	6	.	5	0
» 200 » 500 .	5	0	.	6	0
» 500 » 500 .	6	0	.	8	6
» 500 » 1,000 .	8	6	.	12	6
» 1,000 » 2,000 .	12	6	.	15	0
» 2,000 » 5,000 .	15	0	.	25	0
» 5,000 et au-dessus . .	25	0	.	50	0

Billets pour paiement d'une somme d'argent *au porteur sur demande :*

Au-dessus de 5 l. et non au-dessus de 10 l. . .	1 s.	9 d.
» 10 » 20 . .	2	0
» 20 » 50 . .	5	0
» 50 » 50 . .	5	0
» 50 » 100 . .	8	6

Les billets timbrés de cette manière peuvent être mis en circulation
plus d'une fois.
Lettres de change étrangères , qui sont tirées séparément et non par

première, seconde, etc., doivent payer le même timbre que les lettres de change de l'intérieur.

Si elles sont tirées par première, seconde, etc., alors pour chaque exemplaire de chaque titre qui n'excède pas cent livres sterling 1*s.* 6*d.*

Au-dessus de 100 *l.* et non au-dessus de	200 *l.*	3	0
»	200	»	500	4	0
»	500	»	1000	5	0
»	1000	»	2000	7	6
»	2000	»	5000	10	0
»	5000	. . . . .	15	0

<h3 style="text-align:center">LEGS.</h3>

Les legs particuliers inférieurs à vingt livres sterling, sont exempts des droits du timbre, et il en est de même de tous les legs universels ou à titre universel, si l'universalité des biens ou la portion de chaque légataire dans l'universalité se trouve être au-dessous de vingt livres sterling, déduction faite de toutes les dettes, des frais funéraires et des legs particuliers.

Les droits sont :

1 p. c. de ce qui est recueilli ou acquis par les ascendants ou les descendants du testateur en ligne directe.

5 p. c. de ce qui est recueilli ou acquis par les frères ou les sœurs du testateur, ou par leurs descendants.

5 p. c. de ce qui est recueilli ou acquis par les oncles ou les tantes du testateur, ou par leurs descendants.

6 p. c. de ce qui est recueilli par les grands-oncles ou les grandes-tantes du testateur, ou par leurs descendants.

10 p. c. de ce qui est recueilli ou acquis par tous autres parents du testateur ou par des personnes non parentes.

Les biens recueillis ou acquis entre époux sont exempts de tous ces droits.

Autrefois ces droits n'étaient perçus que sur les legs de biens personnels ; mais, par un statut récent, ces droits sont aujourd'hui portés sur les legs de biens réels.

<h3 style="text-align:center">OBLIGATIONS SCELLÉES, ACTES DE NANTISSEMENT,</h3>

WARRANTS OF ATTORNEY.

Obligation faite par acte scellé pour le paiement d'une somme d'argent définie qui n'excède pas 50 livres sterling. . 1*s.* 3*d.*

Au-dessus de	50 *l.* et non au-dessus de 100 *l.*	.	2	6
»	100	»	150	.	3	9
»	150	»	200	.	5	0
»	200	»	250	.	6	3
»	250	»	500	.	7	6

Si la somme dépasse 500 livres sterling, alors, pour chaque 100 livres sterling et pour une partie fractionnaire de 100 livres. 2 6

Les actes de nantissement doivent être frappés du même timbre que les obligations d'une valeur semblable, et il en est de même à l'égard des *Warrants of Attorney.*

PROBATE.

Voyez TESTAMENTS.

PROCURATION.

	L.	*s.*	*d.*
Acte de procuration pour la vente ou pour le transport des effets publics ou pour la recette des dividendes.	1	0	0
Acte de procuration de toute autre espèce. . . .	1	10	0
Si l'acte contient plus de 1080 mots, alors, pour chaque 1080 mots en sus des premiers 1080 mots ou pour une partie de 1080 mots.	1	0	0

PROTÊT.

	s.	*d.*
Protêt d'une lettre de change ou d'un billet à ordre pour une somme inférieure à 20 livres sterling. . .	2	0
20 *l.* et au-dessous de 100 *l.*	3	0
200 » 500	5	0
500 et au-dessus.	10	0

QUITTANCES.

Pour une somme de 2 *l.* et au-dessus	0*s.*	1*d.*
Pour une somme donnée comme solde de tous comptes.	10	0

TRAITES ET MANDATS.

	s.	*d.*
Traite ou mandat pour le paiement à présentation d'une somme quelconque *au porteur,* ou *à ordre.* . .	0	1

Sont exempts du droit de timbre, les traites et mandats tirés sur un banquier quelconque, payables *au porteur à présentation,* s'ils sont tirés conformément aux dispositions du statut 9 Geo. 4, c. 49, s. 15. *Voir* p. 207.

Sont aussi exemptes, toutes lettres de crédit envoyées à l'étranger, autorisant une personne résidant à l'étranger à tirer sur le Royaume-Uni.

TESTAMENTS.

Droits de timbre payables sur le montant de l'estimation des biens *personnels* qui se trouvent dans la succession et pour lesquels *probate* du testament ou lettres d'administration jointes au testament sont accordées. Si le montant est au-dessus de 20 livres sterling et au-dessous de 100 livres sterling. . . . . 0*l*. 10*s*.

Au-dessus de	100 *l*. et au-dessous de	200 *l*.	2	0
»	200	»	500	5	0
»	500	»	450	8	0
»	450	»	600	11	0
»	600	»	800	15	0
»	800	»	1,000	22	0
»	1,000	»	1,500	30	0
»	1,500	»	2,000	40	0
»	2,000	»	3,000	50	0
»	3,000	»	4,000	60	0
»	4,000	»	5,000	80	0
»	5,000	»	6,000	100	0
»	6,000	»	7,000	120	0
»	7,000	»	8,000	140	0
»	8,000	»	9,000	160	0
»	9,000	»	10,000	180	0
»	10,000	»	12,000	200	0
»	12,000	»	14,000	220	0
»	14,000	»	16,000	250	0
»	16,000	»	18,000	280	0
»	18,000	»	20,000	310	0
»	20,000	»	25,000	350	0
»	25,000	»	30,000	400	0
»	30,000	»	35,000	450	0
»	35,000	»	40,000	525	0
»	40,000	»	45,000	600	0
»	45,000	»	50,000	675	0
»	50,000	»	60,000	750	0
»	60,000	»	70,000	900	0
»	70,000	»	80,000	1,000	0
»	80,000	»	90,000	1,200	0
»	90,000	»	100,000	1,350	0
»	100,000 etc., etc.				

Droits payables sur le montant de l'estimation des biens *personnels* qui se trouvent dans la succession *ab intestat*, et pour lesquels lettres d'administration sont accordées. Si le montant est au-dessus de 20 livres sterling et au-dessous de 50 livres sterling. . . 0*l.* 10*s.*

Au-dessus de	50 *l.* et au-dessous de	100 *l.*	1	0
»	100 »	200	5	0
»	200 »	300	8	0
»	500 »	450	11	0
»	450 »	600	15	0
»	600 »	800	22	0
»	800 »	1,000	50	0
»	1,000 »	1,500	45	0
»	1,500 »	2,000	60	0
»	2,000 »	5,000	75	0
»	5,000 »	4,000	90	0
»	4,000 »	5,000	120	0
»	5,000 »	6,000	150	0
»	6,000 »	7,000	180	0
»	7,000 »	8,000	210	0
»	8,000 »	9,000	240	0
»	9,000 »	10,000	270	0
»	10,000 »	12,000	500	0
»	12,000 »	14,000	550	0
»	14,000 »	16,000	575	0
»	16,000 »	18,000	420	0
»	18,000 »	20,000	465	0
»	20,000 »	25,000	525	0
»	25,000 »	50,000	600	0
»	50,000 »	55,000	675	0
»	55,000 »	40,000	785	0
»	40,000 »	45,000	900	0
»	45,000 »	50,000	1,010	0
»	50,000 »	60,000	1,125	0
»	60,000 »	70,000	1,550	0
»	70,000 »	80,000	1,575	0
»	80,000 »	90,000	1,800	0
»	90,000 »	100,000	2,025	0
»	100,000 etc., etc.			

WARRANTS OF ATTORNEY.

Voyez OBLIGATIONS.

FIN DE L'APPENDICE.

TABLE ANALYTIQUE

DES MATIÈRES CONTENUES DANS CET OUVRAGE.

—

CHAPITRE XI.

DU CONTRAT DE LOUAGE.

CHAPITRE XII.

DES CONTRATS POUR LE TRANSPORT DES MARCHANDISES PAR TERRE ET PAR EAU.

CHAPITRE XVII.

DE LA PRESCRIPTION.

CHAPITRE XVIII.

DE LA FAILLITE.

CHAPITRE XIX.

DES DÉBITEURS INSOLVABLES.

CHAPITRE XX.

DES BREVETS D'INVENTION.

FIN DE LA TABLE ANALYTIQUE DES MATIÈRES CONTENUES DANS CET OUVRAGE.